Viajeros

ILUSTRADOS Y ROMÁNTICOS EN LA IMAGINACIÓN NACIONAL

Viajes, relatos europeos y otros episodios de la invención argentina

Ricardo Cicerchia

Viajeros

ILUSTRADOS Y ROMÁNTICOS EN LA IMAGINACIÓN NACIONAL

Viajes, relatos europeos y otros episodios de la invención argentina

Ricardo Cicerchia

Editorial
TROQUEL

Cicerchia, Ricardo
 Viajeros : ilustrados y románticos en la imaginación nacional - 1a ed. - Buenos Aires : Troquel, 2005.
 192 p. ; 23x17 cm. (Historia)

 ISBN 950-16-2065-4

 1. Viajes. I. Título
 CDD 910

©2005, by Editorial Troquel
Pichincha 969 (1219)
Buenos Aires, Argentina

Primera edición: Mayo de 2005

Diseño de tapa: Manuel Ressia
Diseño de interiores: Diana Rutkus

ISBN 950-16-2065-4

Queda hecho el depósito que establece la ley 11.723

Printed in Argentina
Impreso en Argentina

Todos los derechos reservados. No puede reproducirse ninguna parte de este libro por ningún medio electrónico o mecánico, incluyendo fotocopiado, grabado, xerografiado o cualquier almacenaje de información o sistema de recuperación sin permiso escrito del editor.

A Susana Layola de Castro, mi madre,

y a Norma Cicerchia de Campigli, mi hermana,

por ese primer hogar desde donde puedo viajar.

También a la memoria de Nelly Layola de L'Eveque

AGRADECIMIENTOS

Este libro es el producto de muchas horas de biblioteca. Mejor dicho, de bibliotecas públicas. Entre ellas, la Biblioteca Nacional y la biblioteca del Instituto Ravignani, en la Argentina. British Library y la biblioteca del ILAS de la Universidad de Londres, en UK. La biblioteca y hemeroteca del Museo Marítimo de Barcelona. La Biblioteca y el Laboratorio del Collegium Maius de Cracovia. La Biblioteca Nacional de Jerusalén. Biblioteca del Congreso, John Carter Brown Library de Brown University y New York Public Library (mi preferida), en USA. Mi homenaje y gratitud a tales instituciones, fuentes de democracia.

Notas preliminares

Viajador. f.m. El que hace algún viaje, especialmente largo, o por varias partes. Aplícase con singularidad a los que escriben las cosas especiales, que han observado en él. En lo moderno se llama comúnmente Viajero. Lat. Viator.

> *Diccionario de la lengua castellana en que se explica el verdadero sentido de las voces, su naturaleza, y calidad, con las frases, o modos de hablar, los proverbios, o refranes, y otras cosas convenientes al uso de la lengua* (Madrid, Imprenta de la Real Academia Española, 1739): Tomo Sexto, pp. 473-474.

Lo que le da valor al viaje es el miedo.
Albert Camus

El lenguaje es un lienzo con el que cubrimos el mundo para darle forma.
Goethe

I

El proceso de modernización de América latina reconoce transformaciones estructurales en tres niveles: políticas, en la consolidación de los estados nacionales; económicas, al fijar el dominio del capitalismo sobre las relaciones sociales de producción, y culturales, que en el marco de un proceso de secularización fundan los imaginarios nacionales.

Inscriptos en esta última dimensión, los viajes y relatos de viaje europeos en Latinoamérica, realizados entre fines del siglo XVIII y el siglo XIX, constituyen uno de los episodios centrales en el diseño de los primeros discursos nacionales. Esos relatos fueron justamente el verdadero laboratorio humano de fundación de las identidades nacionales, los campos de lectura y la primera globalización, fenómenos que culminarán con un rotundo éxito en los albores del siglo XX.

La definición de realidad es una construcción política. El poder consiste en la posibilidad de definir lo que es real. Desde el punto de vista del proyecto expansionista de la época, los viajes exploratorios generan –deliberada o naturalmente– registros que los hacen únicos y les otorgan una identidad diferencial, permitiéndoles encontrar formas de integración y adaptación de universos culturales. Ambos aspectos suponen una lógica interna resultado de dos dinámicas simultáneas: un proceso de globalización cultural y el acto de reconocimiento.

Los relatos de viajeros fueron transitando un largo camino en busca del establecimiento de un arte propio, capaz de dar cuenta del mundo y, a la vez, de descifrar un mundo capaz de dar cuenta del arte. No hubo incompatibilidades ni obstáculos entre estas dos metas; el viajero observa y es observado por su relato, crea visiones y es creado por ellas, cuenta sus ideas y extrae ideas de lo contado. Se trata de la reducción de los rumbos aparentes a verdaderos: fábrica de realidades.

Por ello, hay una oscilación incesante en torno a dos polos, el de la representación y el de la reflexión. Polos dependientes e integrados en un escenario donde el acontecimiento precede a la información. En consecuencia, la oscilación de la que hablamos es un movimiento natural, un necesario y provocado desplazamiento de los órdenes de la creación y de su razón fundante. Entonces, representar fue significar, patentizar las reflexiones, pero también fijar los reflejos que lo circundante deposita en el viajero, reflejos que ya importan esbozos de representación.

El viaje es dependiente de los designios de una historia mayor. Las presiones sociales hacen que las empresas exploratorias se adhieran a creencias convencionales, lo que influye en que sus estrategias, estructuras y procesos constitutivos reflejen normas, valores e ideologías.[1] En otras palabras, es el resultado de la organización de una práctica social del discurso de la modernidad (expansión, conocimiento y dominación).

Pero el viaje también es una experiencia que connota riesgos y peligros, y porta un aire de *travail*, de trayecto y de cambio. Así lo funda *The Epic of Gilgamesh*, el primer relato épico de Occidente, de un itinerario de fatiga, hostilidad, peligro y purificación: el *topos* del viaje remedial.[2] Una operación narrativa que sobrevivirá en la avanzada exploratoria moderna.[3]

Sobrevolando la concepción del viaje como purga y penitencia, sujeto y territorio se fueron constituyendo en realidades integradas. Este efecto transformador del viaje se despliega en cada una de sus fases, las que a su vez responden a la función del movimiento y la conformación civil de los protagonistas.

La popularidad de la ciencia inductiva y observacional –que ubica al mundo como un objeto observable más que como un sistema de sentidos implícitos– refleja la preferencia por una lógica abierta a la experiencia, particularmente a la experiencia del descubrimiento. La invención de una teología de la observación impuso la autoridad absoluta de la mirada o, como afirmaba Jean André Deluc, "la intención de observar que abre los ojos".[4] Las viejas formas de viaje, militares y comerciales, fueron entonces concebidas como proyectos culturales, estructuras móviles de labor intelectual específicamente organizadas para la acumulación de información. De este modo, los viajes de última generación de la Ilustración producen, a través del registro de los observadores, el ensanchamiento del caudal de conocimientos y el desarrollo de las disciplinas científicas que alimentan la nueva historia natural.

El viaje moderno agrega a este cosmos semántico, la dosis de autonomía que la visión burguesa imprime. Ahora la función de este desplazamiento propone la creación de un exótico (sustancia fuera de lugar), así como la de una peculiar especie social, el extranjero.[5]

El relato de viajes es la ruta del derrotero argonauta que dedica su texto a un público que espera el recuento de dimensiones exactas, descripciones elegantes y la sobrie-

---

[1] Larzer Ziff, *Return Passages. Great American Travel Writing, 1780-1910* (New Haven, Yale University Press, 2000): Introducción.
[2] Transcripto en 1900, he utilizado la versión en inglés traducida por Andrew George, *The Epic of Gilgamesh: the Babylonian Epic Poem and other Texts in Akkadian and Sumerian* (Londres, Allen Lane, 1999).
[3] Es notable el sesgo exclusivamente económico y militar de la expansión en casi todas las exhibiciones europeas. Entre ellas, la del mítico Museo Marítimo Drassanes de Barcelona.
[4] Jean André Deluc, físico y matemático de extraordinario prestigio y autor de *Lettres physiques et morales sur les montagnes et sur l'histoire de la terre et de l'homme: adressées a la Reine de la Grand-Bretagne* (Suisse, Librairies Associées, 1778).
[5] Eric Leed, *The Mind of the Traveler: From Gilgamesh to Global Tourism* (Nueva York, Basic Books, 1991): p. 15.

dad del cuaderno de bitácora. En la ceremonia del viaje, la partida y la llegada fijan la condición del viajero. El viaje está diseñado para extender una identidad a través del tiempo y del espacio, es, por ello, un dispositivo de poder. La partida no sólo envía a un miembro del cuerpo social al exterior, sino que también incorpora –e inaugura– un sujeto móvil. Ya sea la expulsión, el exilio heroico, la misión civilizadora, o la búsqueda de conocimiento, esta prolongación se funda en el movimiento (*passage*). En el retorno, los procedimientos de recepción, batallas de entrada, recuperación del hogar o empresa de divulgación proporcionan la coherencia final de la empresa.

El canon dirá que dicha estructura se completa con la dignidad de observador que el viajero adquiere en el registro de tal movimiento, aun en el caso en que nada hubiera sucedido, por la mera seducción de la marcha. Narración posible por contrastes y cambios de dirección, por montaje de cuadros singulares.

Esta redefinición del viaje como observación disciplinada, como práctica científica de la inducción y arte de la descripción, afecta de manera fundamental su narrativa. La 'verdad del texto' comienza a ser medida por su grado de acomodación a los términos de la experiencia. Con un foco sobre el 'hecho' –como producto de una mirada limitada del observador, quien no puede ir más allá de la superficie y materialidad del fenómeno–, la descripción verdadera del mundo sepulta la fascinación por lo maravilloso y proyecta toda subjetividad hacia un mundo de objetos que deben ser descriptos, registrados, clasificados, catalogados y coleccionados. Este relato de viaje es, básicamente, una objetivación del sujeto, la materialización de sus emociones y su transformación en 'objetividad'. Fue esta marca de "realidad" el dato inconfundible de la nueva narrativa.

A fines del siglo XVIII, las asociaciones científicas habían reactivado la tradición baconiana a través del desarrollo de un instrumental apto para representar esa realidad... nuevos artículos del equipaje de viaje: cronómetros, barómetros, telescopios, compases. Las instrucciones de la Royal Society reflejan el entusiasmo por el refinamiento de la medición:

> No podíamos apartar la mirada de la cumbre del pico, ni dejar de contemplar el color de la bóveda azul celeste del firmamento. Su intensidad en el cenit parecía corresponder a los 41 grados del cianómetro.[6]

El viaje es visto desde entonces como una consecuencia del deseo de reconocimiento, su acto. Esta conciencia específica del viajero ilustrado se vincula con la asimilación de la ciencia a una práctica dependiente de la "observación objetiva". Los cuatro años de Darwin a bordo del *Beagle* son, entre otras cosas, la forma de vida que adquiere la relación entre la práctica de la observación y la empresa civilizatoria. El viajero se

---

[6] Tomado de Alexander von Humboldt y Aimé Bonpland, *Personal Narrative of Travels to the Equinoctial Regions of the New Continent During the Years 1799-1804*, vol. I (Londres, Longman, Hurst, Kees, Arme, and Brown, 1818): p. 190.

hace extraño en los nuevos contextos y en el tránsito sus criterios de objetividad se subliman. No es parte de lo exótico, pero sí su relator, su juez y su cazador, anuncio del parto del romanticismo.

Es el movimiento la condición esencial de esta percepción activa: una ocurrencia en el teatro de la conciencia. El relato debe entonces ser entendido como consecuencia de la búsqueda de continuidad y predictibilidad de un territorio desconocido y en constante flujo. Una sucesión, un orden progresivo de la realidad, una arquitectura de objetos en danza. Sólo los niños, las sociedades primitivas y nuestros viajeros gozan de tal magia.

La narrativa de viajes reduce, interviniendo, las incertezas implícitas de lo ajeno. Es la especulación comparativa el recurso retórico eficaz de esta operación de sentido. Por esto mismo, tal discurso se convierte en el puente crítico de contacto entre las discontinuidades imperiales. Un verdadero *fons imperium*. El viajero-narrador se ubica así a la cabeza de un complejo linaje constituido por los actores de esta nueva expansión. El poder de esta práctica llegará a instalar tales espacios en un cosmos cultural que los abraza.

Con este enfoque, el libro de viaje de la modernidad es un dispositivo cultural cuyo objetivo fue ampliar las geografías con pretensiones de novedad. Justamente, la resolución del cálculo de longitud en la segunda mitad del siglo XVIII permite la construcción de hitos de ruta y abre el camino definitivo de un relato cierto, de progreso infinito.[7] Desde entonces, la tarea de organización de los puntos distantes de los itinerarios se valió de imágenes con rigor objetivo, condición fundamental para el éxito del relato.

En la fase final del proceso de territorialización del viaje, los hitos mutan hacia íconos interiores. Por lo tanto, las imágenes desempeñan un papel clave en la retórica del acto de reconocimiento, alimentándose en la estética paisajística y la condición científica de la armonía entre la naturaleza y lo humano. Los textos "confesionales" se equilibran con cuadros y estadísticas en un nuevo tipo de imaginería imperial.[8] Como efecto de demostración, los mapas se adornan con detalles. Para el caso de América latina la fantasía orientalista pretendió una región sin junglas ni desiertos, sino gloriosas escenas de planicies, mesetas y bosques: tierras encantadas.[9] Las descripciones y representaciones "neutras" son reemplazadas por una combinación de convenciones litera-

---

[7] Nos referimos a los cinco "relojes mágicos" que el inglés John Harrison diseñó entre 1737 y 1770. A partir de 1767, los marinos de todo el mundo comenzaron a calcularla desde el meridiano de Greenwich, desde entonces, punto universal de referencia. Dava Sobel, *Longitude. The True Story of a Lone Genius Who Solved the Greatest Scientific Problem of His Time* (Nueva York, Penguin Books, 1995).

[8] Paul Carter, *Lie of the Land* (Londres, Faber & Faber, 1996): pp. 217-218.

[9] El concepto le pertenece a Barbara Stafford, *Voyage into Substance* (Cambridge, MIT Press, 1984). A mi juicio es Humboldt quien primero intenta articular palabras e imágenes al servicio de la descripción geográfica, logrando la maestría de satisfacer la demanda de precisión e ilustración.

rias, fórmulas científicas, asociaciones históricas y experiencia. Los textos establecen una coincidencia entre la valoración estética, las ciencias naturales y la apropiación colonial. El acto narrativo se convierte obligadamente en la *consummatio* del viaje exploratorio.

II

Los *travel accounts* se inscriben en un debate académico e intelectual vinculado a reconsideraciones teóricas sobre el imperialismo, la ciencia y la construcción de la alteridad. La mayoría de los estudios sobre el imperialismo europeo y en particular el británico han enfatizado el análisis de las estructuras políticas y económicas que sostenían el imperio, o de las ideologías que le otorgaban legitimidad. Esta concepción limitada de la noción de dominación indujo a los historiadores a concentrarse en la evolución del imperio formal, aquellas "zonas rojas" del mapa mundial. Reveladas –desde el auge de las ideas poscoloniales– las evidencias acerca de la complejidad de los procesos coloniales, fue necesario pensar en un vasto universo imperial hasta entonces descuidado por la investigación.[10] Su existencia o no, y sus características, han sido un elemento central de la renovada polémica historiográfica en torno a la expansión europea.

En este marco, la importancia que adquirió la relación entre centro y periferia se convirtió en el tema clave de los historiadores de la ciencia, quienes comenzaron a evaluar seriamente las condiciones de la producción científica.[11] La intersección de este debate con los primeros resultados de la denominada "nueva historia científica y tecnológica" de fines de la década de 1980 dio como fruto una gran cantidad de trabajos de notable hibridez.[12] Cada una de las disciplinas científicas, desde la física hasta la etnografía, desde la botánica hasta la astronomía, fueron resituadas en sus contextos imperiales, un gran proyecto teórico acompañado por el descubrimiento de importantes enigmas en sus propios desarrollos. Las ideas tradicionales en torno a la 'difusión' de la ciencia des-

---

[10] Patrick Wolfe, "History and Imperialism: A Century of Theory, from Marx to Postcolonialism", *American Historical Review* 102, no. 2 (1997): pp. 388-420.

[11] George Basalla, "The Spread of Western Science", *Science* 156 (1967): pp. 611-622.

[12] Entre ellos podemos citar los trabajos de Daniel Headrick, *Tools of Empire: Technology and European Imperialism in the Nineteenth Century* (Oxford, Oxford University Prees, 1988); Michael Adas, *Machines as the Measure of Men: Science, Technology and Ideologies of Western Dominance* (Ithaca, Cornell University Press, 1989); John MacZenzie, *Imperialism and the Natural World* (Manchester, Manchester University Press, 1990); Satpal Sangawan, *Science, Technology and Colonisation: The Indian Experience, 1757-1857* (Delhi, Anamika Prakashan, 1991).

de la metrópoli hacia sus dominios comenzaron a cuestionarse. Las expectativas iniciales de encontrar en los gráficos antropológicos o herbolarios herramientas utilizadas por los agentes imperiales para imponer sus hegemonías se han ido modificando bajo la sospecha de que tales disciplinas no fueron tan sólo las condiciones de las relaciones imperiales sino también sus efectos.

Desde el consenso logrado en torno al proceso por el cual todo discurso colonial produce un 'otro' colonial como objeto de pensamiento e intervención, el universo informal del imperialismo en su conjunto adquirió visibilidad.[13] Y fue en el campo de la cartografía donde se comenzaron a indagar las producciones representacionales como estrategias panópticas de ordenamiento y territorialización de espacios exóticos, imprescindibles para la creación del 'archivo imperial': el *diorama* global.[14] Esta aproximación espacial a la historia del imperialismo tuvo su *momentum* en los trabajos innovadores de fines de 1980. Se inicia así un proceso de deconstrucción de los textos cartográficos y del papel de los propios viajeros-exploradores en las construcciones imperiales.[15]

A la luz de la complejidad teórica que siguió adquiriendo el fenómeno imperialista, los viajeros comienzan a ser entendidos como sujetos-objeto de este proceso. La relación entre ellos y la producción de "conocimiento" es algo más que una mera articulación entre exploración y biografía. Una mirada crítica a tal proceso —y éste será mi ángulo— sugiere y comprueba la tensión existente entre la experiencia del viajero-explorador y la empresa colonial. Fueron también situaciones únicas, particulares, diversas, que se producen como resultado de múltiples condiciones y eventualidades, que se organizan en el curso de la jornada, siempre en movimiento y con altas dosis emocionales. Experiencias lejos de los lugares fijos, los horizontes medidos y las mentalidades, para las cuales los códigos de la historia imperial se ofrecen insuficientes.[16] Avanzada antropológica sobre el otro, limitaciones del lenguaje de la ciencia, punto de partida.

---

[13] Edward Said, *Culture and Imperialism* (Londres, Vintage, 1993).

[14] Frank Lestringant, "Fictions de l'espace brésilien à la Renaissance: L' example de Guanabara" en Christina Jacob y Frank Lestringant, *Arts et légendes d'espaces: Figures du voyages et rhétoriques du monde* (París, Presses de L' École Normale Superieure, 1981). Véase sobre las formas imperiales de construcción y acumulación de conocimiento el trabajo de Thomas Richards, *The Imperial Archive: Knowledge and the Fantasy of Empire* (Nueva York, Verso, 1993).

[15] La principal obra en esta corriente es la de J. B. Harley, "Deconstructing the Map", *Cartographica* 26, no. 2 (1989): pp. 1-20. Véanse los más recientes trabajos monográficos de Walter Mignolo, *Darker Side of the Renaissance: Literacy, Territoriality, and Colonization* (Ann Arbor, University of Michigan Press, 1995); Barbara Mundy, *Mapping of New Spain: Indigenous Cartography and the Maps of the Relaciones Geográficas* (Chicago, Chicago University Press, 1996); Simon Ryan, *Cartographic Eye: How Explorers Saw Australia* (Cambridge, Cambridge University Press, 1996), y Graham Burnett, *Masters of All They Surveyed: Exploration, Geography, and A British El Dorado* (Chicago y Londres, Chicago University Press, 2000).

[16] El primero en destacar tal fenómeno fue Paul Carter, *The Road to Botany Bay: An Essay in Spatial History* (Boston, Faber and Faber, 1987). Estas observaciones pueden entenderse como una

Así ubico mi objeto de estudio, en la misma dinámica del encuentro. Un encuentro que nunca fue exclusivamente destino, ni teoría, ni una repetición mítica. El propio clima cultural de la época equipó a estos viajeros en las artes del cruzamiento de fronteras, el nomadismo y la transgresión, y las implicaciones de su posicionamiento itinerante en *Terra incognita* se plasmó en una narrativa tan cerca del origen como de horizontes abiertos.

III

Este libro, que pretende indagar acerca de la estructura y funcionalidad de los *travel accounts,* es consecuencia de la insatisfacción por ciertas perspectivas, a mi juicio, reduccionistas y ahistóricas, que enfatizan una gnoseología literaria del viaje moderno, o coronan sus aspectos estrictamente ideológicos en la vanguardia del capitalismo. Por el contrario, me incliné por tratar de reconstruir y deconstruir el viaje ilustrado y romántico como una práctica social del proyecto cultural nacional.

El primer paso será apuntar a sus protagonistas: los viajeros europeos expedicionarios y su contexto de furia empirista por la observación, el dato y la crónica. De tal modo analizaré la dilatada discusión sobre los sentidos del Nuevo Mundo reinstalada en Europa a partir de 1780, plataforma de lanzamiento de la fascinación que ejerció América para el pensamiento moderno y que lleva tres marcas insoslayables: *Personal Narrative* de Humboldt; Von Martius y su *Flora Brasiliensis* y *The Voyage of the Beagle* de Charles Darwin.

La organización gradual de este discurso de frontera articuló una retórica alrededor del escrutinio, el conocimiento y la divulgación. Desde Humboldt, a principios del siglo XIX, el montaje de la medición, el diario, la colección y la composición narrativa componen la estrategia de refundación total del proceso de contacto y hegemonía cultural universales. Un modelo de tratamiento estético de las entidades de la historia natural y humana, en el que el discurso científico, la efusión poética y la conciencia humanista se conforman para solaparse, alternarse y confundirse.

Entre muchos de los rasgos originales que poseen estas tres crónicas, señalaré uno en particular: el de la creación de un sujeto-narrador organizado desde el evento in si-

---

prolongación de la distinción que hace Certeau entre "pácticas" y "estrategias". Véase Michel de Certeau, *The Practice of Everyday Life* (Berkeley, Berkeley University Press, 1984). Con menos ingenio, el tema es desarrollado también por Mary Louise Pratt, *Imperial Eyes: Travel Writing and Transculturation* (Londres, Routledge, 1992).

tu, o mejor dicho, desde cada una de las incidencias del acto de la observación (*to go and see*), la captura (*all species at home*) y la descripción (*writing about experiences*)... carácter provisional del cuadro, ganancia de una textualidad que recrea la actividad de la mirada.

Luego, presentaré un caso testigo. Se trata de los viajeros británicos en el Río de la Plata durante la primera parte del siglo XIX, actores de un proceso que denominé: *Looking for John Bull*. Los relatos de viaje fueron instrumentales para el avance británico sobre América latina. Las expediciones exploratorias, muchas de ellas patrocinadas por la *Royal Geographic Society*, fueron piezas importantes del episodio americano de la expansión.[17]

Ese proceso está ligado al ensanche de los campos de lectura británicos y a la definición de los rasgos de su carácter nacional apenas perfilado durante los Tudor, en el que intervienen cuatro desarrollos: el progreso de la industria editorial, la ampliación de la comunidad de lectores, la institucionalización de la crítica y la consagración de los derechos de autor. Y aunque menos épico, es justo decir también el soñado boom minero en la región.

Gargatuan lily, conocida mundialmente como *Queen Victoria*.

---

[17] Algunos autores sostienen que se trató de una historia de horizontes botánicos. América fue también el jardín de la creación. El bautismo de la enorme *gargatuan lily*, conocida mundialmente como *Queen Victoria*, representa el gesto ritual de una estrategia imperial de colonización. Luego que Schomburgk en su expedición a Guyana descubre la enorme y exótica planta acuática, la joven Victoria acepta llevar un ejemplar domesticado para su coronación donde también aceptaría convertirse en madrina de la Sociedad Geográfica. *Journal of Royal Geographic Society* 7 (1837): p. 320; *Floricultural Cabinet and Florists Magazine* 16, no. 15 (marzo de 1848): E.

Veremos cómo el *grand tour* argentino realizado por los viajeros británicos –episodio menor de la exploración europea– consagraría las primeras estampas nacionales perpetuadas en el imaginaro colectivo a través de eficaces operaciones de intertextualidad. El tedio del "océano pampeano", la ignorancia católica, la rusticidad campesina, la majestuosidad de los Andes, y hasta cierta liturgia de exilio, fueron asuntos que, hechos a la medida del público europeo, formaron parte, algo más tarde, de los textos fundamentales de la literatura nacional, músculo del proyecto político modernizador.

Finalmente, y a manera de contraejemplo, analizaré un viaje argentino: Sarmiento en África. La pluma desaforada del sanjuanino, su vocación de conocimiento y el exotismo de Argelia nos proporcionan un campo narrativo excitante y eficaz a la hora de escrutar la verdadera naturaleza del relato de viajes.

Introducción

Viajeros ilustrados

El relato europeo de un solo mundo

> *Luego se debe tener en cuenta de qué manera difieren los postulados y métodos tradicionales de navegación en cada país respecto de los otros y de qué manera cada viajero descubre por sí mismo algunos artificios útiles.* [1]

El arte del viaje

La mayor extensión y cuidado de la edición de 1867 de la obra de Francis Galton se debió en parte a las nuevas exploraciones que penetraron en el África interior. Entre las décadas de 1850 y 1860, y en particular la expedición de Heinrich Barth al África occidental, el viaje transcontinental de Livingstone y el hallazgo de Speke y Grant de las fuentes del Nilo culminaron un proceso de gran aceleración del conocimiento de nuevas geografías y de consolidación del libro de viaje moderno.

El sistema de representaciones, aun en los casos más extremos de descripción y objetividad como el de *Art of Travel*, parecía revelar mucho más sobre la cultura del autor o de la autora (en casos excepcionales), que sobre los lugares y pueblos en cuestión. Sin embargo, su relectura, como hemos anunciado, va animando una mirada más atenta a las condiciones de producción de tales representaciones y al desciframiento del interjuego entre viaje, conocimiento y experiencia.

Ya planteado en la presentación, mi interés se centra en algunos viajes y relatos

---

[1] Fragmento del archipopular manual de Francis Galton, *Art of Travel; or, Shifts and Contrivances Available in Wild Countries* (Londres, John Murray, 1972 [1855]).

europeos de fines del siglo XVIII y siglo XIX en América latina. Es justamente durante este período cuando el viaje asume características modernas. Entender el sentido de tales relatos requiere comenzar por ubicar la funcionalidad de este dispositivo cultural en el marco del proceso de modernización, al menos, en cuatro dimensiones: los interiores van completando el mapa mundial; se imponen los rasgos seculares en oposición a los marcos de referencia tradicionales de la historia natural; se realizan como una nueva estrategia de desarrollo colonial, y, por último, reaseguran el ensamble ideológico entre la visión romántica y el industrialismo del modelo burgués.

Así determinada la empresa cultural, esta práctica organizó el montaje entre el lugar propio y el lejano. Si bien los viajes efectivamente deben ser entendidos como un instrumento de consolidación del proyecto burgués de una Europa en expansión, su importancia radica en ser el producto del encuentro de sistemas en una zona de contacto, un territorio transcultural que coteja visiones, gestos y tecnologías, un espacio móvil, fragmentado y efímero, producido por la eficacia histórica del mismo evento.[2]

Resultado de este espacio peculiar de actividad intercultural fue, por ejemplo, la bifurcación producida en la narrativa de Humboldt. Un delicado equilibrio entre una cronología descriptiva y neutra, y una serie de observaciones anecdóticas con interludios de violencia, admiración y desconcierto. Es que la subjetivación de la experiencia fue prefigurando una mutación en la producción del conocimiento, desde entonces, un proceso cogobernado por la lógica de la normalización objetiva y la contingencia.

Aunque la experiencia está en el corazón del relato, no es de menor valía considerar los múltiples tiempos en que se construye la representación. Los propios trabajos de Darwin son una composición. La versión oficial de su *Voyage of the Beagle* es el último escalón de una secuencia que comienza con sus notas y observaciones de campo y culmina con una fuerte revisión producida lejos de los eventos y personajes. Dicho de otra forma, la "objetividad" de estos relatos careció de un centro. Es una serie fracturada y desplazada que contó con un importante arsenal de medios de ajuste de la experiencia: dibujos, grabados y citas, que hicieron posible una forma exitosa de recreación del acto de reconocimiento.[3]

Parte de esta narrativa se dirige a una audiencia ausente e ignorante. Otro desplazamiento que hace que cualquier intento de verificación resulte imposible. Los relatos mismos portan testimonio y evidencia. Por su propia naturaleza seudocientífica, la narrativa trata de corregir la carga subjetiva del acto de reconocimiento a través de una reflexión de naturaleza epistemológica. Es ésta la operación maestra que completa el movimiento discursivo del viaje.

Sin embargo, un modelo de análisis que enfatice las funciones del lenguaje podría caer en la tentación de entender este proceso como expresión directa y automática de

---

[2] David Thomas, *Transcultural Space and Transcultural Beings* (Boulder, Westview Press, 1996): p.15.
[3] James Duncan y Derek Gregory (comps.), *Writes of Passage. Reading Travel Writing* (Londres y Nueva York, Routledge, 1999): pp. 4-6.

deseos imperiales, visión ostensible en las interpretaciones que insisten en la idea de que tales textos señalan, confirman e inflaman el ejercicio del poder imperial, soportando una determinación ideológica que pervierte las prácticas representacionales en todos sus niveles. Desde esta perspectiva, equivocada a mi criterio, se sugiere que el género en su totalidad se convierte en una forma de incursión violenta, cuyo interés fundamental sería la demostración de la dinámica de la fábrica colonial, desconociendo el espacio de creación intercultural y la existencia de protagonismos múltiples.

Por esto mismo, la indagación sobre los dispositivos culturales de los sistemas de dominación es una de las preocupaciones centrales de mi ensayo. Me cuesta reducir este espacio real y virtual de contacto al simple juego de dominación y subordinación.[4] Aun las narrativas de los exilios más crueles no disimulan la impronta de la experiencia, curiosidad y placer que proporcionan las contingencias de movimiento, relocación y desplazamiento en la propia práctica del viaje.

Así entendida la perspectiva, la base formal del género debe buscarse en la estructura de los 'ritos de pasaje'. Territorialidad y desplazamiento, cruce de fronteras, representación de sujetos móviles, observación al testimonio de sentido. Me animo a decir que es ese acto de reconocimiento el gesto que organiza la construcción entera de todo el discurso.[5]

A partir del siglo XVII, la cosmogonía y la cosmografía de Europa occidental sufrieron una vigorosa expansión. El punto de vista europeo fue forzado a acomodarse a una nueva concepción de la distancia y el espacio. La gradual ampliación cosmológica e intelectual de la dimensión espacial necesitó una adecuación de las leyes físicas. No solamente fueron los parámetros de medición los que necesitaron ajustarse, sino también los propios sistemas de conocimiento que debían reinventar su unidad y armonía ante el impresionante ensanchamiento de horizontes.[6]

Entre finales del siglo XVII y comienzos del XVIII, época dorada de los británicos, el auge de la filosofía mecánica y experimental consumaba la 'revolución científica'. Era el triunfo de Newton frente a la anticuada escolástica aristotélica. Los descubrimientos y desarrollos suecos vinculados a las ciencias naturales recuerdan lo que ya habían realizado cien años antes en el campo de la física. Se habla de la 'segunda revolución científica', del origen de la 'verdadera ciencia moderna'. El éxito de Linneo al establecer su nuevo esquema clasificatorio descripto en su *Systema naturae* (1735) se completa con los logros de otros compatriotas. Eric Benzelius imagina una nueva filología, Celsius inventa el termómetro de centígrados, Emanuel Swedenborg seculariza la teología, a lo

---

[4] Steve Clark (comp.), *Travel Writing & Empire* (Londres/Nueva York, Zed Books, 1999): Introducción.
[5] Los principios de esta tesis fueron esbozados a partir de la complejidad histórica de la especularidad de la empresa imperial y la asimilación de lo exótico en los viajes renacentistas. Véase Stephen Greenblatt, *Marvelous Possessions: The Wonder of the New World* (Chicago, Chicago University Press, 1991).
[6] Mary Helms, *Ulysses' Sail: An Ethnographic Odyssey of Power, Knowledge, and Geographical Distance* (Princeton, Princeton University Press, 1988): Introducción.

que se suman los avances en el análisis de laboratorio de minerales de Johan Wallerius, Axel Fredrik Cronstedt y Torbern Bergman.[7]

Es el tiempo del forjamiento de prácticas científicas. Y reunir piezas, o al menos ejemplares representantes de esa expansión cosmológica, fue una de las actividades. Una obsesión que se hace evidente en el incremento del coleccionismo. Estas colecciones, *curio cabinets* (*wunderkammer*) representaron el inicio de una forma de reconocer, ensamblar y controlar las dimensiones de las nuevas distancias temporales y espaciales. Y, por supuesto, una actividad primordial del discurso imperial.[8]

Los patrones del coleccionismo occidental del Renacimiento y de la era de los descubrimientos se basaron en la revalorización de la Antigüedad clásica y en la adquisición de piezas del "mundo natural" extraeuropeo.[9] Era entonces imperioso acumular objetos de lugares distantes geográficamente y creaciones de valor estético de la Antigüedad clásica.

El coleccionismo se relaciona con el 'arte de las buenas compañías'. Es el traslado y la acumulación controlados, es decir, de lo disperso que debe ser seriado y reunido. Cada pieza que se suma pierde parte de la función que tenía para fusionarse en una nueva identidad colectiva, dada por la empresa cultural que la promueve. Paradójicamente, toda colección debía ser incompleta. La incompletitud es la paranoia de los coleccionistas, quienes se niegan a satisfacer tal vacío de forma absoluta. Un disvalor que se compensa por el hecho de que cada pieza pasa a pertenecer a ese nuevo ordenamiento de la cultura que va sumando ejemplares. Cada elemento de una colección, a partir de su incorporación a la misma, nace de nuevo bautizado con los nombres de los coleccionistas o de las instituciones que patrocinaban la búsqueda y clasificación.

Toda colección implicó un fuerte gesto científico, estético e ideológico: una política cultural de acumulación de capital simbólico. Se trataba de fijar, a partir de la construcción de un nuevo conjunto, una secuencia, un panorama, un recorrido determinado. En su determinación operaron también las reglas de la exhibición, en el sentido de *display* de un ordenamiento y disposición del mundo. Escenarios: el de las ferias, zoos, jardines, gabinetes, museos, aparentemente neutrales capaces de evocar, citar, traducir y comunicar un punto de vista.

---

[7] Michael Roberts, *The Age of Liberty: Sweden 1719-1772* (Cambridge, Cambridge University Press, 1986): p. 215.

[8] Los especímenes de historia natural coleccionados por el Museo Británico se incrementaron a partir de principios del siglo XIX de una manera excepcional. En parte, gracias a los subsidios gubernamentales otorgados por el Parlamento Británico, lo que permitió en 1810 establecer entrada gratuita a todas aquellas personas de *decent appearance.* M. Caygill, *The Story of the British Museum* (Londres, British Museum Press, 1981): p. 17.

[9] En sociedades no occidentales, tales prácticas de coleccionismo se asocian a bienes tangibles y valiosos por su significado y cualidad asignada más que por sus características físicas, por sus valores cosmológicos adheridos y por el poder que ellos representan o encapsulan en sus formas físicas. Por esta razón, tales objetos son portadores de prestigio en toda la literatura etnográfica.

El prototipo de estas colecciones puede encontrarse en los gabinetes de curiosidades, que, al igual que sus predecesores medievales, fueron una composición de todas las formas de lo extraño, curioso, exótico.[10] Una agregación de objetos heterogéneos cuyo interés y valor reposaba en el hecho de su naturaleza rara, de su monstruosidad.[11] El objetivo final de tal acumulación es la composición de un microcosmos del universo. Un intento por organizar y clasificar esta diversidad a fin de producir una comprensión y apreciación de la unidad y armonía en el esquema divino e invisible de las cosas.

El Nuevo Mundo fue identificado como un territorio exterior carente de cualidades estéticas (belleza, orden, proporción); los habitantes, como más próximos a la naturaleza, y sus artefactos, bárbaros y elementales. La rareza de estos materiales será entonces el fundamento de una negatividad cultural y de su posterior utilidad científica. Fetiches de un nuevo tipo de expansión.[12]

Desembarco

Pero vayamos por partes. Más cerca, el mismo proyecto humboldtiano tiene sus raíces en la influencia de la corriente filosófica recibida a través de su relación con Schiller y Goethe, de la que procedió su vocación por el estudio de la "armonía de la naturaleza".

A mediados del siglo XVIII, los viajeros naturalistas impusieron a estas tradiciones una visión crítica del orden natural a partir de su preocupación por el enigma de las interrelaciones. Es el caso de Charles Bonnet. Después de haber realizado diversas investigaciones sobre la zoología, en especial sobre los insectos, escribió *Contemplation de*

---

[10] Toda sociedad, podría generalizarse, reconoce dos centros ideológicos (uno interior y el otro exterior a sus fronteras tanto temporal como espacial). La adquisición de elementos de prestigio se vincula a la asociación que se produce con ese exterior. Esos objetos pueden, a su vez, vincularse al mundo de la cultura (piezas entendidas como ancestrales), o de la naturaleza. La colección no es entonces parte de un sistema de apropiación sino de ligazones que humanizan las distancias. En tales sociedades, donde los objetos artesanales son producidos en el centro, los tipos de artículos coleccionados de puntos geográficos distantes se clasifican generalmente como objetos de pertenencia del mundo natural. La colección de tales objetos es frecuentemente caracterizada como ecléctica para el mercado y de naturaleza extraña, excepcional. Así, las colecciones son vistas como lazos políticos que se establecen desde el centro hacia las fronteras culturales y espaciales. Colecciones que revitalizan la energía cosmológica al ser realizadas, organizadas y controladas. Para la protección de tales colecciones se construirán, diría la antropología cultural, grandes casas de piedra, garantía de permanencia.

[11] Steven Mullaney, "Strange Things, Gross Terms, Curious Customs: The Rehearsal of Cultures in the Late Renaissance", *Representation* 3 (1983): pp. 40-67.

[12] Haydeen White, "The Noble Savage Theme as Fetish" en Fredy Chiappelli (comp.), *First Images of America* (Berkeley, University of California Press, 1976): pp. 124-126.

la Nature (1764), anunciando las profundas relaciones observadas en el magnífico espectáculo de la naturaleza, "de su unidad, de su bondad, del encadenamiento maravilloso de todas sus partes, de la gradación admirable que se observa en ellas".[13]

Encadenamientos, interrelaciones e intertextualidad. La armonía del universo estaría constituida precisamente por las relaciones que ligan entre sí al mundo físico y al moral en sus diversos reinos.[14]

El establecimiento de contactos más o menos regulares con diferentes partes del planeta después del siglo XVI fue el contexto que transformó a Marco Polo en el pionero de un discurso geográfico transgresor.[15] A pesar de las imprecisiones de la mayoría de los relatos, el viajero 'empírico' constituyó una importante novedad de época. Los temas en torno a su figura ya no estarán vinculados a la salvación divina, ni siquiera a una sabiduría moral, sino a la posibilidad de un saber asociado a las ciencias de la naturaleza.

A partir de Polo la autoridad del viajero reemplazó a la del texto: el relato se apoyaría cada vez más en el prestigio del viajero-narrador y gradualmente en el de sus patrocinantes.

Por esta misma razón, el otro gran relato de viaje medieval, *El libro de Sir John Mandeville*, publicado en 1356, no forma parte, a mi juicio, de la misma genealogía. Las intenciones de Mandeville (en realidad no conocemos su identidad) se oponen a las del viajero veneciano. Mandeville es el peregrino de un itinerario clásico que incluía India y Catay hasta las paredes del mismo paraíso, y su libro, la típica cruzada a Tierra Santa. Un viajero ficcional bastante lejos del obsesivo empirismo de Polo. Otro linaje.

En cualquier caso, sí existió un valor inaugural compartido dado por las operaciones de compilación, selección y comparación con otras fuentes. Pero las proyecciones del acto de peregrinación siguieron caminos encontrados: recrear la teología de una geografía sagrada en Mandeville, y capturar el territorio de lo 'exótico' en el contexto de un mundo cristiano en proceso de reformulación en Marco Polo.

Estos relatos fueron muy conocidos. La cantidad de manuscritos que circularon, la variedad de usos que tuvieron y las numerosas traducciones lo atestiguan. Sus oposiciones también ejemplifican el núcleo de la controversia más importante alrededor del género: cómo una literatura de viaje de carácter observacional debía centrar su atención en la descripción de la diversidad antropológica y natural en contra de los fundamentos religiosos. Aunque la cruzada fue un tipo de relato eficaz hasta iniciado el siglo XVII, en el más largo plazo, la modernidad se inclinará por *Los viajes*.

---

[13] Jean-Marc Drouin, "De Linné a Darwin: Les voyageurs naturalistes" en Michel Serres (dir.), *Eléments d'Histoire des Sciences* (París, Bordas, 1989): pp. 321-335.

[14] Charles Bonnet, *Contemplation de la Nature* (Amsterdam, 1764).

[15] La palabra geo-grafía adquiere toda la significación moderna en la experiencia colonial. Dannis Porter, *Haunted Journeys. Desire and Transgression in European Travel Writing* (Princeton, Princeton University Press, 1991): pp. 17 y ss.

Marco Polo representa el origen mítico del viajero moderno, un curioso observador itinerante que desde la geografía es capaz de explorar la diversidad humana. No hay una pérdida definitiva del interés por la fe o las historias milagrosas, pero se inicia entonces una tendencia que combina las creencias tradicionales con el apetito de una curiosidad por la mirada directa.

Así las cosas, la emergencia de un empirismo sistemático fruto de la curiosidad y de necesidades prácticas y los sucesivos colapsos de la mentalidad religiosa medieval, instaló un profundo humanismo que, por un lado, ofrecía herramientas filológicas que hacían que la empresa del viaje y de la observación fuesen más precisas y sistemáticas, y, por el otro, agregaba una ideología positiva del viaje en tanto instrumento pedagógico dentro del sistema de saberes cada vez más secular. El nuevo viajero como Polo –y más tarde Colón– se convertía así en el primer superhéroe moderno y la cultura comienza a valorar el texto por la importancia del hecho que relata.

Los cronistas del descubrimiento y la conquista no disponían de modelos para escribir sobre el Nuevo Mundo: *terra incognita* silenciada. No se inventa un nuevo lenguaje, que además sería ininteligible para una audiencia que carece de la experiencia directa. Lo que sí es seguro es que las descripciones de estos primeros relatos deambulan entre la destreza literaria y el afán cognitivo.

El "Diario de navegación" del primer viaje de Colón es el texto madre de la literatura colonial sobre el Nuevo Mundo. Una combinación original de dos tipos discursivos: el diario y la carta. Colón se desentiende de cualquier marca que indique una intención literaria que conecte su acto de lenguaje con la tradición poética. Usa modelos narrativos al servicio de la información y del impacto del descubrimiento. Sus cartas se inscriben en la tradición del discurso cosmográfico con tres sellos particulares: la imaginería, que lo lleva a pensar en las puertas del Edén; su anclaje en la comprobación empírica, y finalmente la ideología humanista. Las cartas y los diarios se explayan sobre lo natural y lo moral, típico de casi toda la literatura de viaje por venir. Son los informes de una empresa política y comercial y especialmente el testimonio del sujeto responsable.

Por su lado, las cartas relatorias de Cortés esbozan principios literarios que demuestran oficio. Una prosa ágil y cierto ritmo castellano sostienen la narración. Dúctil en el dominio de la retórica, la materia es cuidadosamente controlada: apelativos epistolares, indicadores temporales y espaciales, constantes reenvíos, organización clara y manejo del instrumento lingüístico.

Dentro de esta familia textual, también las relaciones ocuparon un lugar fundacional. Para el siglo XVI, el vocablo relación ya tenía el sentido de narración de algo sucedido. Es la voz castellana que corresponde a las latinas *relatio* y *narratio*. Entre otras, cabe mencionar la magistral *Relaciones geográficas e históricas de Indias*. Juan Ovando y Godoy, su autor, obtenía en 1568 el cargo de Consejero de la Inquisición y visitador de Indias, y pasaría a la presidencia del Consejo de Indias en 1571. Además de las *Relaciones*, Ovando fue el responsable de la publicación de las *Ordenanzas Reales del Consejo* y de las bases para la formación del *Libro descriptivo* de todas las provincias indianas. Su nuevo título lo designaba como "cosmógrafo y cronista mayor de Indias".[16]

Jagellonian Globe, esfera mecánica con mecanismo de relojería que porta la inscripción AMERICA NOVITER REPERTA.

---

[16] Es también la época en que los globos comienzan a incluir el nuevo continente. Probablemente el primero de ellos sea el *Jagellonian Globe*, esfera mecánica con mecanismo de relojería que porta la inscripción *AMERICA NOVITER REPERTA*. El artefacto fue realizado en Francia hacia 1550 y actualmente se exhibe en el Collegium Maius en Cracovia, Polonia.

Lo que nos interesa de este personaje, también famoso por su crueldad implacable, es que comienza a establecer exigencias formales a los informes que debe compilar para su gran libro, otra colección. Se encarga entonces de la confección de cuestionarios que envía a las autoridades coloniales, que en sus primeros puntos ordenan:

1 - Primeramente, en los pueblos de los españoles se diga el nombre de la comarca o provincia que están, y qué quiere decir el dicho nombre en lengua de indios y por qué se llama así.

2 - Quién fue el descubridor y conquistador de la dicha provincia, y por cuya orden y mandamientos se descubrió, y el año de su descubrimiento y conquista, lo que de todo buenamente se pudiere saber.

3 - Y generalmente el temperamento y calidad de la dicha provincia o comarca, si es muy fría o caliente o húmeda o seca, de muchas aguas o pocas, y cuándo son más o menos, y los vientos que corren en ella, qué tan violentos y de qué parte son, y en qué tiempos del año.

4 - Si es tierra llana o áspera, rasa o montes, de muchos o pocos ríos o fuentes, y abundosa o falta de aguas, fértil o falta de pastos, abundosa o estéril de fructos y de mantenimientos.[17]

Emblema del relato moderno, los formularios inauguran también una textualidad de duplicaciones, la abolición del libro único. Así, las relaciones se presentan contenidas en un modelo creado y basado en las necesidades de la recepción. Contemporáneamente van apareciendo otros libros importantes que sin titularse como relaciones responden al principio organizador del cuestionario. Por ejemplo, *Geografía y Descripción Universal de las Indias* de Juan López y Velazco. Aunque él mismo fue uno de los asesores del bendito cuestionario e inventor de la formalización de las crónicas, su texto, sin embargo, sobrepasa los mandatos del formato al reconocer un lugar especialísimo al dato científico: el uso de la geofísica para el trazado de las longitudes, de la declinación magnética y la demarcación de las líneas de los vientos que afectan la navegación. En otras palabras, una primera bienvenida al lenguaje cuasi científico de la geografía.

En general el modelo de estos libros se ajusta a la idea general de recopilación de noticias sobre Indias de las cuales el cuestionario y las relaciones que se producen son parte de la composición de los compendios y descripciones. De todas formas, son verdaderos libros en el sentido de que eran el producto de 'hombres de letras'. Se trata entonces de otro tipo discursivo-textual de rasgos bien definidos.

La importancia del viaje como interrogante y de la literatura de viaje como parte fundamental de un sistema de prácticas narrativas vinculadas al empirismo emergente

---

[17] Citado en Marcos Jiménez de la Espada (comp.), *Geografía y Descripción Universal de las Indias* (Madrid, BAE, 1971).

de principios de la modernidad debe ser entendida históricamente a la luz de las tradiciones que han definido la cultura occidental. Si bien esta primera familia textual articula dos tipos de registro (diario-experiencia/memoria-indagación), no deben ser vistos a la luz de clasificaciones extemporáneas sino justamente en su propia dualidad: una ambigüedad localizada en los niveles de las estructuras, las tradiciones y los acontecimientos.

Entre la Restauración y comienzos del siglo XVIII la publicación de literatura de viajes vivió un período de esplendor, particularmente en Inglaterra. La moda de los *travel accounts*, segundo género más vendido luego de los libros teológicos, quedaba establecida. Shaftesbury señaló en 1710:

> Las costumbres bárbaras, las maneras incivilizadas, las guerras en Indias y las maravillas de la *Terra incognita* empleaban todas nuestras horas de ocio y casi todos los anaqueles de las bibliotecas. Esto es en el presente, lo que los libros de caballería fueron para nuestros antepasados.[18]

El exotismo de la etnografía y las geografías de la nueva exploración ocuparon el lugar de lo maravilloso de los rituales cortesanos y socavaron la nostalgia por los tiempos caballerescos. La popularidad alcanzada por la narrativa de viajes refleja el incremento tanto de la actividad marítima como de la lectura. El libro de William Dampier, *A New Voyage Round the World* (1697), es citado generalmente como el hito fundacional del encanto del público por el contacto con lugares desconocidos, al punto que fue reeditado el mismo año de su publicación, y una tercera edición se agotó rápidamente en 1698. Dampier viajó por los mares del Sur, descubrió poco, relató convincentemente y se inició como científico amateur dándoles su nombre a algunas especies botánicas como la prestigiosa *Diampera incana*. Fue el perfecto arquetipo del viajero que por entonces auspiciaba la Royal Society.

Aquellos transeúntes de lugares remotos tuvieron una particular relación con el estado de la 'verdadera naturaleza', destino de sus travesías. Y por cierto con un 'lenguaje simple' que pudiese revelar la pureza natural a sus lectores. Una paradoja que revela un tipo de progreso científico empirista como retorno a la indagación de una naturaleza primitiva.

A lo largo de toda la historia moderna existió una sucesión de culturas imperiales en Europa que ha condicionado la producción y la recepción de los relatos de viaje. En particular, me refiero a aquellos relatos surgidos en contextos de experiencias coloniales. Y dentro de estas condiciones generales es innegable el impacto significativo de los paradigmas coloniales en la manera particular como la modernidad articuló ideales universalistas y desarrollos nacionales.

---

[18] David Mitch, *The Rise of Popular Literacy in Victorian England. The Influence of Private Choice and Public Policy* (Filadelfia, University of Philadelphia Press, 1992): p. 27.

Desde los tiempos del descubrimiento de las nuevas rutas marítimas en los viajes de Colón y Vasco da Gama, viajes que hicieron posible el crecimiento transatlántico de dos tradiciones culturales imperiales ibéricas, hasta la conmoción provocada por las aventuras de Fitz Roy en la Patagonia, existió una marcada tendencia en la historia de las empresas coloniales europeas hacia la expansión de su dominación. La narrativa de viaje fue también una pieza clave para el desarrollo cultural de este proceso global. Si el imperialismo y los sistemas coloniales enhebraron una trama común para el viaje europeo moderno, el empirismo les dio contenido. Es el momento en que la superioridad de la civilización occidental es pensada como el eje de la evolución histórica dominada por una tendencia hacia la precisión científica que convierte a la observación directa en una cuasi religión. Desde la segunda mitad del siglo XVIII, un período rico en viajes y exploraciones, el lenguaje científico que adquirían las ciencias naturales y particularmente la geografía se transforma en el discurso organizador de la nueva mirada. *Personal Narrative* de Humboldt (publicado primero en francés entre 1814 y 1819) representó, y ésta es una de mis hipótesis, el deseo de capturar una visión universal de los fenómenos naturales –y sociales–, que selló como canon, el matrimonio entre la observación empírica y la especulación científica. Una concepción estética de la naturaleza, ensamble de cuadros, montaje de íconos, paisaje:

> La contemplación de la naturaleza, la vista de los campos y de los bosques causa una dulce sensación, muy diferente de la impresión que hace el estudio particular de la estructura de un ente organizado. En éste, el pormenor es el que interesa y alimenta nuestra curiosidad, y en aquélla, son las grandes masas las que agitan nuestra imaginación. ¡Qué efecto tan diferente produce el verdor fresco de un prado rodeado de algunos grupos de árboles esparcidos, y el de un espeso bosque de pinos o de encinas! ¡Qué contraste tan visible entre las selvas de las zonas templadas y las del ecuador, donde los troncos desnudos de las palmas se elevan sobre los del cassublium, las cuales están entretejidas con bejucos floridos y representan un pórtico soberbio en los aires! ¿Cuál es la causa psicológica de estas diferentes sensaciones? ¿Es acaso la intensidad o la magia de los colores vegetales, o el hábito de los vegetales, o el tamaño de las masas, o el contorno de las reformas lo que las causa? ¿Cómo influye este hábito o aspecto de una naturaleza más o menos rica en las costumbres y principalmente en la sensibilidad de los pueblos? ¿En qué consiste el carácter de la vegetación de los trópicos y cuál es la diferencia de fisonomía que distingue las plantas del África de las del Nuevo Continente? ¿Qué analogía de formas une a los vegetales alpinos de los Andes con los de los Pirineos? He aquí un cúmulo de preguntas importantes que debe resolver la geografía de las plantas.[19]

Se trata de la confirmación acerca de la existencia de un orden en la organización de las plantas, los animales y los minerales a través de la construcción de herbarios,

---

[19] Alejandro de Humboldt, "Geografía de las plantas o cuadro físico de los Andes Equinocciales y de los países vecinos", en *Semanario de la Nueva Granada*, t. II, vol VIII, 1805: pp. 41-42.

zoológicos, museos, gabinetes y galerías. El orden de una disposición divina del mundo que se representa y reproduce en el espacio natural.

El naturalista debe ser un viajero que quiere conocer y comunicar conjuntos. El naturalista-viajero se forma a partir de la experiencia del viaje, lo que dispara, como seguramente acabamos de notar, un modelo de narrativa de equilibrio entre la información científica y las impresiones estéticas. El progreso intelectual agregó a la idea del viaje utilitario, la figura del naturalista también preocupado por el tratamiento estético de los sujetos de la historia natural. Un portador de los saberes propios de las disciplinas fundamentales de fines del siglo XVIII: geología, cartografía, minería y botánica, y un comunicador de sus experiencias. Obtienen la autorización real para visitar tierras y archivos americanos y fondos privados para las empresas. Inventan una nueva forma de ordenar y clasificar el mundo. Producen una fenomenal variedad de datos así como formas de procesamiento y de registro producto de una red de observaciones y mediciones de las variables físicas a una escala continental. Utilizan el instrumental de medición más moderno para controlar las fuentes de error de observación así como para establecer una relación entre éstas y ciertas leyes matemáticas. Y fundan el lenguaje apropiado para la descripción de la naturaleza y las sociedades. En síntesis, responden de tal manera a la cuestión de la búsqueda del rigor y la reformulación de una explicación cósmica en el interior de la historia natural.[20]

En relación con el método, ese carácter exploratorio sobre el terreno que antes se consideraba específico de la geografía es, sin duda, también un rasgo naciente en otras metodologías científicas, por supuesto lo es de la antropología y de la historia natural. Respecto de esta última, basta mencionar que desde el siglo XVII existían formularios para cada tipo de trabajo de campo, en realidad no muy diferentes de las preguntas que hicieron los expedicionarios y viajeros ilustrados.[21]

Existió un antecedente en el ámbito de la botánica hispana. A comienzos de la década de 1760, José Celestino Mutis había diseñado un ambicioso proyecto de investigación científica inspirado en la historia natural. El proyecto nunca llegó a tener eco hasta veinte años después cuando le fue otorgada una autorización real para llevarlo a cabo. Entre los objetivos fundamentales de la expedición científica de la Nueva Granada, Mutis declaraba no tener el propósito exclusivo de recoger especímenes para los gabinetes o realizar observaciones aisladas, sino que antes al contrario, la intención habría de ser reunir todas esas observaciones en un amplio estudio del territorio:

> Nuestros prolijos reconocimientos por todas las provincias de la América septentrional irán continuamente suministrando las noticias originales para la colección de los fragmentos que

---

[20] Wolfgang Schaffner, "Topographie der Zeichen. Alexander von Humboldts Datenverarbeitung" en Inge Baxmann, Michael Franz y W. Schaffner (comps.), *Das Laokoon-Paradigma. Zeichenregime im 18. Jahrhundert* (Berlín, Akademie Verlag, 2000).

[21] Horacio Capel, "Geografía y arte apodémica en el Siglo de los Viajes", *Geo Crítica* 56, 1985: pp. 53-74.

servirán algún día para la formación de una historia completa en lo geográfico, civil, político, acompañada de todas las observaciones físicas correspondientes al gusto del siglo y a interesar la curiosidad de todos los sabios.[22]

A partir de la preocupación más o menos explícita por la geografía de la plantas y la geografía física, se estaba recorriendo el camino que conducía al estudio de las interrelaciones entre los fenómenos de la vida y del ambiente, lo que constituye la primera física del globo.

Así, prohijado por esta incipiente tradición, el trabajo de Humboldt fue el resultado de la necesidad de una precisión estadística rigurosa al servicio del nuevo programa intelectual. Una cuantificación de la naturaleza y de la sociedad que se vinculó a la recolección y manipulación de datos a través de instrumentos de mensura y de procedimientos de cálculo y de representación en diagramas y tablas.[23]

Tal empresa confirmaba un mundo natural no uniforme, con variaciones locales contenidas en la idea misma de una naturaleza fragmentada. El hecho de producir y comparar datos tomados en distintos lugares no parece tener otro sentido que el de confirmar esa discontinuidad. Hasta entonces, el gabinete fue el *locus* excluyente donde los filósofos de la naturaleza imaginaban mantener el control de las variables, de los instrumentos y de la observación sostenida en el tiempo. La práctica de la historia y filosofía natural se basaba en una división entre quienes clasificaban y sistematizaban relaciones y aquellos que recolectaban datos y especímenes en terreno, conformando, en muchos casos, verdaderas redes de informantes y corresponsales de las asociaciones científicas. Aunque la empresa del inventario y la descripción del mundo se hacía sobre la base del disciplinamiento del viaje, educando al viajero y su mirada, Humboldt, sin embargo, no pensó su viaje como una travesía exclusivamente de observación y acopio. Su viaje produjo tres colecciones diferentes, una de las cuales los acompañaba y crecía al ritmo de la travesía. Cuarenta y dos cajas con herbarios, series geológicas, gabinetes de insectos y frascos con animales en alcohol formaron parte de una caravana de veinte mulas sufridas y disciplinadas. Pero también montaba una biblioteca, intercambiaba ideas con naturalistas e ingenieros, visitando los archivos y conservando consigo sus inseparables instrumentos de medición: un reloj de longitudes de Luis Berthoud, un medio cronómetro de Seyffert, un anteojo acromático de Dollond, un anteojo de Caroché, un anteojo de prueba, un sextante de Ramsden, un sextante de tabaquera, un horizonte artificial de Caroché, un cuadrante de Bird, un grafómetro de Ramsden, una brújula de inclinación, una brújula de declinación de Le Noir, una aguja, un péndulo invariable, un cianómetro de Paul, dos higrómetros de Saussure y de Deluc, dos barómetros de Ramsden, de Mégnié y de Fortin, dos electrómetros de Bennett y de Saussure, un eudiómetro de Fontana y otro de fósforo de Reboul, un aparato de Paul, una sonda

---

[22] Memorial de Mutis en 1783, en C. Gredilla, *Biografía de José Celestino Mutis con la relación de su viaje y estudios en el Nuevo Reino de Granada* (Madrid, 1911).

[23] Marie-Noelle Bourguet y Christian Licoppe, "Voyages, mesures et instruments. Une nouvelle expérience du monde au Siècle des lumières", *Annales HSS* 5, 1997: pp. 1115-1151.

temométrica de Dumotier, dos areómetros de Nicholson y de Dollond, un microscopio compuesto de Hoymann, un patrón métrico de Le Noir, una cadena de agrimensor, una balanza de ensayo, un heliómetro, tubos de absorción, aparatos electroscópicos, un horizonte artificial de mercurio, botellas de Leyden, aparatos galvánicos, reactivos y un arsenal de herramientas para repararlos. Lo notable es, a mi juicio, la contundencia con que Humboldt va imponiendo la autoridad científica de la experiencia. Su voz es la amplificación de la 'mesa de ensayo'.

La pasión según Darwin

Con Darwin se cierra el ciclo del canon de la literatura de viajes. Autor de un clásico y primo de nuestro conocido Galton, es mucho más un personaje de su época que una leyenda, cosa curiosa para los prohombres de la civilización occidental. Poco espacio existe para el epíteto de narrador en el protagonista de *The Voyage of the Beagle*, reservado, según convenciones, para los valores y gustos propios de la esfera de lo estético. Sin embargo, su texto recupera esa definición tradicional de la historia como una narrativa ordenada por la cronología y la observación, por el placer y también el desencanto.

En el caso de Darwin, se produce la reubicación del dispositivo de representaciones y de la práctica de la ciencia en la matriz de un viaje que articula una historia individual y ciencia. Nadie cree en la falsa modestia de su autobiografía, donde parecería ubicarse más cerca del viaje de Boswell o Byron que de las prescripciones humboldtianas. A excepción de su religiosidad, Darwin no fue un romántico. La historia colectiva que lo envuelve es básicamente la del desarrollo de un nuevo pensamiento científico. Y en cualquier caso, su espíritu romántico también estuvo vinculado a la naturaleza del discurso del conocimiento. Y por esto mismo, *The Voyage* permaneció por mucho tiempo en las vitrinas de las librerías inglesas desde su primera edición en 1839. Para la época era entendido sin dificultad por un público curioso y no especializado. La atención puesta al relato por parte de este estudiante de medicina frustrado convertido en naturalista excedía el territorio de la historia natural. En sus evocaciones de lo sublime y monstruoso de las especies y fenómenos encontrados precipitó, más que todos sus predecesores, una narrativa de la aventura.

Su incansable curiosidad, su entusiasmo y el impacto de cada jornada configuraron una función que Darwin desempeñó a la perfección: la de un etnógrafo amateur. La estructura de diario permitía al informante que registraba sus experiencias convertirse en el foco del interés de los lectores en el mismo nivel que la información suministrada. Es este registro de lo social exótico articulado con su vocación de conocimiento lo que reinventaba un sentido humanista —eurocéntrico—, capaz de apelar a una audiencia que exigía acción y compasión.

Además de los lugares más o menos exóticos que visitó, tales como Cabo Verde, Tierra del Fuego, Galápagos, etc., hay referencias a innumerables temáticas que van desde los fenómenos naturales hasta consideraciones sobre la esclavitud. Y con la presunción de totalidad, Darwin fue capaz de inventar un catálogo arbitrario de supremacías: las causas de la decoloración del mar; sapos musicales; estancias; canibalismo; sagacidad de las mulas, y la lista sigue. Si la ciencia por entonces era esto, la mayoría de la población tendría acceso a todo el conocimiento. La divulgación fue parte del entramado ideológico del proyecto. El libro, pero también la exhibición, afirmaron la voluntad de difusión de los valores científicos y estéticos hacia el conjunto de la población. Ambos reinvindican la función cultural de las zonas más emblemáticas del discurso del viaje y anuncian su desembarco en el espacio público. La curiosidad popular por el renovado *Theatrum Mundi* preparaba, por entonces, el justiciero réquiem de las cámaras de maravillas.

Lejos estuvo de preocuparse por realizar un trabajo literario y mucho menos épico. Pero, por la fuerza y la inmediatez de la expresión, logró lo que los escritores soñaban hacer: una odisea abierta al acompañamiento de los lectores. Darwin fue, antes que nada, un viajero comprometido con el conocimiento, nunca un héroe romántico.

Lo notable de cada anécdota fue su capacidad de observar lo anómalo, lo que produce en consecuencia la ruptura de los patrones establecidos. Tanto para la teoría científica contemporánea como para las proposiciones del formalismo sobre el concepto de desfamiliarización, es esta mirada la condición sine qua non para la auténtica creación. El tono dominante es, al igual que el de Byron en *Childe Harold*, celebratorio, pero el joven naturalista estuvo expuesto a un encuentro extraordinariamente más provocador y su respuesta fue la apertura a sus sentidos, todos. También celebratoria fue su condición británica. La cadena de medidas cronométricas que Darwin ayudó a consolidar tuvieron –y tienen– por epicentro el Observatorio Real de Greenwich. Medir el planeta era una operación científica y colonial y la expedición exploratoria era el resultado natural del ejercicio de ese poder. Después de todo, su principal equipaje fueron los veintidós cronómetros de medición de longitud que cargó en la cabina del adusto *Fitz Roy*. Así la operación darwiniana, como veremos más adelante en profundidad, consagrará en la eterna pasión científica un registro definitivo del relato de viajes moderno.

PRIMERA PARTE

AMERICA NOVITER REPERTA

Capítulo I

Mapas cósmicos y la geografía de las plantas

Ni el Renacimiento ni la Reforma fueron los movimientos que produjeron la verdaderamente grandiosa revolución que llevó al mundo desde el medioevo a la modernidad; fue resultado del gradual desarrollo de la ciencia.
John Herman Randall, Jr. [1]

La expansión europea y la ilusión del mapa cósmico

A partir del siglo XVIII los viajeros se lanzaron a trazar el mapa definitivo del mundo. La ilusión partió de una curiosidad científica al servicio de los intereses de expansión y de cierto exotismo ilustrado. Lo que producía esta mezcla de modernismo y prerromanticismo no era simplemente la distancia cultural entre Europa y el resto del mundo, ni aun las visiones seculares y expansionistas que iban arrinconando desde el Renacimiento a la mentalidad religiosa, sino la fascinación por la intensidad de la experimentación. Así se legitimaba la voz del observador directo en la producción de saberes, seguramente el mecanismo discursivo fundamental de toda la literatura de viaje de la modernidad.

Lo que separa a estos viajeros de las tradiciones del Renacimiento –más vinculadas a la aventura y la mística humanista– es su convicción acerca de la necesidad de reforzar los métodos y estructuras del conocimiento y la dominación de la naturaleza. Este clima de ideas desarrolló un tipo singular de indagación, puso el énfasis en la información detallada y en un sistema referencial de fuentes, y diseñó la observación

---

[1] Fragmento de la introducción de su obra *Our Changing Civilization: How Science and the Machine are Reconstructing Modern Life* (Nueva York, Stokes Co., 1929). Esta frase encabezó la extraordinaria exhibición "Seeing is Believing. 700 Years of Scientific and Medical Ilustration", realizada en la New York Public Library a fines de 1999.

crítica.[2] Indicar con rigor geografías, etnografías y clasificaciones científicas fue, desde entonces, el objetivo profundo de todas las crónicas de viaje. Lo maravilloso ya no era un elemento central en la nueva estructura del conocimiento.[3]

La exploración y su narrativa, como ninguna otra forma cultural de la época, subrayaron lo impredecible de la fuerza de lo contingente y la contundencia de un renovado proyecto científico, dramatizando el sentido romántico que el viaje iba adquiriendo. Representaron, en un proceso de creciente individuación de las relaciones sociales y más allá de la proyección del deseo de control planetario de Occidente, la puesta en escena de un tipo diferente de relación entre sujeto y objeto. Un tipo de romanticismo que se fue organizando alrededor de cierta nostalgia por algo perdido: el tono humanista. La Ilustración triunfante había sido demasiado cruel con la primera inocencia renacentista.[4]

La literatura de viajes no solamente desplegó el discurso de las nuevas ciencias sino que también reafirmó la supremacía de las identidades nacionales, constituyéndose en uno de los mecanismos fundamentales de la dominación cultural.

El viaje moderno es el viaje del desencanto y la promesa. Desencanto por la crisis de la mitología cristiana, y punta de lanza del optimismo científico. La exploración se pensó como parte de un proceso de desarrollo del conocimiento empírico y de perfeccionamiento de una cartografía que auguraba un futuro de itinerarios precisos hacia un progreso infinito, sin predestinaciones. Los relatos de viaje fueron portadores de un conjunto de representaciones de la última etapa de una transición (de la ficción, la fantasía y la religión a la experiencia).

En el contexto de aluvión del empirismo sistemático producto de una combinación de curiosidad y necesidades prácticas, el legado del Humanismo (que implicaba entender la colonización como un gesto de 'solidaridad humana'), según ya lo anunciamos, fue decisivo.

En el proceso de fusión literaria entre las descripciones ficcionales o no y la experiencia, prevalecieron las crónicas de descubrimiento. El encuentro europeo con otras culturas, y en particular la construcción del espacio colonial en el Nuevo Mundo, se montó sobre la tensión entre ideales y realidad de la mano de una retórica de la armonía natural y la conquista cultural. La obsesión colonial explica por qué, durante el siglo XVIII, el deseo de apropiación del Nuevo Mundo aún continuaba inspirándose en cierta providencialidad. Sin embargo, aunque se trataba de formas de un discurso misionalista que recogía los ecos propios de los cruzados –el caballero hidalgo como conquistador, el comerciante como aventurero y el misionero como peregrino–, hubo un

---

[2] Jas Elsner y Joan-Pau Rubiés, *Voyages & Visions. Towards a Cultural History of Travel* (Londres, Reaktion Books, 1999): Introducción.
[3] John Larner, *Marco Polo and the Discovery of the World* (New Haven/Londres, Yale University Press, 1999): p. 80.
[4] Se trata de una tesis de Edward Said desarrollada en varios de sus trabajos, especialmente *Orientalism* (Nueva York, Pantheon Books, 1978).

cambio de sentido. Los viajeros ilustrados y sus crónicas dejaron su sello: la necesidad de definir una ideología racional de legitimación de la dominación imperial; la impronta de la experiencia personal de un sujeto que observa y relata para las metrópolis, y la propuesta de una construcción 'colectiva' del conocimiento como base de los nuevos saberes científicos. Se cerraba así la etapa del pasaje de lo maravilloso medieval al descubrimiento, de lo sagrado a lo profano, de la teología a la historicidad.

Fue justamente la expansión del discurso empirista lo que produjo la retirada del sistema teológico y la aparición de una mirada crítica sobre las formas sociales y culturales de la civilización. Esta política de lo secular convirtió al viajero en un espía, al geógrafo en un físico y al crítico moral en un educador. Así el Nuevo Mundo no sólo recogía tradiciones y creencias, ambiciones imperiales y apetitos económicos de la vieja Europa, sino que se convertía en un campo privilegiado para la desacralización de todo un sistema de pensamiento.

Si en los comienzos de la expansión europea el viaje fue para el imaginario social una obligación moral, ya a fines del siglo XVIII se había abandonado definitivamente la metáfora de la peregrinación hacia la salvación. Se confundía entonces con el mismo acto de conocer. Una práctica novedosa y elaborada que comenzaba con una interrogación precisa, procedimientos de búsqueda, ordenamiento y selección, y concluía con un relato estructurado en la experiencia y comprensión de lo descubierto; especie de objetivismo que constituía al mundo natural como un espectáculo proyectado a un observador que imprimía su mirada en la misma acción del encuentro y que, como "extranjero", transfería la experiencia a la naturaleza propia de los objetos.[5]

Agotada para siempre la etapa de las leyendas míticas como relato de lo desconocido, se fue imponiendo una escritura con racionalidad histórica. No es cierta la tesis que sostiene un matrimonio sagrado entre lo mágico y lo real en la identidad de lo latinoamericano. Al menos en la literatura de viaje, base de las literaturas nacionales, la energía empirista desplazó todo intento ficcional de su campo.

El mundo real encerraba ya por sí solo bastantes maravillas y misterios; maravillas y misterios que obraban de modo tan inexplicable sobre las emociones y la inteligencia, que ello bastaba casi para justificar que puedan concebirse el viaje y su relato como un estado de encantamiento.[6]

---

[5] Véase Pierre Bourdieu, *Outline of a Theory of Practice* (Cambridge, Cambridge University Press, 1977): p. 96. Es lo que Fabian denomina visualismo, eje de este tipo de interacción comunicativa. Johannes Fabian, *Time and the Other: How Anthropology Makes Its Object* (Nueva York, Columbia University Press, 1983).

[6] Palabras más, palabras menos, recuerdo las lúcidas notas de autor de Joseph Conrad a su *The Shadow Line: A Confesion* [*La línea de sombra*. Madrid, Bruguera, 1992].

Los sentidos del Nuevo Mundo en el debate europeo de los siglos XVIII y XIX

No hay dudas de la fascinación que ejerció América para el pensamiento moderno. Ni tampoco de la influencia que tuvieron las ideas europeas en la invención del Nuevo Mundo. La dilatada discusión que arrancó en 1750 y conservó un altísimo nivel polémico hasta por lo menos mediados del siglo XIX, y que tuvo como protagonistas a Buffon, De Pauw y Humboldt, entre otros, combinó ideología, experimentación y grandes dosis de erudición. Por esto mismo, ese formato discursivo operó siempre como punto de partida y malla de contención de los relatos de viajeros que, como actos de 'redescubrimiento', agregaron al debate una subjetividad constituida in situ.

La utopía había sido el primer requisito de la modernidad. La maniobra de Thomas Moro consistió en indicar los caminos por los cuales los otros mundos pertenecían al propio, su más lograda fantasía. Al consignar su invención en una literatura de viaje, en la cual la imaginería política, asistida por la ficción, podía vagar libremente, Moro creaba un dominio del género literario con una matriz formal. En la era de *curiositas* y exploraciones, la anticipación de otros mundos, inspirada por los descubrimientos y en particular los del Nuevo Mundo, impulsó un modo particular de expansión geográfica planetaria y de representación de las experiencias exóticas. La utopía se distancia del juicio moral para proyectar una reconsideración del orden social y político.[7]

Utopía y Nuevo Mundo siguieron teniendo para esta generación una relación ficcional y mítica, que atesoraba los sueños del pasado europeo. Nadie ignoraba que Hytlodaeus, el personaje del libro de Moro, había acompañado a Vespucio en tres de sus cuatro viajes.

Al momento de publicación del libro, Bartolomé de las Casas planificaba el modelo social que debía regir en Cuba, La Española, San Juan y Jamaica, a través de la conversión al catolicismo. Contemporáneamente, en 1530, Vasco de Quiroga recomendó para Nueva España la utopía como una alternativa apropiada de dominación colonial.

A principios del siglo XVII, el dominico Tommaso Campanella, en su *Ciudad del sol* (1623), defendió vehementemente la investigacion empírico-científica galileana. Su relato describe los progresos de una sociedad comunitaria de sexualidad controlada y el estímulo de atributos humanísticos. Es posible encontrar en su modelo una fuente de inspiración para las reducciones jesuíticas del Paraguay. Así el Nuevo Mundo retenía el potencial de sorpresa y contingencia capaz de producir experiencias inesperadas. Es comprensible entonces ver la implantación, al menos en teoría, de sueños sociales que en verdad fueron diseñados para resolver los problemas del Viejo Mundo.

Pero el descubrimiento también se cargó de contenidos propios de la revolución

---

[7] Roland Schaer, Gregory Claeys y Lyman Tower Sargent (comps.), *Utopia. The Search for the Ideal Society in the Western World* (Nueva York/Oxford, The New York Public Library/Oxford University Press, 2000): p. 5. Publicación que acompañó la exhibición que con el mismo título se desarrolló en la Biblioteca Pública de la ciudad de Nueva York entre octubre de 2000 y enero de 2001.

científica. *Nueva Atlantis* de Bacon debe ser considerada como la más significativa de las utopías de la modernidad temprana. Publicado en 1627, al año de la muerte de su autor, es el reconocimiento de la indagación científica como fundación del contrato social. Su utopía reconoce en la libertad, el acontecer histórico y el poder del descubrimiento científico, las bases de un orden social estable.

Durante el siglo XVIII se incorporaron a la literatura de viajes dos nuevos subgéneros vinculados a los personajes Robinson Crusoe y Gulliver. Las "robinsonadas", utopías o eutopías, fueron la reflexión sobre un mundo vasto, inexplorado y a veces desierto que debía ser descubierto. Por esto mismo, quedará adherido al género un clima propio de naufragio, de encuentro accidental y etnográfico. Tales formas, que rápidamente fueron adquiriendo rasgos de verosimilitud, marcaron el corazón del relato de viaje y su inocultable tradición utópica.

La emergencia de la iniciativa burguesa, incluso para la comprensión de los sistemas coloniales, liberó de manera importante la imaginación sobre los procesos culturales, aprisionados, hasta muy avanzado el siglo XVII, por la genealogía bíblica. A pesar de la persistencia del carácter ideológico del discurso imperial, predominó, desde entonces, una tendencia al desarrollo de formulaciones más racionales que las producidas por el Renacimiento. Las descripciones de la naturaleza americana, notable la de Gonzalo Fernández de Oviedo, ya habían determinado las muchas peculiaridades físicas del Nuevo Mundo.[8] Son estas primeras imágenes autorizadas las que abonaron las teorías acerca de la debilidad e inmadurez del continente americano. Uno de los aportes de Buffon fue justamente el de demostrar que sus especies animales eran distintas de las del Viejo Mundo. Mejor dicho, inferiores.[9] Tal supuesto se afirmó en la convicción de la mala suerte que correrían las faunas domésticas al migrar al Nuevo Mundo. Todo se encogía, achicaba, afeaba invariablemente. La hostilidad de una naturaleza *frígida* no sólo había degenerado la especie animal sino que también había forjardo *indígenas débiles y escasos* sometidos a su fuerza, con el consecuente efecto devastador sobre las capacidades reproductivas.[10] América era un verdadero zoo de animales de sangre fría, acuáticos y cercanos a la putrefacción. Para un sector importante del saber europeo del siglo XVIII, la teoría erótico-hidráulica de la singular naturaleza americana debía ser seriamente considerada. Así la tesis de la generación espontánea a partir de la materia en descomposición (derivada de la teoría general de Aristóteles de los cuatro elementos: la corrupción de uno era la generación del próximo), confirmaba el carácter embrionario, inmaduro y a la vez decadente del Nuevo Mundo.[11]

---

[8] Gonzalo Fernández de Oviedo y Valdés, *Sumario de la natural historia de las Indias* (1526) (México/Buenos Aires, Fondo de Cultura Económica, 1950).

[9] La voluminosa obra del naturalista francés está contenida en 32 volúmenes. Véase Georges-Louis Leclerc de Buffon, *Oeuvres complètes de Buffon* (Baudoinreres, 1826-1828).

[10] "La nature, en lui refusant les puissances de l'amour, l'a plus maltraité et plus rapetissé qu'aucun des animaux" (en Buffon, *Oeuvres complètes...*, vol. XV, p. 446).

[11] Para estas posiciones América no era de ningún modo un hecho cultural. Podemos decir que

El núcleo ideológico de la teoría de Buffon estaba formado por aquella tendencia de su época a interpretar como una relación rígida, necesaria y causal, la conexión orgánica de lo viviente con lo natural, de la criatura con el ambiente.[12] Así el eurocentrismo moderno tuvo su bautismo en la nueva ciencia de la naturaleza viva.[13] Seleccionar, comparar, clasificar, sistematizar fueron las tareas con las que Buffon organizaba el saber científico.[14]

Pero la tesis buffoniana, rica en provocación, audacia y arbitrariedad, no era el único determinismo en plaza. Con cierta economía discursiva, en su ensayo *Of National Characters* (1784), Hume insinuaba que la escasez de las regiones septentrionales y su contracara en la abundancia de los pueblos del sur eran la clave de la superioridad de la cultura europea. Aunque no hace referencia a América, quita las fijaciones geográficas fatales e incorpora los factores económicos al discurso determinista.[15]

Como parte del mismo desarrollo argumental, las especulaciones acerca del nexo entre clima y sociedad cobraban vigor en la teoría de los climas de Bodin.[16] Esfuerzo extraordinario por reducir todo elemento cultural a la coordenada espacial. Desmontaje de la oposición entre Viejo y Nuevo Mundo. Diversidad en el sentido geográfico más estricto. La América de Bodin se sustraía a las teorías que asignaban un destino americano de catástrofe, aunque seguía siendo un continente despojado de historia. El pensamiento del siglo XVIII sobre América (aun como región exótica) fue campo de un notable desarrollo discursivo en torno a dilemas científicos universales. El continente que llegaba a Europa como un desafío filosófico, teleológico, cosmográfico y político, ahora tras el derrumbe del pensamiento y la mentalidad barrocos, se representaba

---

cultura y colonización están fuertemente relacionadas como partes del proceso de dominación; etimológicamente ambas derivan del latín *colere*: cultivar, habitar, asegurar el lugar. Para los romanos cultura refería tanto al trabajo sobre la tierra como a la educación. Véanse los desarrollos históricos e ideológicos del concepto de cultura en David Spurr, *The Rethoric of Empire. Colonial Discourse in Journalism, Travel Writing, and Imperial Administration* (Durham y Londres, Duke University Press, 1993): Introducción, y Terry Eagleton, *The Illusion of Postmodernism* (Oxford, Basil, Blackwell, 1996).

[12] Basta mencionar cómo de la misma manera Montesquieu fijaba relaciones constantes, deterministas, entre climas e instituciones y costumbres. Según su expresión, el inexorable encadenamiento entre la "naturaleza del terreno" y las "leyes políticas".

[13] En este contexto, la noción de naturalización debe usarse en dos sentidos: como identificación de los pueblos colonizados, según la antropología estructural, y como simple estado de las cosas, de acuerdo con la teoría literaria.

[14] Por entonces un comerciante ciego radicado en la isla de Amboina en Indonesia, Georgius Everhardus Rumphius, ya había deslumbrado a Europa con su gabinete de curiosidades y su relato fresco, curioso y vívido de sus tesoros naturales. Georgius E. Rumphius, *The Ambonese Curiosity Cabinet* [1705] (New Haven, Yale University Press, 1999).

[15] David Hume, *Essays Moral, Political and Literary* (Londres, World's Classics, 1904): p. 213.

[16] Jean Bodin, *La Méthode de l'histoire* (París, Les Belles Lettres, 1941).

como naturaleza y clima. No tiene otra explicación la extraordinaria popularidad que alcanzó la metáfora imaginada por Voltaire sobre la cobardía del león americano.

La radicalización de las teorías de Buffon llegaría con los trabajos de Corneille De Pauw y, con él, la época de oro del enciclopedismo. En 1768 aparece en Berlín *Recherches,* síntesis de su pensamiento sobre los pueblos americanos: "bestias que odian las leyes de la sociedad y los frenos de la educación".[17] De Pauw encabeza una verdadera cruzada en contra de los misioneros y del vuelo alcanzado por la leyenda negra de la conquista, ratificando las ideas buffonianas de una naturaleza corrompida, inferior: "sólo los insectos, las serpientes, han prosperado y son más grandes y gruesos y temibles y numerosos que en el viejo continente".

El francés perfecciona una de las hipótesis preferidas de Buffon acerca del determinismo climático, ya esbozada por Oviedo y rejuvenecida por Hume. El cultivo, la regulación de los caudales de agua, la cría de animales, la desecación de pantanos van modificando lentamente las condiciones de salubridad y hasta el clima mismo. "Tal vez", afirmaba con ironía, "en dos o tres siglos más llegue a producirse en América un vino tan excelente como el de Borgoña." Las provocaciones de sus argumentos levantaron un cúmulo de ataques y contraataques. Kant mismo lo leía, criticaba y recomendaba, y entre los pocos libros que habían quedado en la celda del Marqués de Sade estaba el texto de De Pauw. *Recherches* se propuso como el punto exacto de desmoronamiento de la ideología del buen salvaje. Su vehemencia iconoclasta impuso que todo relato, además de organizarse basándose en el protagonismo europeo de la empresa moderna, debería someterse a una razón despojada del espejismo humanista.

Europa iluminada adquiría plena conciencia de sí misma como nueva civilización con un mandato no ya simplemente cristiano, sino universal. El trabajo que difundió y actualizó las teorías de Buffon y De Pauw fue *The History of America* de William Robertson.[18] Volteriano, refractario a las ideas de Rousseau y permeable al pesimismo naturalista de De Pauw, el historiador escocés reconocía en América un continente inmenso, con un clima predominantemente frío y una población "ruda e indolente". Es a partir de este texto cuando se introduce gradualmente una mirada que corrige la dirección cerradamente naturalista de los detractores del Nuevo Mundo. Si bien "los americanos eran niños o animales melancólicos", y para el racionalismo era ésta una sentencia lapidaria, Robertson veía en la variedad americana posibilidades históricas multidireccionales.[19]

Quebrada la polarización ideológica del debate, Humboldt firma su admiración por una América compleja, furiosa y sublime: "la tensión es más fecunda que la armonía,

---

[17] Corneille De Pauw, *Recherches philosophiques sur les Américains, ou Mémoires intéressants pour servir à l'histoire de l'especie humaine.* 2 vols. (Decker, Imprimeur du Roi, 1768).

[18] William Robertson, *The History of America* (Londres, Strahan & Gadell, 1777): 2 vols.

[19] Para un análisis de las tradiciones renacentistas sobre las teorías acerca de las civilizaciones americanas véase el excelente y algo ignorado trabajo de Giuliano Gliozzi, *Adamo e il nuevo mondo. La nascita dell'antropologia come ideologia coloniale: dalle genealogie bibliche alle teorie razziali (1500-1700)* (Florencia, la Nouva Italia Editrice, 1977).

la dialéctica del desafío es el resorte del progreso".[20] Él es quien completa para el pensamiento europeo la representación de América y la anexa, activando el dispositivo de inclusión que culmina invariablemente todo proceso de apropiación y dominación cultural, a un cosmos único: "ese maravilloso mundo de las Indias".[21]

Su viaje americano fue, en cierta medida, el escrutinio de las tesis buffonianas. En una carta dirigida a Von Moll dice:

> La convergencia de las fuerzas, la influencia de la creación inanimada sobre el mundo animado de los animales y de los vegetales, toda esta armonía es lo que quiero penetrar constantemente con la mirada.[22]

Humboldt recoge plantas, siluetea fósiles, calcula cielos, analiza rocas, compila, clasifica, relata. Así funda la rutina del viajero naturalista no sin antes enfrentarse a las ideas antiamericanas de Hegel:

> Como País del Porvenir, América no interesa ni al historiador, que tiene que habérselas con el pasado y con el presente, ni al filósofo, que no se ocupa ni de aquello que sólo ha sido ni de aquello que sólo será, sino únicamente de lo que es y es eterno, y con esto tiene ya bastante que hacer.[23]

Aunque la publicación de sus trabajos se demora por más de cuatro décadas, su obsesión finalmente triunfa. A esta altura, la antítesis que oponía Nuevo y Viejo Mundo, la naturaleza de América a la historia de Europa, el pasado frente al porvenir, iba desapareciendo al calor de una geografía que, como las otras ciencias, se subsumiría en una nueva historia natural. Un proceso que marcó la forma en que las determinaciones espaciales debían reorganizarse en una trama orgánica y temporal de realidad única e indivisible: el cuadro humboldtiano del *Kosmos*.[24]

---

[20] En Charles Minguet, *Alexandre de Humboldt, historien et géographe de l'Amérique espagnole (1799-1804)* (París, Institut des Hautes Études de l'Amérique Latine, 1969): p. 61.

[21] Antonello Gerbi, *La disputa del Nuevo Mundo. Historia de una polémica 1750-1900* (México, Fondo de Cultura Económica, 1955): p.197.

[22] Carta a Von Moll, de *La Coruña*, 5 de junio de 1799 en Karl Bruhns (comp.), *Alexander von Humboldt* (Leipzig, Broskhaus, 1872): p. 274.

[23] La palabra de Hegel era poderosa. Humboldt llegó a preocuparse seriamente por el desinterés del maestro alemán por un continente *sin ruiseñores*. Sobre el curioso debate en torno a la ausencia de genuinas aves canoras en el Nuevo Mundo, véase Antonello Gerbi, *La disputa del Nuevo Mundo. Historia de una polémica 1750-1900* (México, Fondo de Cultura Económica, 1955): p. 553.

[24] Nos referimos a lo que creemos su obra más compleja. Alexander Humboldt, *Cosmos* [Traducción española de Bernardo Giner y José de Fuentes, Madrid, 1874-1875].

El discurso naturalista y el surgimiento de la geografía de las plantas

Todavía sobrevivían cierta confusión entre geografía e historia natural, confusión fundada tiempo antes por Plinio en su *Historia Mundi*, y su visión astronómica y geográfica de los tres reinos de la naturaleza. Pero corresponden a esta época los ataques más violentos contra las especulaciones metafísicas y contra la filosofía aristotélica que seguía permeando parte del pensamiento científico. Una nueva cruzada en favor de la razón y la experiencia.[25]

El desarrollo de la física como ciencia exacta y experimental contribuyó a precisar aspectos que se referían a la matematización y a la experimentación. Buffon consideraba que para el estudio de la naturaleza la unión de la matemática y la física podía ser de gran utilidad, pero sólo a condición de adaptarse a aquellos objetos susceptibles de cálculo.[26] De todas formas, la fuerza del modelo de la física determinó que, a fines del siglo XVIII, la historia natural se propusiese como una ciencia exacta. Con esto, la técnica de la observación necesitó meticulosas descripciones, detallados informes y, sobre todo, la recopilación de la información a través de un registro diario.

Alexander von Humboldt conoció en los comienzos de su carrera científica a Georges Forster y a Sir Joseph Banks, los naturalistas que habían participado de la empresa de Cook. Para Forster, el viaje era una experiencia científica en la cual se debía combinar objetividad e imaginación con el fin de producir un relato que propusiese un equilibrio entre la información científica y las impresiones estéticas. Su obra *A Voyage Round the World*, publicada en Londres en 1777, es un ejemplo de dicha combinación. Al momento del encuentro, Forster tenía 36 años y ya había acompañado a su padre en la segunda expedición de Cook. Humboldt recibe la invitación para viajar con él por Europa, y producto de ese viaje y de su influencia aparece el primer trabajo sobre la práctica geológica, *Mineralogische Beobachtungen über einige Basalte am Rhein* (1790), donde comienza a fijar su más profunda convicción profesional: el naturalista se formaba a partir de la experiencia de viaje.

Humboldt tomó de Goethe la idea de la importancia de las relaciones entre los seres vivos e introdujo una ruptura al incorporar la referencialidad del contexto al esquema habitual de clasificación, que por entonces consistía en separar cada elemento en su singularidad para proceder a la organización jerárquica del conjunto. En lo concerniente a la relación sujeto-objeto buscó un camino propio y redefinió dicha relación al inaugurar un nuevo modo de conocer la naturaleza: la distancia entre el sujeto y el objeto no implicaba una separación. Era la sensibilidad la que definía tal vínculo. El sujeto epistémico podía entonces elaborar una estética con el fin de comprender las relaciones existentes entre todos los elementos naturales. El proyecto de la geografía de

---

[25] Michel Foucault, *The Order of Things: An Archaeology of the Human Sciences* (Nueva York, Vintage, 1970).
[26] Georges-Louis Leclerc de Buffon, *Historia Natural* (Madrid, Clavijo y Fajardo, 1785): pp. 45 y ss.

las plantas consideraba el carácter distintivo de cada flora regional y proponía modelos fisionómicos comunes a ciertos grupos. El viaje a América fue el laboratorio imprescindible para tales proposiciones.

El elemento pedagógico que implicaba este proyecto botánico requería que los principiantes en el *métier* acumulasen conocimientos a partir de una estrategia de refundación global del saber, caracterizada por la conservación, el ordenamiento, la clasificación y difusión del patrimonio común de la Historia Natural.

A principios del siglo XIX se disputan en América dos proyectos iconográficos para el mundo vegetal. El primero toma como referencia las ideas de clasificación taxonómica linneanas, representado por José Celestino Mutis al frente de la Escuela de Dibujo Botánico, fundada en el Virreinato de Nueva Granada; el segundo, humboldtiano.

Al primer movimiento le corresponde una manera de representación gráfica atada al sistema clasificatorio diseñado por el naturalista. Aspectos como la delimitación en forma de viñetas o marcos interiores, de una zona de representación figurativa a otra destinada a las descripciones y los nombres botánicos, o una mayor atención a las anatomías o despieces.[27]

Este proceso determinó que, a finales del siglo XVIII, se estableciera un proceder general en materia de diseño botánico con una arqueología propia. El desarrollo y el perfeccionamiento de las técnicas del dibujo y el grabado marcaron el prestigio de las nuevas imágenes. Imágenes de una naturaleza portátil porque se llega a transferir el conocimiento.[28]

Fue el silueteado en las ilustraciones lo que podía responder técnicamente al principio básico de la mímesis, construyendo el primer paso en la formalización de la imagen exótica en su definitiva estampación. Aquí se produce el pasaje desde la existencia del objeto o hecho natural hasta su definición como figura botánica. Figura comparable, desmembrable, ordenable, apropiable. Seres contenidos en un discurso circundante, con superficies visibles, aproximados de acuerdo con sus rasgos comunes, virtualmente analizables y portadores de una nomenclatura. Reinando, su majestad la experiencia.[29]

---

[27] Giorgio Paleotti, "Disurso intorno alle imagini-Libro primo" en P. Barocchi, *Tratatti d'arte del Cinquecento* (Bari, Laterza & Figli, 1961): pp. 117-264.

[28] Roland Barthes, *El grado cero de la escritura. Nuevos ensayos críticos* (México, Siglo XXI, 1973): pp. 123 y ss.

[29] Michel Foucault, *The Order of Things...*, pp. 131 y ss.

AN
ILLUSTRATION
OF THE
GENUS CINCHONA;
COMPRISING
DESCRIPTIONS OF ALL THE OFFICINAL PERUVIAN BARKS,
INCLUDING SEVERAL NEW SPECIES.

BARON DE HUMBOLDT'S
ACCOUNT OF THE CINCHONA FORESTS OF SOUTH AMERICA;
AND
LAUBERT's MEMOIR
ON THE DIFFERENT SPECIES OF QUINQUINA:

TO WHICH ARE ADDED,
SEVERAL DISSERTATIONS OF DON HIPPOLITO RUIZ,
ON VARIOUS MEDICINAL PLANTS OF SOUTH AMERICA.

WITH SEVERAL PLATES.

AND A SHORT ACCOUNT OF
THE SPIKENARD OF THE ANCIENTS,
WITH A PLATE.

BY AYLMER BOURKE LAMBERT, ESQ. F.R.S. A.S. & G.S.
VICE-PRESIDENT OF THE LINNEAN SOCIETY, AND MEMBER OF THE ROYAL ACADEMY
OF SCIENCES OF MADRID, &c. &c. &c.

LONDON:
PRINTED FOR JOHN SEARLE, 17, LOWER GROSVENOR-STREET,
AND LONGMAN, HURST, REES, ORME, AND BROWN, PATERNOSTER-ROW.
1821.

TO
THE CELEBRATED
BARON DE HUMBOLDT,
THE MOST SCIENTIFIC TRAVELLER THIS OR ANY OTHER AGE HAS PRODUCED,

WHO, AS SUCH,

HAS DONE MORE FOR THE PROMOTION OF HUMAN KNOWLEDGE THAN ANY
THAT HAS PRECEDED HIM,

AND

WHOSE NAME WILL REMAIN ONE OF THE BRIGHTEST IN THE ANNALS OF SCIENCE
TILL THE END OF TIME,

THIS WORK

IS INSCRIBED,

WITH THE GREATEST ESTEEM AND RESPECT,

BY

AYLMER BOURKE LAMBERT.

CONTENTS

DESCRIPTIONS of the species of the genus *Cinchona*. By A. B. LAMBERT, Esq. &c. &c. .... Page 1

An account of the Cinchona Forests of South America; drawn up during five years residence and travels on the South American continent. By ALEXANDER BARON VON HUMBOLDT. *Translated from the German* .... Page 19

Memoir on the different species of *Quinquina*. By M. LAUBERT, Chief Physician to the Spanish army. *Translated from the French* ..... Page 60

Description of the tree which produces the Balsam of Tolu, and Peru, and known under the name of *Quinquino* in the kingdom of Peru. By DON HIPPOLITO RUIZ, First Botanist to the King of Spain in the Expedition to Peru. *Translated from the Spanish* .... Page 92

Memoir on the virtues and uses of the plant called in Peru *Calaguala*. By the same Author .... Page 98

On the virtues and uses of the *Monnina Polystachya*, called *Yallhoy* in Peru. By the same Author .... Page 131

On the virtues and uses of *Aristolochia Fragrantissima*, called by the natives of Peru *Bejuco de la Estrella*. By the same Author .... Page 175

An account of the *Spikenard* of the Ancients. By A. B. LAMBERT, Esq. &c. &c. .... Page 177

Facsímil de las páginas preliminares del libro *Account of the Chinchona Forests of South America* de Humboldt.

El carácter provisional de cada fase de este proceso es justamente la ganancia en relación con la construcción de una imagen que resume el trabajo. El dibujo final, un montaje iluminado. Este aspecto novedoso de las láminas botánicas es auspiciado por una imagen verosímil. Sólo entonces el ícono se convertía en cuadro de la naturaleza, sinónimo de realidad.[30]

En su *Ensayo sobre la geografía de las plantas*, Humboldt propone una imagen de la naturaleza capaz de superar la mera descripción: considerar los vegetales bajo los presupuestos de su asociación local en los diferentes escenarios. Apuraba el tránsito desde una fisonomía del ejemplar a una estética del conjunto. Ya no era importante fijar el retrato de un tipo aislado sino identificar y analizar las consecuencias de su presencia en un ambiente determinado. Esta fisonomía del paisaje incluyó a su vez el conocimiento de la historia de la especie humana y de las civilizaciones: "la recíproca y misteriosa influencia del mundo sensible y del mundo inmaterial".[31] La imagen humboldtiana tuvo una pretension cartográfica en la que estampa toda la potencia del *assemblage*.

En el despliegue de este proyecto la imagen se sustituye por el cuadro como modelo de representación y el ícono integrado y resignificado en el conjunto. Los medios para difundir el estudio de la naturaleza, afirmaba Humboldt, consisten en tres formas particulares bajo las cuales se manifiestan el pensamiento y la imaginación creadora: la descripción animada de las escenas y de las producciones naturales; la pintura de paisaje desde el momento en que ha comenzado a expresar la fisonomía de los vegetales, y el cultivo más extendido de las plantas tropicales y las colecciones de especies exóticas. La retórica del conocimiento moderno se apoyaba así, como nunca antes, en el complejo método de la organización de los contextos.

No es casualidad que por entonces Constable, Rousseau y Courbet eran admirados particularmente por una peculiar sensibilidad hacia el paisaje natural. Una tendencia pictórica acuñada en la Escuela de Barbizon, por Corot, Aligny, Brascassat, Desgoffe y Díaz y fuertemente influida por Delacroix. Para estos artistas, el paisaje abierto no era solamente lo opuesto a la ciudad, era el pasado sobreviviendo en el presente. Una nostalgia que otorgaba a sus imágenes un aire melancólico y un profundo sentimiento de pérdida. La captura de un mundo natural que además debía lograr una impresión sin afectaciones de la realidad observada e intocable. Stendhal dirá "el espejo de la naturaleza".[32]

---

[30] La filosofía kantiana sostenía que, si bien ni la observación, ni tampoco la clasificación de la constitución de la naturaleza podrían establecerse como una forma objetiva, el método de buscar un orden en la naturaleza de acuerdo con tal principio y la máxima de admitir tal orden como existente constituyen un legítimo principio ordenador de la razón y el inicio del camino que conduce a la sistemática unidad del conocimiento.

[31] Alexandre von Humboldt, *Cuadros de la Naturaleza* (Madrid, 1876): pp. 285.

[32] Colta Ives, *Romanticism & The School of Nature. Nineteenth-Century Drawings and Paintings from the Karen B. Cohen Collection* (The Metropolitan Museum of Art/Yale Unversity Press, 2000): p. 26.

CAPÍTULO I • 53

Myroxylon Peruferum. (Reproducción del dibujo original de Humboldt.)

Ya para 1800 Henry de Valenciennes recomendaba la observación del mínimo detalle de la naturaleza. El matrimonio entre el romanticismo y la escuela natural se consagraba. La innovación incluyó técnicas para el transporte de los materiales, lápices, pinceles, paleta, papel, aceites, colores. También determinó posiciones, y por lo tanto ángulos diferentes para el artista, y un ritmo cercano a los movimientos naturales, pero por sobre todo el ajuste de la forma humana al reino natural. Fue un nuevo orden del encuentro con la naturaleza que organizó el dibujo al aire libre recogiendo las enseñanzas de los pinceles de Rembrandt.[33]

Para mediados del siglo XIX, esa sociedad burguesa excepcionalmente audaz y ambiciosa se cristalizaba en la 'mentalidad global' del sueño victoriano. La melancolía del humanismo dio paso al esplendor de las ferias, entre ellas la Exposición de Londres de 1851. Trece mil artículos de todo el mundo exhibidos en una impresionante fábrica de hierro y vidrio, el Gran Palacio de Cristal. Para entonces, ya el programa histórico-natural de Humboldt (una sola mirada estética y científica) había establecido el orden de lo empírico y lo práctico desde donde era posible comprender el *Cosmos*.

---

[33] *Ibid.*, p. xi.

Capítulo II

La modernidad y la narrativa del acto de reconocimiento

De la imagen renacentista a las 'historias verdaderas'

Heidegger sostenía que el evento fundamental de la era moderna era la conquista del mundo como una ilustración. Ilustración en el sentido de una imagen estructurada. En tal producción cultural la especie humana se sitúa en un centro capaz de otorgar medida y dimensión a su alrededor. A raíz de que tal posición asegura, organiza y articula el orden cósmico, las relaciones modernas se constituyen a partir de las confrontaciones de dichos centros.[1]

El compromiso de la Ilustración (Iluminismo, Enlightenment, siècles des Lumières, Aufklarung) consistía en la función de un orden o sistema sostenido en una ciencia institucionalizada y en una nueva prosa que ofreciese a un público educado, reducido pero en crecimiento, las verdaderas historias de pueblos y lugares imaginarios. La defensa y celebración del nuevo rumbo de los estudios científicos incorpora, entonces, la idea de la densidad del contexto en todo razonamiento. En otras palabras, el movimiento de un discurso analítico-referencial (y de clase) que comienza a ser hegemónico.[2]

Este modo diferenciado de observar y comprender se manifiesta con contundencia en uno de los dispositivos culturales más potentes de la modernidad: la relación entre el viaje y la narrativa de expansión de las fronteras.

Durante el siglo XVI, en plena etapa de los descubrimientos, las crónicas, según vimos, se instalan como relatos políticos y globales constituyendo los orígenes del discurso etnográfico, una herramienta apta para la apropiación colonial. Este desarrollo

---

[1] Martin Heidegger, *The Question Concerning Technology and Other Essays*. Traducido y con Introducción de William Lovitt (Nueva York, Harper Colophon Books, 1977): p. 135
[2] Timothy Reiss, *The Discourse of Modernism* (Ithaca, Cornell University Press, 1982).

paralelo de los imperios coloniales y el género de viaje fue también simultáneo al nacimiento de la industria editorial y a la consolidación de las comunidades nacionales.

Es cierto que existió una ficcionalidad esencial en el imaginario europeo hacia lo no europeo. Las representaciones que surgieron de tal mirada contenían una gran dosis de solapamientos entre realidad y fantasías. Las crónicas de viaje respondían todavía a una genealogía inspirada en los textos de Rabelais.[3] Sin embargo, su papel comenzó a representar mucho más la vanidad objetiva que una vocación ficcional de épica y misterio.[4] Aun los textos más ilustrados del siglo son básicamente un compendio de datos etnográficos estrechamente relacionados a la empresa colonial.[5] La observación y divulgación de las formas y costumbres de los pueblos nativos era una expresión que lejos de proveer placer estuvo estrechamente vinculada a las formas y herramientas de la dominación cultural.

Kant veía ciertamente en la geografía un medio para unificar el conocimiento, y en este sentido es posible admitir que la comprensión geográfica se asociaba a la idea de un empirismo racional como base del conocimiento científico.[6] Y la idea de Kant de entender la naturaleza como un sistema dinámico fue la clave del pensamiento de Humboldt.

La fascinación de la geografía por los territorios inexplorados, la invención de una cartografía cósmica y la clasificación y exhibición del conocimiento son parte del dispositivo del pensamiento ilustrado. La retórica geográfica y su rutina de jerarquizaciones ordenan lo desconocido y le otorgan una racionalidad traducida históricamente en herramientas de control y vigilancia. El fenómeno colonial proporcionaba el teatro al proyecto cultural de la Ilustración.[7] Se hacía evidente que entonces las relaciones coloniales necesitaban un conocimiento contextuado y un lenguaje científico. Viajar, reconocer y nombrar fueron todas prácticas fundamentales del proceso de expansión capitalista.

Las crónicas eran portadoras de una función especular en la cual la alteridad completaba la construcción del rostro europeo. Los relatos desplegaron una operación fun-

---

[3] Nos referimos al clásico de François Rabelais, *Gargantúa y Pantagruel* (París, 1552).
[4] En este punto sostengo una opinión diferente de la de Michel de Certeau cuando analiza los textos de Jean de Léry y la importancia del placer, tanto de la observación como de la lectura, en la configuración del género. Véase Michel de Certeau, *L'écriture de l'histoire* (París, Gallimard, 1975): pp. 210-215.
[5] El libro ilustrado más importante del siglo y que es fiel representante del espíritu de las crónicas de viaje en el sentido de ser un componente fundamental de una empresa político-científica es el ya citado de Gonzalo Fernández de Oviedo y Valdés, *Historia general de las Indias* (Sevilla, 1535).
[6] Paul Richards, "Kant's Geography and Mental Maps", *Transactions of the Institute of British Geographers* 61, 1974: pp. 1-19.
[7] Sobre la relación entre el progreso de la disciplina geográfica y la Ilustración véase la interesante compilación de David Livingstone y Charles Withers (comps.), *Geography and Enlightenment* (Chicago y Londres, Chicago University Press, 1999).

damental: la analogía. Toda alteridad se encontraba en proceso de maduración. La narrativa en primera persona y el minimalismo anecdótico requerirían personajes necesariamente humanizados.[8] En la secuencia del relato del incidente, el diseño en miniatura de lo observado y la interacción, se configuraba la lógica humanista de la literatura de viaje.

El proceso de identificación se acompañaba con el desarrollo del narcisismo de un lector omnisciente. La creación de un narrador en primera persona fue un proyecto que atravesó varios experimentos. La absorción de la sustancia narrativa dentro de la sensibilidad de un protagonista-narrador potenció las posibilidades de verosimilitud de la nueva literatura de viaje. Ya vimos, las luces del primer romanticismo.

El paradigma del mundo único y el lenguaje de la geografía

Desde el siglo XVI, la geografía estuvo sustancialmente preocupada por el desarrollo de un lenguaje científico tanto gráfico como textual. Es posible identificar tendencias generales en tal desarrollo que culminaron para el siglo XVIII con un lenguaje disciplinar renovado. La multiplicación de los términos es un nuevo fenómeno que acompañó el proceso general de refinamiento, especificación y precisión del vocabulario geográfico en un movimiento que se desplazó de un lenguaje figurativo hacia otro fundamentalmente geométrico, y la elaboración de una perspectiva jerárquica y sistemática.[9]

La geografía experimenta durante el siglo XVIII una profunda transformación en el contexto de construcción de un nuevo paradigma cultural que culminaría con la creación de una nueva ciencia física de la Tierra.[10] Las expediciones náuticas de fines del siglo constituyeron episodios centrales en la nueva formulación disciplinar.[11] Las observaciones astronómicas y los levantamientos geodésicos y topográficos realizados durante los viajes de la segunda mitad del siglo XVIII permitieron elaborar una cartografía más exacta. La medición de la gravedad trataba de determinar la forma precisa de la esfera

---

[8] Entiendo la idea de humanismo en el sentido histórico que Heidegger le otorga al referirse a una verdadera antropología estética y moral. Véase Marie Baine Campbell, *Wonder & Science. Imagining Worlds in Early Modern Europe* (Ithaca y Londres, Cornell University Press, 1999): p. 46.
[9] Anne Marie Claire Godlewska, *Geography Unbound. French Geographic Science from Cassini to Humboldt* (Chicago y Londres, Chicago University Press, 1999): p. 42.
[10] Heers afirma que ya no se trataba de un mundo contenedor de leyendas fabulosas. Sobre los nuevos modelos de la ciencias cartográficas véase Jacques Heers, *Marco Polo* (París, Fayard,1983): pp. 87 y ss.
[11] La idea de la importancia de las transformaciones científicas favorecidas por los viajes marítimos exploratorios y en particular del avance de la geografía en las construcciones culturales del siglo XVIII es desarrollada magistralmente por Horacio Capel, *Filosofía y ciencia en la geografía contemporánea* (Barcelona, Barcanova, 1982).

terrestre. Las observaciones litológicas y mineralógicas y las especulaciones geognósticas permitían avanzar en el conocimiento de la estructura física del planeta. Las medidas de calor y presión servían para la determinación del clima, y las investigaciones sobre flora y fauna eran útiles para relacionar a los seres vivos con su hábitat. Si bien desde la perspectiva de la ciencia ilustrada lo específicamente geográfico en la mentalidad de los expedicionarios fue su vocación cartográfica, era el método lo que identificaba el andamiaje de una pieza clave del nuevo conocimiento: viaje, exploración, medición, colección, relato. El problema de las imágenes visuales podía resolverse así con los modelos en escala y los grabados: una cara pública de la ciencia.[12]

Por entonces, una parte sustantiva del vocabulario geográfico estaba ya consolidada. Los geógrafos proponían un arsenal discursivo para responder a la cuestión de las fronteras, divisiones administrativas, pueblos, medios de transporte, asentamientos, costas, producciones industriales, caracterización de los bosques, etcétera.

La imposición de un orden sistemático y jerárquico sobre los fenómenos geográficos ponderó en la escala casi todo el peso de la representación. La precisión topográfica fue la preocupación máxima de la matemática aplicada a la geografía. El método científico, la matemática y las estadísticas nacionales comenzaron a expandirse en todos los rincones de la vidad social. Los geógrafos desarrollaron la tarea de asegurar mediciones exactas y escalas adecuadas, impulsando entre otras cosas la experimentación y el mejoramiento de su instrumental tecnológico. La introducción de los principios de geometría fue decisiva en el perfeccionamiento de los aparatos de observación a larga distancia y la confección de mapas. Por otro lado, las investigaciones sobre vibración y ondulación, propagación de la luz, efectos de los lentes cóncavos y convexos, e ilusión óptica se hacían fundamentales para el entendimiento de los fenómenos naturales.

La geografía estuvo entonces comprometida con una mirada descriptiva que le permitió unificar e integrar la presentación de la superficie terrestre y todo su contenido. Los naturalistas resolvían de tal forma el dilema de la representación. La popularidad alcanzada por las imágenes de 'un mundo' señaló la decadencia de la mentalidad insular de pequeños cosmos naturales y sociales coexistiendo. Hacia el final del siglo, los geógrafos estaban casi enteramente ocupados en la descripción y representación global, y seguros de su nuevo lenguaje.

Este desarrollo también consolidó la búsqueda de una metodología geográfica. Constantin-Francois Volney, un intelectual aristocrático nacido en Francia en 1757 y devoto del movimiento enciclopedista, fue el autor de una serie de escritos innovadores del estudio del impacto del clima y el suelo en los comportamientos sociales. *Question de statistique* fue el armazón de lo que podemos considerar una verdadera metodología geográfica.[13] Sus estudios sobre Córcega, Egipto y Estados Unidos demos-

---

[12] Lisa Jardine, *Ingenious Pursuits. Building the Scientific Revolution* (Nueva York, Anchor Books, 1999): p. 83.
[13] Constantin-Francois de Chasseboeuf, Cte de Volney, *Questions de statistique à l'usage des voyageurs* (París, Vve. Courcier, 1813).

traron el tratamiento científico desarrollado en cada tema geográfico. Fue él quien pregonó la consideración inexcusable de los tres elementos de la descripción y demostración: hipótesis, estudio de campo y crítica. Fue él quien advirtió la necesidad de rigor en las crónicas de viaje, homenaje a su pasión por la exploración.

Cartógrafos e Ilustración

La modernidad otorgó a la cartografía un estatus privilegiado como parámetro de veracidad. El conocimiento geográfico fue el organizador de un gran archivo construido a partir de la práctica del reconocimiento y el mapeo. Pero tales prácticas proporcionaban un marco epistemológico insuficiente. Eran perfectamente válidas para la observación en pequeña y mediana escala, pero inacabada para proponer la gran escala que promovía el enciclopedismo a partir de 1750. Esta incomodidad funcional derivó en una profunda reconsideración del mapeo. El mapeo comenzó entonces a constituirse como un elemento importante de un fermento interdisciplinario que rechazaba la simplificación. El mapa plano y factual fue una construcción retórica al servicio del empirismo.

El archivo geográfico es un derivado de dos credos fundamentales de la mentalidad enciclopedista: cada punto de vista, cualquiera sea su fuente, podía ser incorporado a un debate racional, y en segundo lugar, tal debate debería, siempre que fuese bien conducido, producir una conclusión. La implicación de estas ideas para la disciplina fue que los diferentes relatos del mismo fenómeno provenientes de distintas fuentes podrían, en principio, reconciliarse. Las ambigüedades inherentes a cada conjunto de observaciones, debían, a partir de un proceso sistemático de comparación, ser eliminadas hasta concluir en un hecho singular e inequívoco. El producto de dicho proceso sería un corpus de datos, en continuo crecimiento y autocorrectivo, capaz de desarrollar la mejor réplica del mundo real. Dicho archivo debía ser conceptualizado en función de la concepción iluminista de un mecanismo cósmico pasible de ser observado, medido y finalmente comprendido y divulgado. Así obtenidos, dichos datos geográficos incuestionables podían ser acumulados para producir un archivo de conocimientos definitivos.[14]

Los últimos intentos de crear y mantener una fuente de información geográfica universal colapsaron recién comenzado el siglo XVIII. El *planisphère terrestre* de Jean Dominique Cassini fue tallado sobre el piso del Observatorio de París en 1667. Se lo actualizaba regularmente. A fines de siglo este mapa de piedra obsoleto, inútil y rígido sucumbía ante las pisadas de los miles de turistas visitantes. Por el contrario, a diferencia de esta idea acumulativa, la acción científica se dirige hacia un espacio de conocimiento conceptual. Una idea que promovió de hecho la construcción de numerosos microarchivos en pleno apogeo del enciclopedismo.

---

[14] Alasdair MacIntyre, *Three Rival Versions of Moral Inquiry: Encyclopaedia, Genealogy, and Tradition* (Notre Dame, Notre Dame University Press, 1990): pp. 169-172.

La nueva narrativa geográfica estuvo íntimamente relacionada con este giro y su operación sobre el encuentro de Europa con los 'nuevos mundos'. Ahora, el carácter de tal encuentro es marcadamente diferente de las primeras etapas de la invasión. La expansión económica y la consolidación de los estados nacionales y sus apetitos imperiales impulsó a un conjunto de personas a la exploración del mundo entero. Los viajes por el Pacífico de James Cook, Jean François de Lapérouse y Vitus Bering, entre otros, colocaron finalmente la mítica *Terrae incognitae* en los mapas europeos.

Implícita al acto de reconocimiento, se desarrolló una manera específica de estructurar el espacio y clasificar la información geográfica. La narrativa del reconocimiento se organizó alrededor de un relato lineal que replicaba la ruta del observador y cada uno de sus registros de observación. El núcleo de tal práctica consistía en que cada fenómeno debía ser incorporado al relato en el momento y espacio determinado de cada jornada. Dicha estructura estuvo apoyada por una variedad de estrategias de representación. El acto de reconocimiento implicó al mismo tiempo cierta atención dirigida a lo prosaico y a lo cotidiano –aun a costa de la repetición y de la redundancia–, y la inclusión de gráficos, cartografía, mediciones y estadísticas. Un conjunto celebratorio de la presencia geográfica en el examen visual del ambiente. El formato del acto del reconocimiento también fue diverso. Desde listas de direcciones y distancias, textos descriptivos con excepcionales anotaciones geométricas, hasta toda la imaginería de una potente cartografía.

El énfasis retórico en la experiencia visual respondía a la ideología de la observación racional del geógrafo. Una razón que indicaba la selección de fenómenos y guiaba su clasificación.[15]

Toda narrativa del acto de reconocimiento, aun los cuadernos de viaje, fueron documentos construidos. Su objetivo era enumerar los detalles de cada lugar dentro de un marco más amplio del espacio geográfico representado por un mapa general. Este relato presentó una mirada textual y gráfica que reprodujo en miniatura la idea del archivo iluminista. Tal narrativa ofreció al mundo un conjunto de variaciones exóticas analizadas –y domesticadas– científicamente. Esta combinatoria entre hechos y teoría fue determinante en la configuración del canon del género del relato de viaje. Sólo quedaba pendiente el problema de la ficcionalidad. El desarrollo definitivo de la nueva concepción de la geografía puede ubicarse a partir del 1800. Las objeciones a la excesiva narratividad del relato geográfico fijaron un rasgo inicial de la modernidad que distinguía el dato adquirido (en el terreno o laboratorio) y el análisis y la presentación (en el escritorio). Las memorias geográficas fueron entonces reemplazadas por un nuevo tipo de género que incluyó cálculos matemáticos y un frondoso álbum gráfico.

---

[15] Matthew Edney, *Mapping an Empire: The Geographical Construction of British India, 1765-1843* (Chicago, University of Chicago Press, 1997): pp. 80-85.

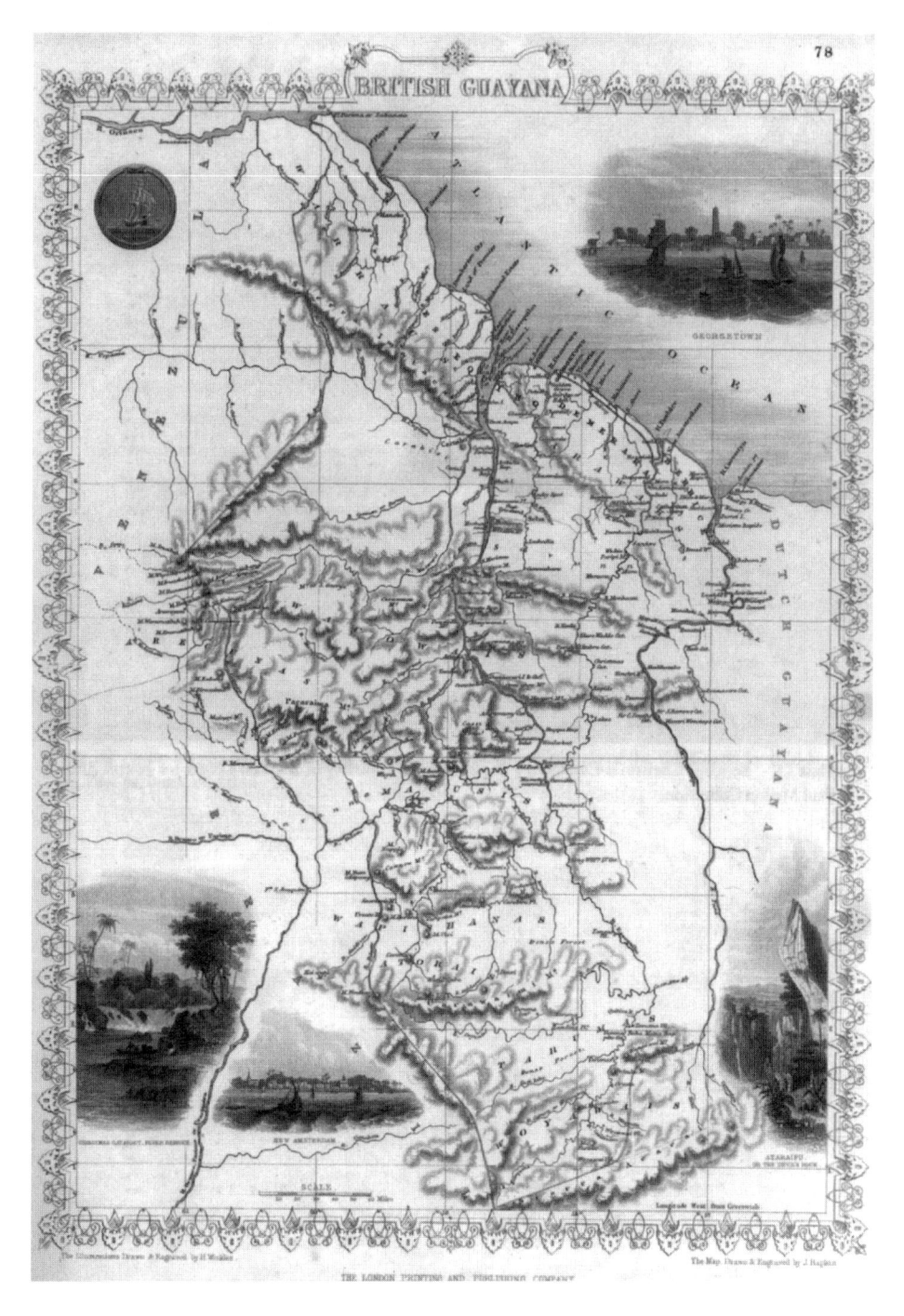

Mapa de la Guayana Británica. (Tomado de *Masters of All They Surveyed...*, de G. Burnett.)

# SEGUNDA PARTE

SIGLO DE LOS VIAJES: EL CANON

Capítulo III

Humboldt y la *physique du monde*

La acción titánica y violenta de la ampliación del horizonte cultural de la Europa de la revolución industrial requirió prácticas que otorgasen coherencia y consistencia filosófica e ideológica a los nuevos territorios. El nuevo discurso imperial y científico desplegó una pasión inédita por el cálculo y el ordenamiento. Se trataba de un tipo de actividad vinculada a la significación de la territorialidad y del 'otro' como elementos centrales de la construcción de las identidades nacionales emergentes. El prestigio de esta empresa estuvo fuertemente determinado por la convicción de poder organizar en similitudes, oposiciones, rangos, jerarquías, parentescos y anomalías, un sentido universal.[1]

Las ciencias naturales y sus instituciones desempeñaron un papel preponderante en este proceso. Sus dos epicentros, el Royal Botanic Garden en Kew y el Royal Observatory en Greenwich, fijan la dependencia que los eventuales progresos de la ciencia desarrollan en los ojos itinerantes y en las peculiaridades de las expediciones, e instalan a los viajeros exploradores en el panteón de la filosofía ilustrada. Es entonces cuando los geógrafos europeos comienzan a emplear las técnicas de medición que convierten a la disciplina en el paradigma del archivo científico. Al finalizar el siglo XVIII ya se habían desarrollado sofisticados sistemas de cálculo, compilación y producción de datos geográficos. Sin embargo, el "dilema del mapa", símbolo de esta construcción, sólo sería resuelto con la utilización de una técnica exploratoria: la triangulación. Los costos excesivos y el personal especializado que demandaban los trabajos de tipo trigonométrico hicieron inviables las empresas individuales. Por esto las nuevas exploraciones se

---

[1] Esto mismo es lo que Fabian señala (bastante antes que otros), cuando observa que tal colección de conocimientos sobre lugares y pueblos extraños son el resultado de un proceso de secularización de la observación. Johannes Fabian, *Time and Other...*, Introducción.

inscriben en un programa cultural de dimensiones imperiales. La producción de una objetividad "mecánica" requería ciertas cualidades del observador −rigor, disciplina, ascetismo−, así como un instrumental apropiado. La particular importancia de la tradición naval en la medición y observación no solamente se vinculaba al equipamiento de precisión de puntos de referencia geográfica. Todavía más importante fue un tipo de práctica que planteaba una estrecha relación entre estos puntos y el trayecto.[2] Las exploraciones en el interior funcionan dentro de este modelo. La utilización de sextantes, cronómetros y almanaques de navegación apuntaron a mantener viva la pregunta de un consciente posicional: ¿dónde estoy ahora?

Tales premisas propias de la tradición naval −y militar− europea se trasladan al campo científico y al viaje exploratorio. La cultura marítima aportó su obsesión por la reconciliación entre las observaciones posicionales y el campo representacional necesario para transformarlas en instrumentos de cálculo productores de datos. Esta tradición es la que configura la relación entre itinerario y registro. El itinerario fija el registro que luego hace del mismo itinerario un trayecto reconocible:

> Cuando se descubran tierras o peligros desconocidos, la primera tarea luego de poner a salvo la embarcación será establecer la posición del lugar con tanta precisión como los medios de observación lo permitan y no abandonar el lugar hasta tanto el peligro se haya registrado satisfactoriamente en el mapa.[3]

El credo humboldtiano fue justamente la promoción del cálculo y la medición de la observación científica.[4] La demarcación de puntos de referencia constituyó el corazón de esta estrategia. En una de las reseñas de sus libros se dice:

> A Humboldt la posteridad le conferirá el supremo honor de establecer con exactitud astronómica, y mediante diversas observaciones, el grado e incluso el minuto y el segundo tanto de la longitud como de la latitud de cada colina, volcán, lago, asentamiento, fuente y desembocadura de cada río principal.[5]

La caja de instrumentos era el músculo del proyecto, inseparable de la identidad científica del viaje: cronómetro, telescopio, sextante, compás, péndulo, termómetro, barómetro. Así, *Personal Narrative* los enumera, repasa, examina, custodia.[6] Humboldt

---

[2] Lorraine Daston y Peter Galison, "The Image of Objectivity", *Representations* 40 (otoño de 1992): pp. 81-128.
[3] John Herschel, *A Manual of Scientific Enquiry* (Londres, John Murray, 1849).
[4] Su innovación ha recibido el título de ciencia humboldtiana. Susan Faye Cannon, *Science in Culture: The Early Victorian Period* (Kent, Nueva York, Science History Publications, 1978).
[5] E. H. B., *Geographical, Commercial, and Political Essays*, 39, 1812.
[6] John Allen, "Humboldt's Tableau Physique", *Edinburgh Review* 16 (1810): pp. 323-329.

institucionaliza una mentalidad cartográfica. Nada más contundente para la invención de un nuevo sistema de representaciones que sus construcciones geográficas de análisis multivariable.

Como señalé en el capítulo anterior, la época es refrendaria de la profunda transformación del conocimiento científico, de la disciplina geográfica y la cartografía, y de una nueva estética de la naturaleza. Este montaje científico y humanístico difería radicalmente de la geografía tradicional. *Cosmos* consuma el intento de resignificar una perspectiva holística para la ciencia.[7] Se trataba de la captura de todas las geografías: históricas, descriptivas, y fundamentalmente espaciales. Como ninguna otra ciencia, la geografía militaba a favor de los postulados del nuevo tipo de conocimiento: observación, acumulación de información y especies, y su integración en colecciones y clasificaciones que expresaron una visión integrada de la naturaleza.

Contrario al énfasis en la identidad de las formas que caracterizaba a la historia natural tradicional, una teoría geográfica implicaba para Humboldt la búsqueda de analogías, paralelos y equivalentes. Las leyes empíricas y su combinatoria constituían la verdadera ciencia. La identificación de correlatos y su estudio demandaban el conocimiento de relaciones de causalidad. En su introducción al concepto del uso del contorno como líneas isotérmicas, Humboldt trató de entender los diferentes procesos que originan las temperaturas locales a fin de intentar una generalización y vislumbrar posibles escenarios análogos. Por otro lado, la generalización del sistema le permitiría observar el comportamiento frente a circunstancias disruptivas de dicho sistema: se oponía férreamente al empirismo puro.

Su teoría entendía que la ubicación espacial en tres dimensiones (latitud, longitud y altitud) o en términos geognósticos posición y superposición era la llave para interpretar el mundo natural. La 'situación', como lo demostró en su famoso diagrama temático de la distribución de las plantas, era una relación entre altitud, temperatura, composición química del aire, existencia o no de formaciones rocosas, intensidad de la luz, humedad, refracción y posición relativa de la tierra y las aguas.[8] El emplazamiento era, para Humboldt, un concepto mucho más complejo que para las ciencias tradicionales.

La diferencia más profunda con la Academia francesa fue su obsesión por las implicaciones de la dinámica y los elementos cambiantes del ambiente. Una geografía anclada en la descripción estática y sustancialista que excluyó estos elementos era la responsable, según él, de una cartografía meramente descriptiva y chata. Además una visión clasificatoria aún preocupada por la identidad seguía predominando en las instituciones científicas de entonces. En una carta a Schiller en 1794 no ahorra adjetivos

---

[7] Friedrich Wilhelm Heinrich Alexandre Humboldt, *Cosmos*...
[8] Friedrich Wilhelm Heinrich Alexandre Humboldt, *Voyage de Humboldt et Bonpland. Voyage aux régions équinoxiales du nouveau continent. Essai sur la géographie des plantes* (París, 1805).

Personal Narrative
OF TRAVELS
TO THE
EQUINOCTIAL REGIONS
OF THE
NEW CONTINENT,
DURING THE YEARS 1799--1804,
BY
ALEXANDER DE HUMBOLDT,
AND
AIMÉ BONPLAND;
WITH MAPS, PLANS, &c.
WRITTEN IN FRENCH BY
ALEXANDER DE HUMBOLDT,
AND TRANSLATED INTO ENGLISH BY
HELEN MARIA WILLIAMS.
VOL. III.

Second Edition.

LONDON:
PRINTED FOR LONGMAN, HURST, REES, ORME, AND BROWN,
PATERNOSTER ROW.

1822.

Portada del libro *Personal Narrative* de A. de Humboldt, segunda edición, Londres, 1822.

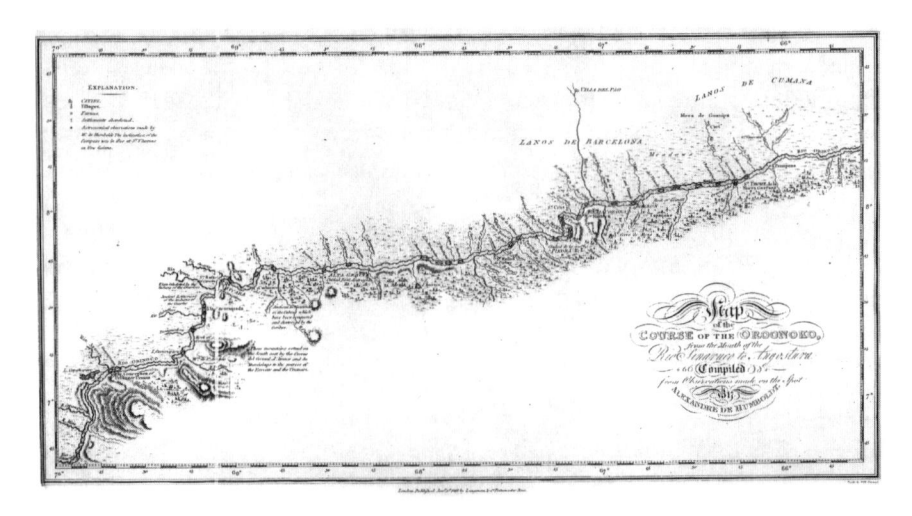

A. de Humboldt. Mapa del curso del Orinoco.
(Extraído de *Personal Narrative*, segunda edición.)

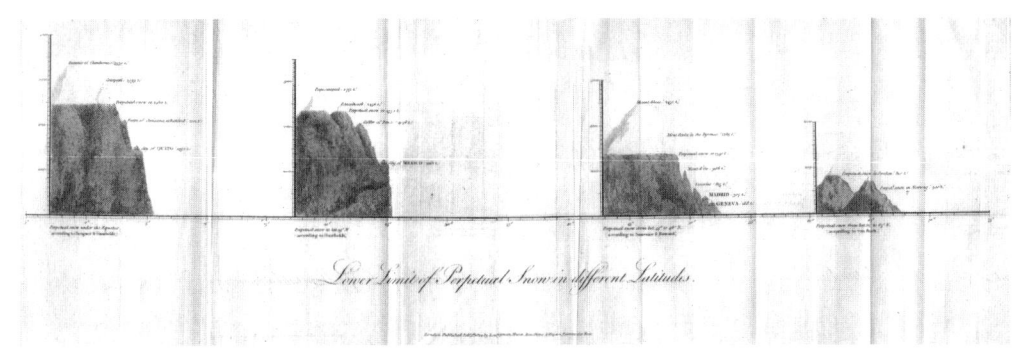

Nivel inferior de las nieves eternas en diferentes latitudes. Londres, 1814.
(Reproducción del original.)

para expresar su frustración frente a los estudios de las ciencias naturales: "sacralizados, aislados, muertos, inmóviles, fosilizados".[9] Su curiosidad sobre la migración de las plantas, la colonización de determinados territorios, y su tendencia a formas relativamente uniformes de vegetación fue parte central de esta pasión por las transformaciones, cambios e intercambios. La perspectiva para la observación de dichas mutaciones también lo llevó a manejar con maestría diferentes escalas. Tuvo una fuerte tendencia, sobre todo en sus estudios sobre la geografía de las plantas, a ampliar y disminuir las escalas y variarlas desde el registro micro hasta el análisis de los sistemas climáticos regionales y continentales. Sin embargo, nunca descuidó la preponderancia de las estructuras internas y de las funciones de cada especie en la interacción. Lo mismo ocurría con su mirada sobre las sociedades. Humboldt ambicionaba una clase de entendimiento capaz de descifrar cómo cada entidad ponía en funcionamiento los complejos. Entonces las diferencias de moral y costumbres entre los pueblos que divulgaban los relatos de viaje podían ser útiles sólo si los narradores accedían a desplazarse del centro de la escena para iluminar los tipos individuales en relación.[10]

Humboldt no inventó los mapas temáticos. Una gran cantidad de trabajos lo preceden. Sin embargo, el desarrollo y las formas que adquieren llevan sin duda la impronta de su genio. El mapa temático tiene una estructura lógica vinculada a una hipótesis más que a un argumento. Sí, contiene un relato sobre fenómenos invisibles, en procesos de constitución o interacción. Pero, no se trata de un registro sino de un dispositivo analítico de demostración de la hipótesis. Hacia fines de la primera década del siglo

---

[9] Citado en Charles Minguet, *Alexandre de Humboldt, historien et géographe...*: pp. 76-77.
[10] De hecho era un convencido del rumbo equivocado que habían tomado las crónicas de viaje de su época, por otro lado insalvable, según él, debido a la contradicción que existía entre una observación científica y la narratva de viaje. Véase Friedrich Wilhelm Heinrich Alexandre Humboldt, *Relation historique du Voyage aux Régions équinoxiales du Nouveau Continent* (París 1814-1925).

XIX, Humboldt no tenía rivales en su conocimiento sobre cartografía. Uno de los trabajos gráficos más excepcionales fue la serie de mapas de México. Compara la extensión relativa de España y de sus posesiones coloniales medidas en cuadrados proporcionales, las poblaciones de Europa y América y la extensión territorial de ambos continentes. Este sistema de representación tuvo un poderoso impacto de representación en la imaginería neocolonial.[11]

El más renombrado de sus experimentos de representación gráfica fue sin duda el cuadro multidimensional reproducido en su *Essai sur la géographie des plantes*, titulado *Géographie des plantes équinoxiales. Tableau physique des Andes et Pays voisins*. Se trató de una manera revolucionaria y creativa de capturar los resultados del trabajo instrumental de base empírica con el objetivo de producir proposiciones acerca de la interacción de los fenómenos físicos.

Goethe en un epigrama sobre Estados Unidos asignaba a América los caracteres típicos de la juventud geológica y de la brevedad de su historia. América, decía, "es el continente joven sin basaltos ni ruinas". Humboldt fue para Goethe y para Europa entera el depositario del secreto americano. Esto explica por qué Humboldt alcanza dimensión internacional no sólo por su *Kosmos*. A juzgar por el análisis de las reseñas que produjeron sus textos en toda Europa (cerca de 200 artículos solamente en Francia. Alemania y el Reino Unido, entre 1790 y 1865), su prestigio fue en parte producto de su ensayo político sobre México.[12] Humboldt alcanzaba así notoriedad en su papel de cronista de la nueva empresa colonial en América latina.[13]

El éxito resolvió su disputa contra "un miserable archivismo de la naturaleza" de los cataloguistas de la vieja historia natural. El ascenso de la cartografía temática fue, como vimos, el resultado también del desarrollo de corrientes filosóficas y de nuevas tecnologías. Junto al establecimiento de estadísticas regulares, la información geográfica ofrecía un modelo multidiscursivo de representación inigualable a la hora de la divulgación. Los relatos de viaje tuvieron en este modelo las bases de un canon seguro, innovador y riguroso capaz de sostener un imperativo comunicacional fundamental para el proceso de 'modernización' planetaria.

Fue una idea diferente del viaje exploratorio, ahora orientado a la producción del retrato físico del planeta. Era el turno de su propio acto de reconocimiento, que Humboldt, ese inspector de minas marcadamente germánico, no cesa de bosquejar. Cinco años recorriendo el centro y sur del continente americano. Una travesía por las colo-

---

[11] Friedrich Wilhelm Heinrich Alexandre Humboldt, *Atlas géographique et physique du Royaume de la Nouvelle-Espagne*. Reproducción facsimilar de Hanno Beck y Wilhelm Bonacker (Stuttgart, Brockhaus, 1969): p. lxvi

[12] Friedrich Wilhelm Heinrich Alexandre Humboldt, *Essai politique sur la Nouvelle-Espagne* (París, Schoell, 1811).

[13] Sobre las repercusiones de su trabajo véase William Brock, "Humboldt and the British: A Note on the Character of British Science", *Annals of Science* 50, 1993: pp. 365-372.

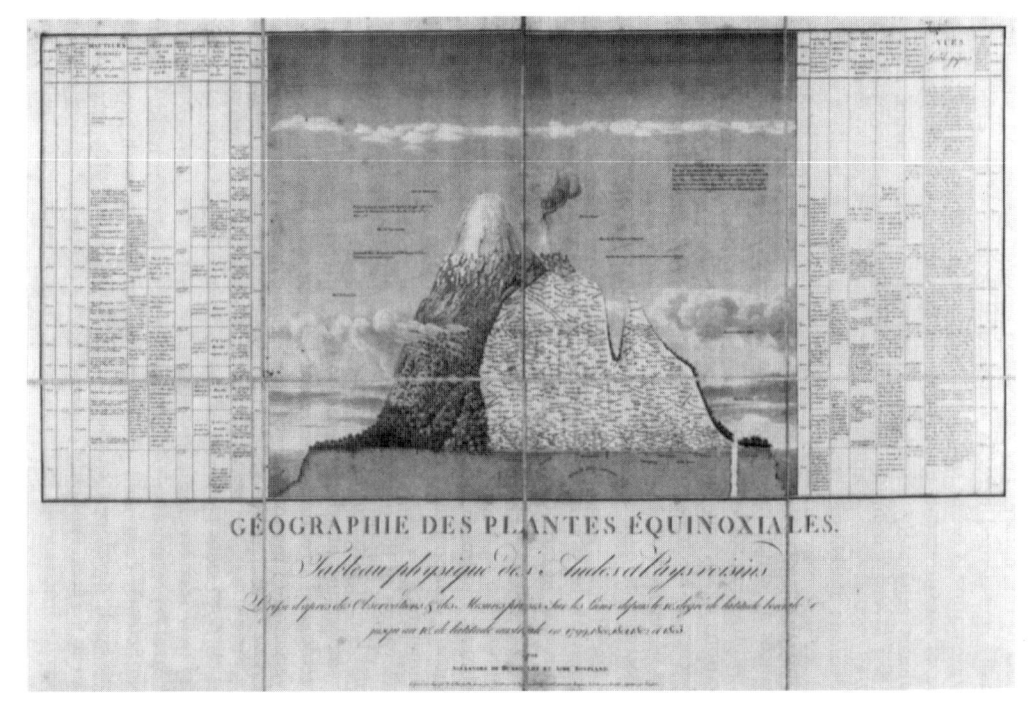

Retrato físico de los trópicos, de A. de Humboldt.

nias españolas que se inicia en 1799 y culmina con el homenaje de la Royal Society de Londres el 6 de abril de 1816.

El principio de esta famosa expedición debe remontarse a 1792. A los 23 años, Humboldt es entonces nombrado oficial en jefe de minas de Ansbach-Bayreuth, territorio recientemente incorporado por Prusia. Su jefe, el futuro canciller Darl von Hardenberg, había sido designado por la monarquía con poderes plenipotenciarios para desarrollar en esta pequeña provincia reformas administrativas con vistas a la consolidación de la Prusia postimperial. Humboldt da sus primeros pasos políticos bajo el padrinazgo de Hardenberg. Era un hombre marcado por sus orígenes aristocráticos, una notable erudición cosmopolita y su simpatía hacia la causa de la Revolución francesa y las ilusiones republicanas de América.[14]

En 1796 abandona sus tareas administrativas, anuncia a su amigo M. A. Picter que ha concebido una "Física del mundo" (geografía física) y declara su deseo de viajar:

---

[14] Su primera intención, compartida con Bonpland, fue salir con rumbo a Egipto, Arabia, Persia y la India, pero las dificultades planteadas por las campañas mediterráneas de Napoleón les hicieron renunciar a la empresa. Fue ésta la primera contingencia del viaje. Finalmente, superando el mal humor, zarpan de La Coruña hacia América, el 5 de junio de 1799. Humboldt se encargaría

Mi viaje está absolutamente decidido. Me preparo aún unos años y reúno todos los instrumentos; me quedo en Italia un año o año y medio para familiarizarme con los volcanes; luego a Inglaterra pasando por París ... y después saldré hacia las Indias Orientales, en un barco inglés.[15]

Por entonces Goethe decía que era incalculable lo que Humboldt podía hacer por la ciencia. En 1797 organiza una expedición científica sin precedentes. En compañía del destacado naturalista francés Aimé Bonpland llega a España, de cuyo gobierno obtiene el permiso de visitar las colonias de América. En 1799 es presentado por el caballero Urquijo al rey Carlos IV en Aranjuez y resuelve el itinerario de su viaje. Parte en la corbeta *Pizarro* y sigue la ruta de Colón: despliegues de vigor de la memoria genealógica del acto colonial. Pasa por Tenerife para alcanzar las costas venezolanas de Cumaná. Permanece un año en Venezuela. Luego viaja por el Caribe hacia Cuba (fines de 1800), con el ánimo de partir desde ahí al Misisipi y probablemente a Filipinas y el Oriente asiático. Sin embargo, un amigo, el capitán Baudin, ahora en la Audiencia de Quito, lo convence y hacia allí se dirige a principios de 1802. Al llegar a Nueva Granada, con las cartas del rey en la mano, el virrey declaraba en correspondencia confidencial:

---

de realizar el cálculo de las longitudes y el estudio de los minerales, Bonpland tomaría a su cargo la observación de la flora y de la fauna. El alemán sería el relator, su compañero haría las veces de dibujante. Véase Teodoro Hample Martínez, "El Virreinato del Perú en los ojos de Humboldt (1802): una visión crítica de la realidad social", *Ibero-Amerikanisches Archiv,* Jahrgang 26, 2000, pp. 191-208. El prestigioso periódico británico *Monthly Review*, por ejemplo, había encontrado en el ensayo solidez, información y novedad y continuaba: "él organiza de forma espléndida la diferencia de hábitos que requieren las observaciones de un viajero activo y la paciente labor de una composición intramuros". Anón. "Humboldt Political Essay on New Spain", *Monthly Review* 66, 1811: 353-365.

[15] Humboldt es el segundo hijo de una familia prusiana de *pedigré*, su padre Alexander Georg había sido Comandante del ejército de Prusia y Chambelán del Príncipe Imperial; su madre, Marie Elisabeth, perteneció a una familia de refugiados protestantes de origen francés y escocés. Tiene como padrinos de bautismo al futuro rey de Prusia Federico Guillermo II, el Príncipe Enrique de Prusia, el Duque Fernando von Bauaunschweig y el Ministro Barón von Finkenstein, y llega a ejercer los cargos oficiales de Chambelán y Consejero de Estado en la Corte de Prusia. Para 1790, en compañía de su amigo Georg Forster realiza su primer viaje fuera de las fronteras de Alemania (del 25 de marzo al 2 de julio): Rin inferior, Holanda, Inglaterra y Francia; reside una semana en París (VI), se muestra profundamente impresionado por el entusiasmo revolucionario de los franceses; presencia los preparativos de la Fiesta de la Federación: "El espectáculo de los parisinos, su reunión nacional, el de su Templo de la Libertad, todavía inacabado, y para el cual yo transporté arena, todo aquello ondea en mi alma como un sueño". Carta a Fritz Jacobi, 3 de enero de 1791. Citado en Alejandro de Humboldt, *Cartas americanas* (Caracas, Biblioteca Ayacucho, 1980): p. 316.

Como en los tiempos que alcanzamos sea de cualquier modo asunto delicado la internación a estos países de unos extranjeros hábiles e instruidos que en las mismas operaciones e investigaciones científicas, aunque las ejecuten con sincero fin, deben adquirir conocimientos que tal vez convendría reservar. [16]

A su regreso en 1804, Humboldt tiene plena conciencia de su hazaña.[17] Crítico de sus predecesores, impone una nueva dirección en la historia natural.[18] En su discurso de apertura en la Academia de Berlín dice:

Poco ha sido hecho por los naturalistas viajeros en el cálculo físico de la Tierra (reisende Naturforscher), y aun por la física del mundo, debido a que casi todos ellos están preocupados exclusivamente en las ciencias descriptivas y en la colección, y han negado analizar las más importantes y constantes leyes de la naturaleza manifestadas en un rápido flujo de fenómenos.[19]

Es el viaje de la invención de las grandes leyes físicas: "más que coleccionar hay que medir. El instrumental es la carta de presentación del viajero". Así comienza su relato personal: cuatro tipos de eudiómetros (para medir el contenido de oxígeno de la atmósfera); dos higrómetros (para medir su humedad); un cianómetro (para calibrar la transparencia del cielo); seis termómetros; dos cronómetros; dos barómetros; un teodolito; sextantes de cuatro tamaños diferentes; cuadrantes; un telescopio acromático y reflec-

---

[16] Carta a Wildenow, 20 de diciembre de 1796. Alejandro de Humboldt, *ibid.*, p. 322.
[17] Citado en Alejandro de Humboldt, *ibid.*, p. 101.
[18] Los primeros informes de Humboldt aparecen en los periódicos británicos entre 1800 y 1807. La crítica europea más experta y temida en este tipo de narrativas se concentraba en Londres y Edimburgo. Más de un centenar de comentarios se realizan entre 1808 y 1830. La acogida fue excepcional, con la salvedad de una fuerte crítica *tory* de la traducción de Helen Maria Williams de *Personal Narrative*, donde se condenaba "la cantidad y superficialidad de los temas tratados". La versión original se publicó en francés en 35 volúmenes entre 1807 y 1834: 'Edition monumentale in folio et in quarto du *Voyage aux régions équinoxiales du Nouveau Continent, fait en 1799, 1800, 1801, 1802, 1803 et 1804 par Alexandre de Humboldt et Aimé Bonpland*, rédigé par A. de Humboldt (Grande édition, París, Schoell, Dufour, Maze et Gide, 1807 et années suivantes', *Quarterly Review* XIV (diciembre de 1815): pp. 368-402.
[19] Entre otras actividades, establece una nueva marca mundial de andinismo al escalar el Chimborazo de 6310 metros de altura. Prosiguiendo su viaje hacia el sur, Humboldt hizo su entrada en Lima el 23 de octubre de 1802. Vía Pacífico fija su proa hacia México. En tránsito por Guayaquil esboza en 1803 su *Geografía de las plantas* y sale para Acapulco. Cruza todo el territorio mexicano. Desde Veracruz, zarpa a La Habana y desde allí a Estados Unidos. Permanecerá algún tiempo en Washington y desde Filadelfia regresa a Francia el 30 de junio a bordo de *La Favorita*. Permanecerá en París cerca de 20 años. De regreso a su patria en 1827, es nombrado Consejero real por orden del rey Federico Guillermo III de Prusia. Invitado por el zar Nicolás de Rusia, emprende en 1829, a los 60 años, su última gran expedición a los Urales, Mar Caspio y Siberia hasta las mismas fronteras con China.

tante; un ebullidor (para medir altitud del punto de ebullición del agua); un electrómetro (para medir las cargas eléctricas de la atmósfera); un compás Borda (para tomar medidas de un ángulo rápidas y sucesivas), y un inclinómetro (para medir el componente horizontal de la intensidad del magnetismo de la Tierra). Su narrativa es, declara, "el relato de este orden instrumental":

> Dejé Europa con el firme propósito de escribir no lo denominado una narrativa histórica del viaje, sino para publicar los frutos de mi investigación... He ordenado los hechos, no cronológicamente de manera que se sucedan alternativamente, sino de acuerdo con la relación de unos con otros.[20]

El registro lineal corresponde, según la idea de Humboldt, a las aventuras marítimas. Una auténtica representación de la legalidad natural requiere el relato sincrónico. El viaje es sobre todo el viaje de los instrumentos. El resultado, una traducción de la medición. Tablas, gráficos y catálogos florales: "es más importante conocer con exactitud los límites geográficos y las elevaciones que descubrir quince especies nuevas".[21] Un énfasis que no abandona la experiencia, el diario y el sentido estético de la expedición, beneficio de una prosa cuidada, equilibrada, elocuente:

> Partí el 8 de marzo de Batabanó, sobre la costa sud de la isla de Cuba, en un pequeñísimo navío de apenas 20 toneladas. Como nos faltaba el agua, entramos en el puerto de la Trinidad en la extremidad oriental de la isla, y pasamos dos días agradables en una bella y romántica región. De ahí bajamos a Cartagena sólo el 30 de marzo. Habitualmente esta travesía no dura más que seis u ocho días; pero teníamos una calma casi ininterrumpida y un viento débil. La corriente marina y la incredulidad del capitán que no tenía confianza en mi cronómetro nos arrastraron demasiado lejos al oeste, de manera que caímos en el golfo de Darién. Debimos entonces remontar a lo largo de las costas durante ocho días, lo cual por el viento del este que sopla de ordinario como una tempestad en esta estación, fue tan difícil como peligroso en tales parajes y con nuestro pequeño navío. Anclamos en el río Sinú e hicimos herbarios durante dos días en orillas que ningún observador ha ciertamente hollado. Encontramos una naturaleza magnífica, rica en palmeras, pero salvaje, y recolectamos una considerable cantidad de nuevas plantas.[22]

---

[20] Alexander von Humboldt, "Beobachtungen uber das Gesetz der Warmeabnahme in den hohern Regionen der Atmosphare, und uber die untern Granzen des exigen Schnees", *Annalen der Physik* 24, 1860: pp. 2-3. (Traducción propia.)
[21] Alexander von Humboldt, *Rélation historique du Voyage aux Régions équinoxiales du Nouveau Continent*, vol. I (París, Dufour, 1814): p. 31.
[22] *Ibid.*, p. 15.

Humboldt fue el primero en usar sistemática y extensivamente las técnicas de medición de la cartografía moderna. Pero además, frente al cálculo del espacio isotérmico, isodinámico e isocrónico de la física de la Tierra, propone un recorrido novedoso entre el dato, la lectura del instrumental y su representación. A su regreso en 1804 acuña los términos isodinámicas, isogónicas e isoclinas para denotar las líneas de igual intensidad, declinación e inclinación magnéticas, respectivamente, y define la relación entre calor y magnetismo. Años después, en una carta a Thomas Young sentencia:

> Todo el problema de la distribución de calor puede ser reducido al ángulo que las líneas isotérmicas hacen con los paralelos del ecuador a diferentes longitudes. Se trata del proceso que nosotros seguimos en las investigaciones sobre la variación magnética.[23]

A partir de la lectura del barómetro a intervalos regulares y con una línea de ruta matematizada, Humboldt produjo el primer perfil hiposométrico de un continente y demostró que la península ibérica era una elevación más pronunciada que el resto europeo. Su convicción lo llevó al extremo de creer que la ilusión de ese espacio conmensurado de líneas de cantidad y regularidad eran evidencias claras en la naturaleza, y que simplemente se encontraban esperando la resolución de los obstáculos técnicos que presentaba la movilidad de los instrumentos para la construcción del "isomundo". Crea, a su modo, otra hueste imperial. Sus instrumentos son portátiles, manuables, reparables, ajustables, convertibles... lentes para la observación de lo que denominó "la cooperación de las fuerzas físicas".

Organiza su expedición con el expreso objetivo de verificar la "unidad orgánica" de la naturaleza. Hacía años que venía trabajando por la república de la ciencias. En 1796, en una carta dirigida a Marc-August Picter, leída en su primera clase en el Instituto Nacional de París y más tarde publicada en *Magasin encyclopédique*, anunciaba la intención de crear una *Physique du monde*, lo que demandaría una profunda reconsideración de los fenómenos de la naturaleza.[24] En 1797, entusiasmado por la publicación de *Experiments on Stimulated Muscle and Nerve Fibers*, escribía a Joseph Banks:

> Luego de tres años de experimentación química que analizo en este trabajo, he podido demostrar que la acción vital es análoga al proceso de composición y descomposición química. He descubierto que la irritabilidad puede ser eliminada y restaurada en fibras sensibles entre 7 y 20 veces en sucesión... Ahora me propongo dedicarme enteramente a la química, meteorología y anatomía. Estoy tratando de develar los secretos de la organización y unir a las ciencias.[25]

---

[23] Carta de Humboldt a Thomas Young, París, 11 de julio de 1816. *Papers Y034*, Royal Society, Londres.

[24] Alexander von Humboldt, *Magasin encyclopédique* 6, 1796, p. 463.

[25] Carta de Humboldt a Joseph Banks, Freiberg, 20 de junio de 1797, *Jugendbriefe Alexander von Humboldt*, comps. Ilse Jahn y Fritz G. Lange (Berlín, Akademic-Verlag, 1973): p. 584.

Humboldt entendía por química el uso de eudiómetro, barómetro, termómetro y electrómetro en combinación con la química francesa y los trabajos de Valoisier, Laplace y Bertholler en calorimetría, eudiometría y calores específicos. Los mismos principios y métodos que utilizó para estructurar sus planes de reforma de la minería y la manufactura de Ansbach-Bayreuth. Sus experimentos de galvanización ahora le demostraban que esta química podía representar a los organismos.

En el segundo volumen de sus experimentos "galvánicos", en los cuales desarrolla una nueva disciplina que denomina "química vital", avanza en sus ideas de extremar el perfeccionamiento de la medición. La física global que promete desarrollar en su viaje fijaría el nexo orgánico de todas las fuerzas naturales. Poco antes de zarpar de España con destino a Cuba, describe tales intenciones en una carta personal:

> Coleccionaré flora y fauna; investigaré el calor, la elasticidad, el magnetismo y las cargas eléctricas de la atmósfera, y los analizaré químicamente; determinaré latitudes y longitudes, y mediré montañas. Pero esto no es todo el objetivo de mi viaje. Mi verdadero y único objeto es investigar la confluencia y la interacción de todas las fuerzas físicas, y la influencia de la naturaleza muerta en el mundo animal animado y la creación vegetal.[26]

No se trataba de un resurgimiento de las teorías de Bacon sobre la "física general" de la cooperación de las fuerzas naturales. Consciente de que a fines del siglo XVIII alrededor de los 4/5 de la extensión del mundo estaban todavía inexplorados por el europeo, su idea fue la captura de la naturaleza a través del cálculo y la medición de cada elemento, para luego reunirla orgánicamente.[27] Soñaba crear una nueva "botánica analítica", capaz de ser útil a las necesidades de la industria, la medicina y la agricultura. Una botánica sostenida en una estructura filosófica y expresada en una taxonomía sistemática: una verdadera geografía de las plantas.[28] Marcos generales que estabecieran

---

[26] Carta de Humboldt a David Friedlander, Madrid, 11 de abril de 1799, *ibid.*, p. 657.

[27] Se trataba de un compromiso con el determinismo matemático de la física de Pierre-Simon Laplace y de la química de Claude-Louis Bertholler identificadas con la gravitación newtoniana, en la descripción matemática de todos los fenómenos, especialmente en el nivel molecular, en términos de fuerzas de corto alcance actuando entre partículas. Estas fuerzas, consideradas subfluidos (eléctricos, calóricos, magnéticos, luminosos). La capilaridad, cohesión, elasticidad, refracción óptica y afinidad química eran los fenómenos que, capturados en datos para determinar estados momentáneos del sistema, podían ser utilizados a través de una simple ecuación matemática, como expresión de todo el pasado y futuro del universo. Una teoría que encuentra su resolución final en la 'mecánica celeste' de Laplace.

[28] El desarrollo de las ciencias botánicas surge en Europa como producto de los estudios realizados en los teatros anatómicos que prosperaron en el siglo XVIII. Comienza a proponerse la botánica como motor de cambio en la reforma de los estudios médicos. Cuando Humboldt visitó México, estableció contacto con Vicente Cervantes en la capital de la Nueva España y conoció, a través de este personaje, las actividades botánicas de los expedicionarios en el virreinato y sus obras institucionales, entre ellas la creación de un Jardín Botánico. En la biblioteca de la Cátedra de Botá-

un *continuum* espacial de todas las especies, la superación de una cultura de las nomenclaturas, reemplazada por una indagación profunda sobre la historia de la Tierra (*die Geschichte unserer Planet*). El estudio de las relaciones espaciales en la flora podría ofrecer una imagen 'científica' de la historia geológica, botánica, animal e incluso humana. Sin embargo, tales convicciones no lo hacen renegar de sus obsesiones coleccionistas:

> Pero mi querido Bonpland, es preciso que su generosidad vaya más lejos todavía. Es necesario que me dé seis o siete insectos coleópteros. Tengo un amigo, el conde Hagen, que muere por esos gusanos. Posee una gran colección, pero ni un solo coleóptero del Perú. Consulte con Pavón a ver si puede conseguir algunos insectos de su viaje, siete, ocho, doce, y quedaré satisfecho. M. Shoell se encargará de la caja para enviarlos a Berlín, y yo sabré indemnizarlo en libros y criptógamas.[29]

En este itinerario, Humboldt apela a los lectores desde el lugar casi heroico de su función de observador y reclama una "sensibilidad hacia la belleza natural" para indicar la contundencia del paisaje en la determinación de los caracteres, lengua, estados de ánimo y hasta valores morales, algo que su hermano Wilhelm llegó a denominar "antropología". En una carta al Abate Cavanillas expresaba:

> Muchos europeos han exagerado la influencia de estos climas sobre el espíritu y afirmado que aquí es imposible de soportar un trabajo intelectual; pero nosotros debemos afirmar lo contrario y, de acuerdo con nuestra experiencia propia, proclamar que jamás hemos tenido más fuerzas que cuando contemplábamos las bellezas y la magnificencia que ofrece aquí la naturaleza. Su grandeza, sus producciones infinitas y nuevas, por así decirlo nos electrizaban, nos llenaban de alegría y nos tornaban invulnerables. Es así que trabajamos tres horas continuas expuestos al sol quemante de Acapulco y Guayaquil, sin sentir demasiada incomodidad, y así es que recorrimos las nieves glaciales de los Andes, que anduvimos con alegría por los desiertos, los bosques espesos, el mar y las ciénagas.[30]

La obra cardinal de Humboldt en lo referente a América es el relato de su viaje a las regiones equinocciales del Nuevo Continente, fruto de esa gran expedición de fin de siglo, y por qué no, de su reumatismo, su tifus, sus diarreas venezolanas, su viruela en Cartagena y su vómito negro veracruzano. Esta obra gigantesca comprende treinta y cinco volúmenes agrupados en siete secciones: Relaciones históricas del viaje; Las civi-

---

nica figuraron entre otros textos: *Sistema Nature*, *Genera Palanrum* y *Species Plantarum* de Linneo; *Curso Elemental de Botánica* de Palau y Ortega y 24 ejemplares de la obra de Casimiro Gómez Ortega, *Instrucción sobre el modo más seguro y económico de transportar plantas vivas*. Véase J. Luis Maldonado Polo, "La expedición botánica a Nueva España, 1786-1803: el Jardín Botánico y la Cátedra de Botánica", *Historia Mexicana*, julio-septiembre de 2000, no. 1: pp. 5-55.

[29] Carta a Aimé Bonpland, Roma, 10 de junio de 1805, *Cartas americanas*, p. 150.
[30] Carta al Abate Cavanillas, México, 22 de abril de 1803. Alejandro de Humboldt, *ibid.*, pp. 108-109.

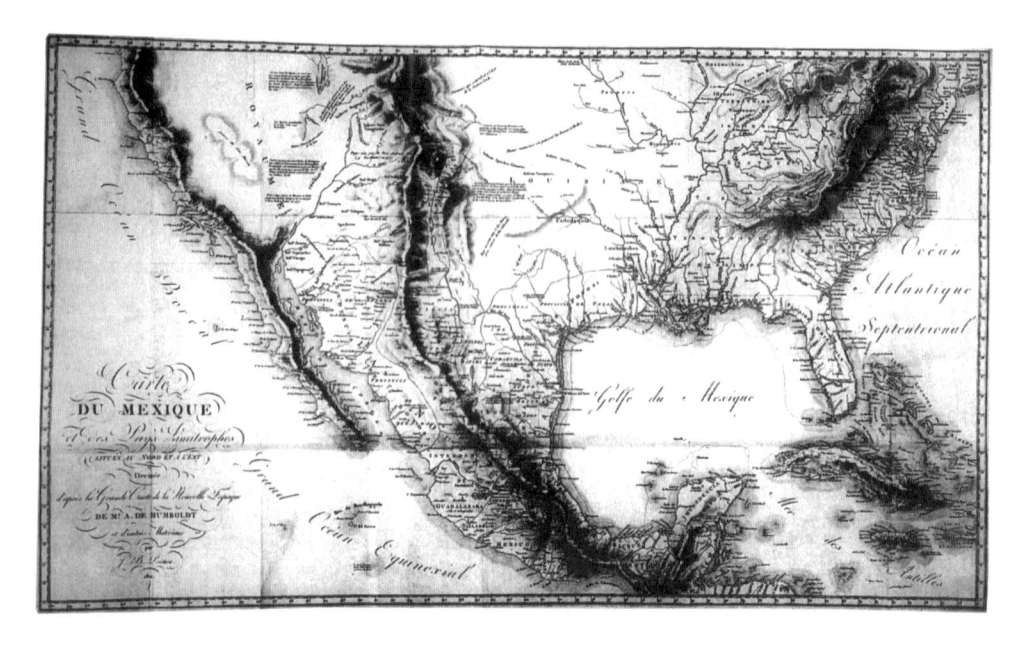

Mapa extraido de *Voyages of Scientific Discovery to the New World, 1700-1850*.

Volcán Chimborazo (Ecuador).

lizaciones primitivas del Nuevo Mundo; Observaciones zoológicas; Ensayos económico-políticos; Observaciones astronómicas; Física general y geología, y Plantas equinocciales. Humboldt divulga su visión en el extraordinario *Retrato físico de los trópicos*, un largo apéndice acompañado de los grabados más impactantes de toda su iconografía.[31]

A los pies del Chimborazo, en los Andes ecuatorianos, imagina toda la naturaleza, la ubica, la mide, la representa. Es la gracia del territorio vasto, interior, vertical, superior a la realidad que ofrecen costas e islas. Una imagen geológica de la vegetación, del tiempo y del espacio. Una historia y geografía que se someten al orden global, medido y anotado, visible y comprensible. Imagen y medida, gráficamente expresadas como premisa estructural para la eficacia de la representación. La medición compleja y diversa de Humboldt enmarca su visión del mundo. Las tablas de su "naturaleza" incluyen: refracción terrestre; distancias; elevaciones; frecuencia de los fenómenos eléctricos; tipos de agricultura a diferentes elevaciones; disminución de la fuerza de gravedad; nubosidad; humedad; presión; temperatura; composición química; elevación de las nieves; vida animal; ebullición del agua; estructura geológica, e intensidad de la luz. Partes que para Humboldt componen un todo orgánico, analizadas por medio de barómetros y eudiómetros y representadas en los márgenes de ambos lados de las láminas por una escala de elevación que utiliza la vieja unidad del *toise* parisino y el nuevo y revolucionario metro. Así la imagen popular de este Chimborazo humboldtiano combinaba el cálculo y la sensibilidad estética que los lectores aprecian. Representación de un espacio natural y humano enmarcado por el saber científico que ordena un sistema de cooperación de fuerzas, una auténtica metáfora civilizatoria:

> En la gran cadena de causas y efectos ningún material, ni actividad, pueden ser considerados en aislamiento. El equilibrio que reina a pesar de las perturbaciones aparentes de elementos en conflicto deriva del libre juego de fuerzas dinámicas.[32]

Una y otra vez se disculpa por la interrupción que su operación de medición provoca en el libre curso de la dinámica natural y en su propia narrativa. Unidad que se recomponía a través del gesto esteticista. Éste es su testamento definitivo: "la magia del arte representacional nos transporta a las mayores realidades de la Tierra".[33]

Reafirma finalmente esta estructura dual en su *Views of Nature* (1808). Había adoptado la fuerza poética de Friedrich Schiller y su noción del 'imperio de hermoso semblante'. Se comunica bien con la teoría filosófica. La física global de Humboldt y el

---

[31] Para una crítica, "el trabajo más excepcional y útil de todos los realizado por Humboldt", *Edinburgh Review* XVI (junio de 1810): pp. 223-252.

[32] Alexander von Humboldt, "Ideen zu einer Geographie der Pflanzen, nebst einem Naturgemalde der Tropenlander", *Schiften zur Geographie der Pflanzen,* comp. Hanno Beck (Darmstadt, Wissenschaftliche Buchgesellschaft, 1989): p. 70.

[33] Ibid., p. 66.

imperio estético de Schiller fueron en cierto modo complementarios. La decadencia imperial marcó la necesidad de una nueva ideología nacional útil a la reconstrucción de Alemania. Schiller ve en el concepto estético la manera de articular una noción viable de ley y orden.[34] En obras como *Wallensteins Lager*, ubica obsesivamente la libertad (*Freiheit*) en las montañas, sitio paradigmático para la experiencia estética. Humboldt ofrece a sus lectores el mismo sendero en su vista del Chimborazo.[35] Ambos organizan una visión de la historia y la naturaleza, y la confirmación del lugar del observador como el del nuevo ciudadano. Schiller invierte en el lenguaje, Humboldt en ciencia. Una poética superior que reside en su original punto de vista sobre la vida.

La belleza es también la herencia clásica de los europeos. Entre ellos, los germánicos parecen ser los propietarios indiscutidos de una visión cultivada del universo. En este estado de valores culturales, las prácticas de observación y cálculo que hicieron hegemónica la perspectiva eurocéntrica se imbricaron en un naturalismo estético que portará por siempre el sello humboldtiano.

---

[34] Michael Dettelbach, "Global physics and aesthetic empire: Humboldt's physical portrait of the tropics" en David Miller y Peter Reill (comps.), *Vision fo Empire. Voyages, botany, and representations of nature* (Cambridge, Cambridge University Press, 1996): pp. 279 y ss.

[35] Otros dos personajes acompañan el ascenso. Horace-Benedict de Saussure, el alpinista más famoso del siglo XVIII, conocido por sus hazañas en el escalamiento del Mont Blanc y Monte Rosa, y Gay-Lussac con sus populares viajes en globo por el cielo de París en 1804.

Capítulo IV

Carl F. P. von Martius.
Itinerarios botánicos y objetos antropológicos

> *En la exploración de este vasto continente, corresponde un mérito especial a los alemanes, a quienes tan sólo el ilustre nombre de Von Humboldt garantiza, sin disputa, la palma de la superioridad.*
> H. E. Lloyd [1]

La publicación de *Systema Naturae* de Carl Linné en 1735 introduce un aire renovador en la exploración de la *Terra incognita*: el naturalismo. Su trabajo, el primer sistema clasificatorio que designa categorías para todas las especies de plantas en la Tierra, define con exactitud el *métier* de la nueva vanguardia científica.

Alguien que se precie de naturalista debe ubicar, titular y describir... recoger especímenes y coleccionarlos para y en Europa. De esta forma cada especie viva sobre el planeta puede ser ubicada y colocada en el compartimento apropiado dentro de un sistema general. La sistematización de la naturaleza es entonces un proyecto de construcción de conocimiento científico a escala global. La extracción y colección de especímenes desde sus exclusivos ambientes naturales y su asimilación a los paradigmas clasificatorios europeos fue parte fundamental de la apropiación cognitiva del mundo no europeo.

La colección de especímenes se convierte en una actividad de prestigio científico e impulsa el boom de las exhibiciones, jardines botánicos y zoos. Además del objetivo

---

[1] J. B. von Spix y C. F. von Martius, *Travel in Brazil in the years 1817-1820 undertaken by command of this Majestic the King of Bavaria*. Traducción y prefacio de H. E. Lloyd (Londres, Longman, Hurst, Rees, Brown and Green, 1824): Prefacio IX.

pedagógico de estas muestras, se trata de la demostración cabal de las posibilidades del dominio de la naturaleza por algunos miembros exclusivos de la especie humana. Para naturalistas modestos como C. F. P. Martius, las expediciones a América del Sur son la posibilidad, casi única, de participar en este extraordinario proyecto cultural.

Hasta la aparición de *Systema*, la historia natural se conformaba por un complejo literario que incluía desde las virtudes de las plantas hasta leyendas asociadas a sus poderes milagrosos. El nuevo discurso científico, por el contrario, se restringe a un rígido sistema clasificatorio, con una profunda vocación descriptiva de los componentes botánicos y su localización geográfica. Este desarrollo espacializado y de cuadrícula de la historia natural tiene consecuencias importantes sobre la escritura de la exploración científica y los mecanismos de representación de la alteridad. La organización narrativa de la multiplicidad de información y signos fue el único método posible para la reconstrucción del viaje como unidad:

> No se trata de una mera compilación, reunida para satisfacer las exigencias del momento, sino de un genuino y auténtico relato de viaje ... realizado por personas ampliamente capacitadas para recolectar muestras destinadas tanto a la instrucción como al entretenimiento.[2]

Carl Friedrich Philip Martius vive este clima de época. Hijo de un profesor de farmacia de la Universidad de Erlangen, estudia medicina y trabaja para la Real Academia de Bavaria en Munich como asistente en el Jardín Botánico. En 1816 es designado por Maximiliano José I, rey de Bavaria, miembro de la tripulación de una expedición que la monarquía organiza a América del Sur. El motivo del viaje, el compromiso matrimonial de Leopoldina, archiduquesa de Austria, con el príncipe de la corona de Brasil, Don Pedro I. La expedición que cuenta con la financiación del tesoro real, zarpa un año después. Martius tiene como tareas la exploración de las provincias del Brasil y la organización de una colección de especímenes exóticos. Viaja junto al zoólogo Johann Baptist von Spix, curador de la colección zoológica de la Real Academia de Bavaria:[3]

> En cumplimiento de estas instrucciones, se recomendó a los viajeros que dedicaran su mayor atención a enriquecer el departamento de zoología y botánica y, al mismo tiempo, no perder de vista otras ramas de la ciencia, en tanto el tiempo y las circunstancias lo permitieran. En su carácter de zoólogo, el doctor Spix se abocó a convertir la totalidad del reino animal en su objeto de observación y tareas. Desde este punto de vista, debía observar a los habitantes, tanto aborígenes como colonos, sus capacidades físicas e intelectuales, etc. En su carácter de botánico, el doctor Martius se dedicó a explorar el reino vegetal de los trópicos, las familias, las formas, las afinidades ... Investigación de materia médica brasileña, comple-

---

[2] *Ibid.*, X.
[3] La mayoría de los datos biográficos de Martius son tomados de Kamini Prakash, "Discourse of the Other in German Travel Writing, 1800-1860" (Tesis de doctorado, Michigan State University, 1994).

tar colecciones, observar relaciones mineralógicas y geognósticas, producción de oro, diamantes, observar la declinación e inclinación de la aguja magnética, condiciones climáticas, atención a los diferentes idiomas nacionales, peculiaridades, tradiciones religiosas e históricas, ídolos, etc. [4]

De este viaje llegarán a Munich, además de objetos etnográficos, una enorme cantidad de especies animales y vegetales: 85 mamíferos, 350 aves, 130 anfibios, 116 peces, 2700 insectos, 80 arácnidos, 80 crustáceos y 6500 plantas.[5] Tal colección será el material primario de la monumental *Flora Brasiliensis*.[6]

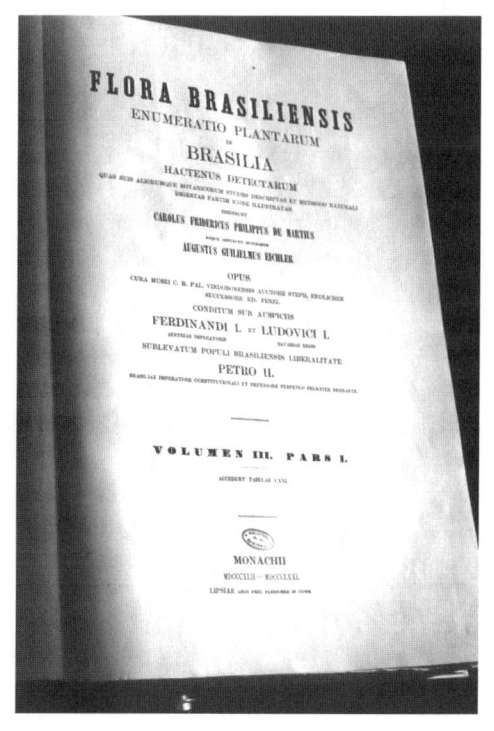

Fotografía de la portada de *Flora Brasiliensis* de Von Martius.
(Biblioteca Nacional. República Argentina.)

---

[4] J. B. von Spix y C. F. von Martius, *Travel in Brazil...*, pp. 4-6.
[5] Johann Spix y Carl von Martius, *Viagem pelo Brasil, 1817-1820*. Traducción de B. F. Ramiz Galvão y Basílio de Magalhaes (San Pablo, Melhoramentos, 1968): p. 5.
[6] Carolus de Martius, *Flora Brasiliensis. Enumeratio Plantarum in Brasilia* (Monach, 1840). Obra completada en 1906 por 65 especialistas: 38 alemanes, 7 austríacos, 5 suizos, 5 ingleses, 4 franceses, 2 belgas, 2 dinamarqueses, 1 holandés y 1 húngaro. Se trata de 2733 folios, acompañados por 3811 planchas de página entera, 2253 géneros (de los cuales 160 son nuevos), y 22.767 especies (de las cuales 5689 son nuevas, y 6246 están reproducidas en diseños de tamaño natural). Martius contó desde el comienzo con importantes subsidios reales para la realización de la obra. Véase *Cartas de Karl von Martius a Paulo Barbosa da Silva* (Río de Janeiro, Instituto Histórico e Geográfico Brasileiro, 1991).

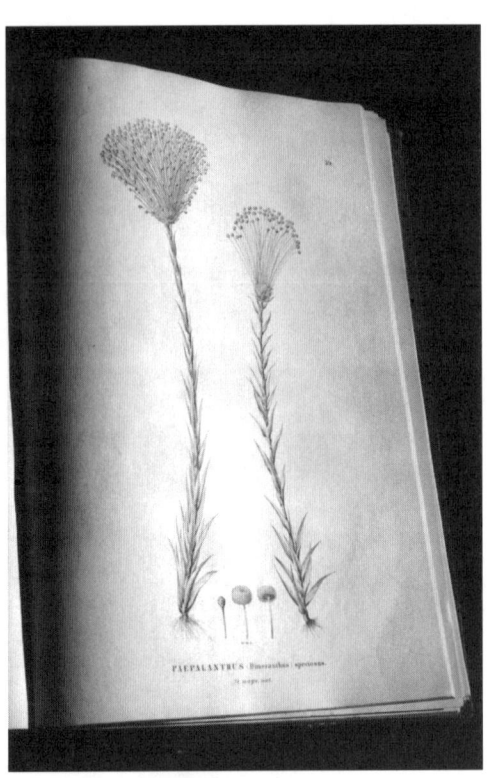

Fotografía de páginas de *Flora Brasiliensis* de Von Martius.
(Biblioteca Nacional. República Argentina.)

Fotografía de tabla tomada de *Flora Brasiliensis* de Von Martius.
(Biblioteca Nacional. República Argentina.)

Desembarcan en Guanabara el 15 de julio de 1817 y permanecen en Brasil casi tres años. Martius y Spix compilan los relatos de sus viajes en *Reise in Brasilien*, publicado en Munich entre 1823 y 1831.[7]

El trabajo consiste en tres volúmenes y un atlas que contiene mapas y dibujos de objetos de interés para la curiosidad europea de entonces: plantas, animales y nativos. El primer libro está totalmente dedicado a la descripción de los preparativos del viaje y su realización. En el transcurso del mismo, los naturalistas descienden a tierra cuando lo permite la estación del velero para estudiar detenidamente cada región. En los capítulos 1 y 2 del segundo libro, Martius se ocupa ligeramente de la historia del Brasil y muestra los beneficios de la administración de J. João VI. Luego, aprovechando una breve permanencia en Río de Janeiro, describe la primera colección de muestras vege-

---

[7] Johann B. von Spix y Carl F. P. von Martius, *Reise in Brasilien* (Munich, Erster Theil., 1823/27/31).

tales, animales y piezas geológicas, y analiza las costumbres y usos de la población, así como también las enfermedades de la región.

La provincia de San Pablo es su primer destino. Cruza la hacienda de Santa Cruz a lomo de mula lamentándose del pésimo estado de los caminos. En Santa Ana das Areias tropieza con una pequeña aldea de nativos caboclos (mestizos). Más al sur, en Nossa Senhora da Aparecida, conoce la leyenda de la Virgen y tanto él como Spix realimentan sus esperanzas de expansión de un catolicismo practicante en el Nuevo Mundo. Viaja en tiempo de lluvias, revisa el instrumental, protege los materiales, descuida su salud. En Taubaté padece la hostilidad de una población portuguesa rústica y poco hospitalaria. Allí observa los estragos del bocio y se indigna de aquellas mujeres que se sienten "embelesadas con las deformaciones". En camino para Escada e Mogi das Cruzes, encuentra algunas comunidades que expresan gran descontento por el reclutamiento a que son sometidos para la guerra contra Montevideo.

Finalmente llega al legendario Tieté. Sin demora visita a Nossa Senhora da Penha, desde cuya colina se muestra la imponente ciudad de San Pablo. El capítulo 1 del tercer libro está dedicado exclusivamente a la capital pirantiningana. No prolonga demasiado la estadía en San Pablo. Castigado por las lluvias torrenciales, se dirige a São João do Ipanema, donde sueña encontrar un considerable tesoro de plantas y animales.

Llegado a Porto Feliz busca información sobre el comercio entre San Pablo y Mato Grosso. Describe las naciones indígenas, estableciendo diferencias a partir de la observación de sus rituales. Vila Rica, actual Ouro Preto, está en su ruta. En el camino practica la medicina, monta desde la madrugada hasta el atardecer y acampa en barracas improvisadas para protegerse de las lluvias. Ya en la villa le deslumbra el resplandor de la mica en las laderas de las montañas.

Ilustración extraída del libro *Viagem pelo Brasil* de Johann B. von Spix y Carl F. P. von Martius (1817-1820).

Sigue viaje y visita la ciudad eclesiástica de Mariana. Asiste a una danza de los puris, que califica de excesivamente sensual, y la compara al batuque africano. Dedica al distrito Diamantino parte del quinto libro.

Recoge gran cantidad de muestras y las envía rápidamente a Munich. Toma luego dirección hacia Minas Novas en busca de piedras preciosas. Allí encuentra "tribus mansas" que, a diferencia de los botocudos, ofrecen sus mujeres a los extranjeros.

El sexto libro se ocupa del trayecto de Goiás de regreso al río San Francisco. Atravesando el interminable *sertão*, secas y animales antediluvianos, entra en la provincia de Bahía. Lo emociona la iglesia de los jesuitas (luego Catedral), se confunde con la mezcla de razas y se espanta con el número de homicidios. De Salvador cruza a Ilhéus. Ve decadencia y la atribuye al reformismo de Pombal. Decide regresar al *sertão*. Transportado en una balsa artesanal, pisa territorio de Pernambuco. Navega hasta Santa María de Belém, capital del Pará. Luego de sortear los peligros y tormentos propios del viaje, da gracias a Dios en ceremonia pública. Alcanza su meta, había andado desde el Trópico de Capricornio hasta el Ecuador.

El tercer y último volumen de la obra está íntegramente dedicado al mundo amazónico. Hospedados en las cercanías de Belém, Martius produce su mejor ensayo (luego traducido en el *Jornal do Comércio*, de Río de Janeiro), sobre la historia de Pará y el exuberante reino de los sapucais (*Lectythis*), *pau-d'alhos* (*Crataeva*) y bacuris (*Symphonia*). Desmiente la leyenda de las amazonas, creada, según él, por la imaginación de Orellana. Elogia el guaraná como uno de los principales productos de la región, pero duda de sus propiedades rejuvenecedoras tal como los pregonaba el sabio Luis Pereira Barreto. Se entretiene con las supersticiones indígenas, en especial las de los armabutós. Repite la leyenda de *mãe-d'água*, una cobra monstruosa que vive en el fondo de los ríos y que apenas sube a la superficie para realizar sus maleficios. Se detiene en Santarém (Tapajós para los nativos), la villa más importante de todo el Amazonas. Observa las tortugas, alimento principal de la población aborigen, y calcula en 20.000 las consumidas anualmente. Resalta la superioridad cultural de los pueblos silvícolas de Solimões (juris, passés, miranhas y tecunas), y disfruta de las técnicas guerreras de envenenamiento de sus *zarabatanas*.

Casi al final del tour, Spix y Martius deciden separarse. El primero parte hacia Solimões y Martius rumbo a Japurá. Se reúnen nuevamente en Belém. Desde allí envían decenas de animales vivos a Munich, de los cuales llegarán cerca de sesenta. Regresan a Baviera el 10 de diciembre de 1820.[8]

La producción de las representaciones de un viaje como el de Von Martius fue una tarea extremadamente compleja. Desde un comienzo, dicha tarea tuvo que resolver la tensión que en este sujeto produce la propia experiencia: su doble naturaleza móvil y estática, de acción y reflexión. El viaje fue el resultado del movimiento producido a

---

[8] Martius recibe 12 medallas de honor, forma parte de 10 academias de ciencia y es miembro honorario de 52 sociedades científicas y clubes. Se construyen en su honor tres monumentos, uno en Munich y otros dos en Brasil, en Belém y Río de Janeiro.

través de una serie de puntos de referencia que requirió una representación diagramática. Para cada hito, el viaje se planteó como un número de puntos o lugares únicos e inmóviles que necesitaban una representación específica y a la vez analógica.[9]

El conjunto de informaciones debió ser recodificado en diferentes sistemas de registros: idiomáticos, visuales, o de forma más elaborada, en su combinación ideográfica. Martius ofrece un ejemplo muy particular de la forma en que tal proceso podía desarrollarse.

Sus reportes de viaje consisten en datos básicos sobre itinerarios y rutas, coordenadas astronómicas, disposición de los vientos, maniobras náuticas y descripciones de costas y puertos. Se limitaron a un tipo de representación diagramática y a la información suministrada en un tono impersonal. Su diario, por otro lado, condensa la experiencia personal, pero, a diferencia de otros, no se limita a un solo lenguaje. Aquí radica una de las diferencias más importantes del viaje exploratorio con el *grand tour*.[10] El diario integra una experiencia fragmentada, y en esta tarea Martius despliega una convincente y poética fórmula narrativa: "El 10 de abril, a las dos de la madrugada, nuestros navíos levaron anclas y en la silenciosa oscuridad de la noche zarparon del puerto. El mar estaba en calma".[11]

Por un lado, recrea las tradiciones del relato de viajes y las combina con el dato personal del diario, y por otro, duplica los lenguajes con ilustraciones impresionísticas. Así elabora un sofisticado estilo característico de las grandes obras del siglo XIX, una construcción sostenida en el paisaje, recorrida por el diario y rematada con voluptuosas figuras humanas.

Esta tarea ambiciosa necesitó un ordenamiento de la información y los materiales, una articulación inmediata entre lenguajes. Ilustraciones y texto se alternaron en una secuencia particular. Las referencias cartográficas preceden a las descripciones geográficas, y las ilustraciones, sobre todo las referidas a la información antropológica, anteceden a sus comentarios. Su relato produce así un sistema de representación escindido pero único, con registros en paralelo.

El texto está sometido a una rigurosidad seudocientífica. La información se despliega, sintetiza y combina, funcionando alternativamente como ayuda memoria, indicación temporal, sensación e índex. Los lectores pueden recorrer diferentes rutas, pero eventualmente cada punto significativo se halla codificado por su situación en el sistema que el diario organiza, dándole una posición temporal, espacial y de sentido inequívoca. Texto e imagen corren en paralelo, movimiento y estación alternativamente:

---

[9] Lucia Nuti, " 'To make the whole progress a lineal visible Demonstration': the Journal of Edmund Dummer", *Word & Image. A Journal of Verbal/Visual Enquiry*, vol. 15, julio-septiembre de 1999: pp. 292-305.

[10] El género turístico tuvo su nacimiento en el siglo XVI y se consolida a fines del XVII. Thomas Frangenberg, "Chorographies of Florence. The use of city views and city plans in the sixteenth century", *Imago Mundi* XLVI (1994): pp. 41-64.

[11] J. B. von Spix and C. F. von Martius, *Viagem pelo Brasil...*, pp. 4-6.

A las seis de la tarde los últimos puntos de la costa europea y africana se desvanecieron ante nuestros ojos y nos encontramos en medio del océano, que pareció tragar los navíos a medida que surcaban sus profundidades; el océano mismo, tal como el sereno firmamento que lo cubría, se mostraba, en su profundo azul, como una imagen de su insondable abismo.[12]

Los fragmentos se apoyan en un marco lógico y coherente que es mantenido por la impronta de la propia experiencia. Cada hecho singular tiene un lugar que reclama la consistencia de un escenario. La excitación por el arribo a Brasil se relata en clave de precisión geográfica:

A latitud 18,4 y longitud 35,20, la temperatura de la atmósfera disminuyó aproximadamente un grado y el termómetro mostró una variación entre 17 y 18 grados. En esos momentos nos encontrábamos en la latitud de los Abrolhos y la aparición de varias aves marinas (*phaeton aethereous* y la *procellaria capensis*) indicaron la proximidad de esas peligrosas rocas que se encuentran a lo largo de la costa de Brasil, entre los 16 y 19 grados de latitud sur.[13]

Artikel.	1801 in 2 Schiffen nach Lissabon: Summe.	Werth in Réis	1802 in 2 Schiffen nach Lissabon: Summe.	Werth in Réis.	1803 in 3 Schiffen nach Lissabon: Summe.	Werth in Réis.
Zucker (Arroben)	13,359	19,141,200	39,760	60,015,500	39,470	60,171,400
Rum (Pipen)	—	—	12	480,000	36	1,440,000
Kaffe (Arroben)	132	396,000	116	250,400	675	1,625,000
Reis (Alqueires)	60	79,500	396	537,600	818	2,018,000
Mandioccamehl (Alqueires)	—	—	120	84,000	270	189,000
Weizenmehl (Alqueires)	—	—	—	—	—	—
Salzfleisch (Fässer)	—	—	—	—	—	—
Schmeer (Arroben)	—	—	—	—	—	—
Häute (Stücke)	297	298,400	480	480,000	5,620	8,938,240
Gegerbte Häute (Stücke)	—	—	—	—	50	75,000
Halbe gegerbt. Ochsenh. (St.)	—	—	—	—	—	—
Feines Leder (Stücke)	—	—	—	—	—	—
Indigo (Arroben)	—	—	—	—	—	—
China (Arroben)	—	—	—	—	—	—
Stärkmehl (Arroben)	—	—	—	—	—	—
Salpeter (Arroben)	—	—	—	—	—	—
Holz	—	280,000	—	128,000	—	100,000
Baumwolle (Arroben)	160	640,000	—	—	13	78,000
Talg	—	—	—	—	—	—
Hörnerspitzen (Stücke)	—	—	—	—	—	—
Verschiedene Kleinigkeiten	—	400,000	—	600,000	—	1,648,000
Summe	—	21,235,100	—	66,555,000	—	76,282,640

Inventario de productos comerciales en Brasil, 1823.
Tablas extraídas de *Reise in Brasilien*.

---

[12] *Ibid.*, p. 83.
[13] *Ibid.*, p. 119.

La conexión entre movimiento narrado y movimiento ilustrado es provista por un cruce constante de referencias tanto en el texto como en los dibujos. Múltiples registros: cuadros descriptivos de las cuatro formas de vegetales observados en Madeira y Canarias; tablas de población como la de San Pablo para 1815; planillas de vientos recopiladas de 238 barcos que zarparon desde Gran Bretaña hacia Oriente; indicadores de exportaciones cariocas de 1817. La referencia explícita, la marca, la indicación, siempre en complicidad.

El devenir de la aventura se presenta en secuencias cuyo rasgo humano está dado por la imagen del hombre blanco civilizado, su propia imagen. Lugar figurativo del punto de vista. Durante el movimiento, texto e imagen mantienen un balance y construyen una representación homogénea, más técnica y menos narrativa. La oscuridad de muchos de sus pasajes es contrastada con una incuestionable claridad ilustrativa que disimula algo la debilidad de su prosa. Gráficos, cuadros, dibujos que también otorgan veracidad a la narración y la completan.

A pesar de la dramatización de verosimilitud de ciertas imágenes, es la narrativa de la observación directa la que guía la mano del Martius dibujante. Una suerte de cualidad fotográfica que se adelanta a los daguerrotipos de su época. Su 'cámara' se mueve desde el panorama hasta los primeros planos. Un movimiento calculado donde el gran escenario es sinónimo de ritmo y sitio.

Serie de primeros planos ilustrados por Von Martius.
(Extraído de *Viagem pelo Brasil*, de Spix y Von Martius, 1817-1820.)

En tal relato visual el tiempo es ilusión. Conjunto gráfico que forma parte de la propia historia, imágenes estáticas que dan la impresión de movimiento o, mejor dicho, funcionan como representación del movimiento. Entonces el viaje se percibe e interpreta como creación de cada instante, de la experiencia de cada cápsula de tiempo.[14]

La calidad documental de los dibujos de Martius permite al lector observar el 'progreso' de sus objetos. Martius va describiendo el proceso de europeización de la sociedad brasileña y de los efectos culturales de su dinámica urbana. Su montaje iconográfico alimenta parte del imaginario europeo sobre la región. Martius no sólo intenta localizar y comunicar sensaciones. Aunque el uso del color se halla bastante expandido y forma parte por entonces de las convenciones cartográficas, algunos planos pálidos contrastados con objetos de tonalidades fuertes en verdes, azules y rojos producen una construcción artificial de gran fuerza emotiva.

Martius va aprendiendo el oficio y no se autoengaña. Sus primeras impresiones sobre Río de Janeiro desencantan las expectativas del exotismo. Asegura que la capital de Brasil ha crecido al calor de las influencias europeas: "hallábase en esta ciudad las mismas impresiones, hábitos y costumbres europeas. Palacios, iglesias, calles espléndidas, buques a millares y una población inmensa; he ahí lo que ofrecía, al primer golpe de vista, Río de Janeiro".[15]

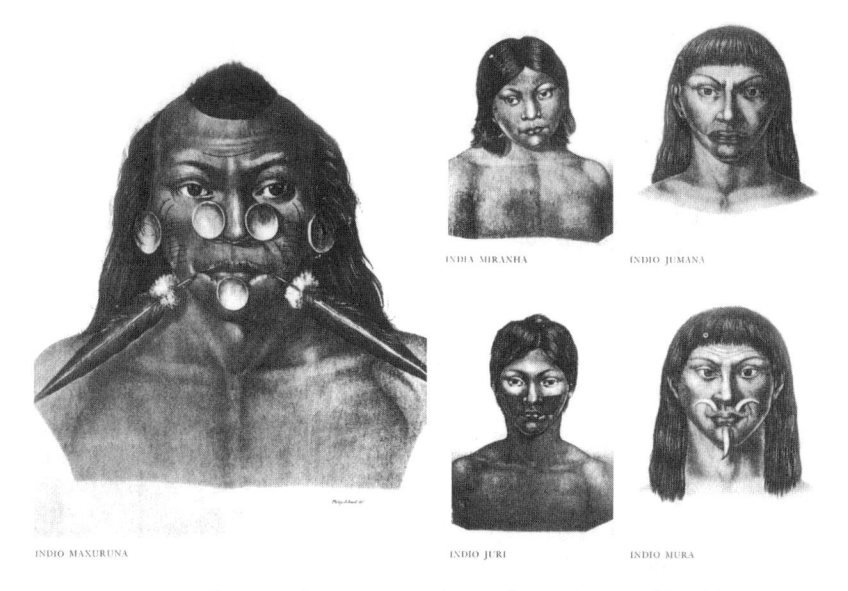

Continuación de serie de primeros planos ilustrados por Von Martius.
(Extraído de *Viagem pelo Brasil*, de Spix y Von Martius, 1817-1820.)

---

[14] Idea tomada de Julian Barbour, *The End of Time. The Next Revolution in Physics* (Oxford, Oxford University Press, 2000): pp. 30-35.

[15] Fragmento de Martius en Augusto Saint Hilaire et al., *El Brasil antiguo. Crónica ilustrada desde 1500 a 1827* (Buenos Aires, La Elzeviriana, 1900): p. 31.

Así también se comporta su mirada 'antropológica'. Visita el mercado de esclavos de Río como eventual comprador. La esclavitud, según él, había sido el primer acto de humanización que reciben los africanos. Siempre había aborrecido los movimientos antiesclavistas de Europa y Estados Unidos. Insiste en que la institución es un recurso social tendiente a superar el estado salvaje: "de la noche a la luz, de la brutalidad de los cuerpos a la belleza espiritual, de la ignorancia a la sabiduría del cristianismo".

Coherente, el escrutinio fisiológico fue otra de sus obsesiones. Si el soporte civilizador es la figura del europeo, las ilustraciones de los rostros aborígenes son naturaleza, humanidad sin historia. La idea de Martius sobre los aborígenes está limitada por su visión cultural. Los rasgos físicos y en particular los faciales debieron fijar tal estigma. Imágenes sensacionales, primeros planos descarnados, teatro de la naturaleza. Rostros inmóviles, petrificados, salvajes, exóticos, ordenados en gabinetes de curiosidades, herbolario, zoológico. El discurso seudocientífico del racismo intolerante.

El corazón de su estructura representacional se ubica en los cuerpos. Como otros viajeros, la apariencia física de las poblaciones indígenas es un asunto clave. Hay una correspondencia entre atributos morales e intelectuales y el aspecto físico y sobre todo facial de los nativos. Las formas humanas son un símbolo que las especulaciones etnográficas comienzan a codificar.[16] Cada rasgo físico se atribuye a una característica mo-

Continuación de serie de primeros planos ilustrados por Von Martius.
(Extraído de *Viagem pelo Brasil*, de Spix y Von Martius, 1817-1820.)

---

[16] Patrizia Magli, "The Face and the Soul", en Michel Feher et al., *Fragments for a History of the Human Body* (Nueva York, Urzone, 1989): pp. 89-91.

ral e intelectual, desde la cabeza a los pies. Estos sentidos están basados en la asignación arbitraria de relaciones de equivalencia. Por ejemplo, nariz aguileña=ambición; labios carnosos=sensualidad. Así se establecen una serie de convenciones, un sistema formal de correspondencias entre los rasgos, sobre todo faciales, y las inclinaciones morales, que orienta las percepciones. Las formas humanas se convierten en un símbolo. Una construcción arbitraria de categorías se organiza alrededor de las regiones fronterizas entre naturaleza y cultura.

La fisiología era aplicada por entonces para la decodificación de los caracteres de los miembros de grupos marginales: mujeres, lunáticos, criminales, judíos. Los aborígenes fueron también pasibles del mismo tratamiento. Debido a la ignorancia de Martius de las lenguas nativas, sus impresiones se guiaron sobre todo por la apariencia visual de la fisonomía y prácticas tribales. Como resultado de esta forma limitada de percepción, su relato está dominado por una historia visual. Por ejemplo, la descripción de los miranhas es una verdadera lección de anatomía. Martius describe 25 partes del cuerpo: cuello, pelvis, pecho, hombros, pies, dedos, manos, uñas, cabello, cabeza, espalda, cara, frente, mejillas, nariz, ojos, boca, etc. Otra forma de relato científico-exploratorio.[17]

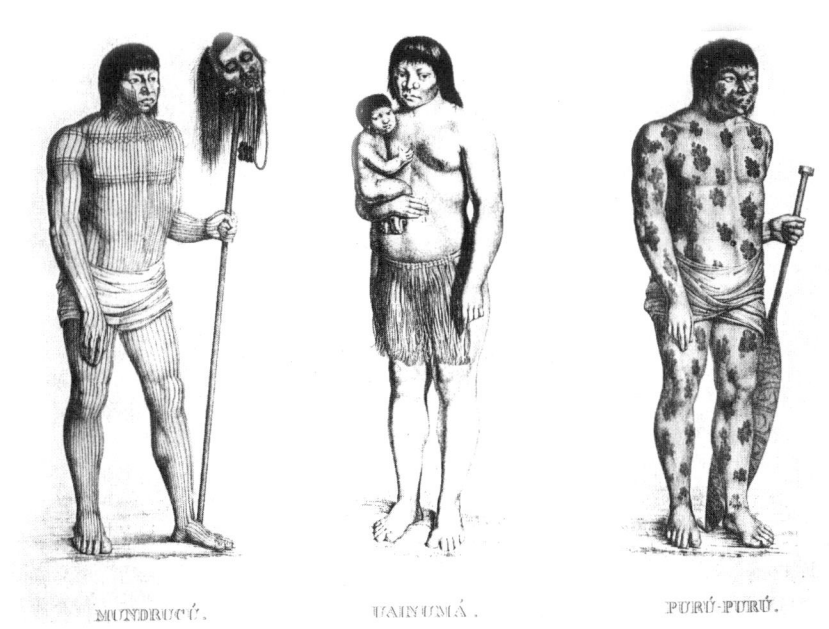

Estereotipos tribales de Von Martius.
(Extraído de *Viagem pelo Brasil*, de Spix y Von Martius, 1817-1820.)

---

[17] El canon de este tipo de narrativa fue instaurado por el explorador y cirujano Langsdorff, en su descripción de los mufau, habitantes de las Islas del Mar del Sur. G. H. von Langsdorff, *Voyages and Travels in Various Parts of the World, During the Years 1803, 1804, 1805, 1806 and 1807* (Amsterdam, N. Israel, 1968 [1813]).

El proceso por medio del cual las partes del cuerpo son textualmente desmembradas y analizadas es una operación de apropiación. Apoyado en sus destrezas como diseccionista, Martius somete a los miranhas a un descuartizamiento frío y descriptivo, separando cada parte para ser examinada individualmente. Los miranhas son así expuestos a la consideración científica del ojo europeo. Hablando de las enfermedades venéreas dice: "estas dolencias son especialmentente de las poblaciones tropicales, los nómades, los cazadores, los enemigos de la civilicación europea".[18]

Un objeto extraído de su contexto histórico y social, modestas entidades de un renovado laboratorio científico.[19] Como las diferentes especies de árboles, los especímenes tribales son desculturizados a través de los procedimientos de identificación, clasificación y encasillamiento. De igual forma, los artefactos culturales tales como arcos, vasijas, ornamentos también son separados de sus entornos. Este procedimiento sirve menos para proveer evidencia de identidad de culturas foráneas que para ilustrar lo que se creía un pasado remoto universal.[20]

El proyecto clasificatorio europeo impuso un orden disciplinar para el resto del mundo, entendido como un caos sobre el cual los científicos producen una jerarquización, una ubicación de cada especie del planeta, extrayéndolas de su ambiente (el caos) y fijándolas en el lugar que un sistema racional y científico les otorga (el orden). Un proceso que forma parte de la legitimidad de la autoridad europea. Los naturalistas son expertos y sus presunciones prevalecen como discurso científico, una mirada particular que constituye y es constituida en la fundación de las categorías del conocimiento europeo. Así lo sintetiza Lloyd en la 'nota del traductor' de la versión inglesa ya mencionada del texto de Martius:

> El objetivo de su misión estaba cumplido; se había atravesado el continente desde los 24 grados de latitud sur hasta el Ecuador y por debajo de la línea, desde Pará hasta la frontera oriental de Perú; se había adquirido una increíble diversidad de tesoros naturales y de curiosa información ... Las colecciones han llegado sin contratiempos y en perfecto estado de conservación a Munich, donde Su Majestad el Rey de Baviera ha dispuesto organizarlas científicamente, de acuerdo con las diversas divisiones de los reinos animal, vegetal y mineral en un noble edificio que lleva el acertado nombre de Museo Brasileño, del cual se ha nombrado con toda justicia curadores a los infatigables viajeros a quienes debe su existencia.[21]

La descripción y la clasificación de los diferentes grupos étnicos, además de enfatizar las diferencias, organiza familias que obviamente conducen a una jerarquización racial:

---

[18] Karl Freidrich von Martius, *Natureza, doenças, medicina e remédios dos índios brasileiros (1844)*. Traducción, prefacio y notas de Pirajá Da Siva. 2da. edición (San Pablo, Companhia Editora Nacional, 1979): p.116.

[19] Mary Louise Pratt, *Imperial Eyes...*, p. 126.

[20] Anthony Padgen, *European Encounters with the New World* (New Haven, Yale University Press, 1933): p. 33.

[21] J. B. von Spix y C. F. von Martius, *Travel in Brazil...*, p. XIII-XIV.

Las características fisonómicas de las razas mongol, caucásica, malaya y americana se combinan entre sí mediante tantos matices que nos sentimos involuntariamente inclinados a considerar un tipo común fundamental de todas ellas, en oposición a la etíope.[22]

Martius promueve el retorno al teatro anatómico. Cuando describe a los puris, coropós y coroados ejerce una forma de escrutinio de su grado evolutivo. Ciertamente el "negro" como conjunto ocupa el último rango. Se halla en los bordes de la humanidad, por debajo de cualquier otro grupo, el punto más distante –y diferente– de la raza caucásica. Para Martius, los indígenas, por virtud de su apariencia, se encuentran en un peldaño apenas superior. Si el viaje exploratorio se organiza desde el movimiento y la estación, éste es el *momentum* del segundo de los términos:

Se despiertan dos sentimientos muy diferentes en el observador cuando contempla a los hijos de África ... por una parte observa con alegría los vestigios de humanidad que gradualmente se desarrollan en el negro por su relación con los blancos; en tanto, por otra parte, no puede menos que lamentar que se requirieran medios tan crueles, tan contrarios a los derechos de la humanidad como la trata de esclavos para proporcionar a esa infortunada raza, degradada incluso en su propio país de origen la primera escuela de educación moral.[23]

El mestizaje fue otra de las obsesiones de los europeos. La teoría de Martius sostenía que sólo después de haber establecido un juicio cierto sobre la naturaleza primitiva de los autóctonos brasileños, y para esto era imprescindible considerar sus manifestaciones exteriores, era posible mostrar cómo se va formando su estado moral y físico a través de sus relaciones con otros pueblos.[24] Diferentes nomenclaturas se aplican para designar cada combinación. Los europeos cultos utilizaban los términos tercerones, quarterones, quinterones. Estas denominaciones ilustran el proceso de jerarquización rígido. Pero para él las características raciales no resultan inalterables. Están vinculadas a distintos estadios evolutivos y pueden desaparecer en contacto con factores civilizatorios, tales como la religión, la educación o la mera influencia del mundo civilizado. Los macuanis, por ejemplo, eran un grupo nativo apto para ser utilizado por los europeos para la plantación de árboles y para enfrentar militarmente a otros indígenas. Según Martius, este grado evolutivo avanzado, y que se refleja en sus fisonomías, se debe al roce positivo con el europeo. Les imagina un parentesco caucásico: "casi hermosos debido a su constitución blanca, finas extremidades, cuello largo y labios angostos".[25]

Una recurrente referencia a la belleza revela que el valor estético se constituye como un criterio importante en el sistema clasificatorio. Una apariencia cercana a los rasgos

---

[22] *Ibid.*, p. 278.
[23] *Ibid.*, p. 177.
[24] C. F. P. de Martius, "Como se debe escrever a Historia do Brasil", *Revista Trimensal de Historia e Geographia ou Jornal do Instituto Historico e Geographico Brasileiro*, n. 24, enero de 1845: pp. 389-411.
[25] Johann B. von Spix y Carl F. P. von Martius, *Reise in Brasilien*, p. 1206.

caucásicos otorga una constitución más civilizada y por lo tanto familiar. La ausencia de barba, símbolo de virilidad y sabiduría, fue vista como inferioridad y degeneración. Sus descripciones son minuciosas, obsesivas, condenatorias... las moldea un simulacro de "feminización":[26]

> Los tupis eran, como los actuales americanos, de un color gris bronceado y no tenían pelo en el cuerpo; sus cabellos eran negros y brillantes, cortados en forma de corona del mismo modo que los botocudos; llevaban los labios pasados y guarnecidos de anillos, el cuerpo pintado con el fruto de janipaba, la cabeza adornada con plumas de aves, azules, encarnadas y amarillas, y el cuello recargado de sartas de diferentes granos. Tanto los hombres como las mujeres iban siempre desnudos y se arrancaban las pestañas, diferenciándose solamente en que las mujeres se dejaban crecer la cabellera, se prendían de las orejas algunos mariscos largos y redondos, se pintaban con mucho cuidado la cara y el cuerpo y llevaban un brazalete hecho de pedacitos de hueso blanco en forma de escama.[27]

El juicio racialista se entrecruza con el de género en el discurso de la sexualidad, construido sobre la condición inferior de la mujer y de los no europeos. Toda diferencia es expresión de un universo emocional regulado por la naturaleza. Martius enfatiza

Escena de la travesía de Von Martius. Posta con mineros.
(Extraído de *Viagem pelo Brasil*, de Spix y Von Martius, 1817-1820.)

---

[26] Londa Schiebinger, "The Anatomy of Difference: Race and Sex in Eighteenth Century Science", *Eighteenth-Century Studies*, 23, 4 (1990): pp. 380-399.
[27] En Augusto Saint Hilaire et al., *El Brasil antiguo. Crónica ilustrada...*, pp. 26-27.

los rasgos arcaicos de la sexualidad de los grupos negros y describe los órganos sexuales masculinos utilizando codificación y lenguaje botánicos. Un exagerado tamaño del pene "en estado de excitación permanente" es interpretado como un signo de deseo descontrolado y desviación sexual. Mientras los africanos pueden estar "bien dotados" de "valentía sexual", como indica el tamaño de sus penes, esto ha sido a costa de su desarrollo intelectual. Los europeos, por otro lado, con menos atributos físicos, son capaces de desarrollar habilidades espirituales y mentales que complementan y enriquecen la vida sexual.[28] Esta teoría de la compensación establece cuál grupo es capaz de gobernarse y cuál necesita control. Así en las ilustraciones que combinan afroamericanos y europeos, los rasgos asociados con las desproporciones de los primeros, se enfrentan a figuras compuestas y armónicas de los hombres blancos.

Todos los rasgos de la fisonomía indígena quedan subsumidos en un modelo estereotipado. Esta orientación tipológica de los exploradores-científicos, es una característica esencialista del pensamiento ilustrado: la homogeneización del otro.[29] Mientras que el tipo blanco es diferenciado en rasgos individualmente reconocibles, el otro carece de esta individualidad y por lo tanto de humanidad. De acuerdo con Martius, todos los indígenas se parecen debido a "la ausencia de cultura y civilización". Las expresiones de sus rostros contienen elementos humanos, pero por falta de estímulo, en estado latente. Los puris lucen diferentes de los hombres de Neanderthal, y esto los relega indudablemente a la prehumanización. Se paran en la misma postura, la pierna derecha hacia delante, los brazos casi colgados, arrastrándose y con los hijos a sus espaldas. De la misma forma Humboldt observaba a los chaymas: "He observado que es la cultura la que contribuye a la diversidad de los caracteres. Las naciones bárbaras tienen más la fisonomía de una tribu u horda que una peculiar o individual".[30]

Los tatuajes y otras marcas en el cuerpo (narices quebradas u orejas alargadas) son descriptos por Martius como la confirmación de la falta de identidad en las comunidades no europeas. Este tipo de identificación es propio del mundo natural y son fácilmente reconocidas entre las especies animales: "bestiario de maneras reptiles, pestilencias de olores, brutalidad en los gestos".[31]

Las diferencias son también entendidas como patologías que hacen del otro una aberración de lo normal. El otro es juzgado no por su propia especificidad, sino en oposición: un campo de binomios entre blanco y negro, bien y mal, superioridad e inferioridad, civilización y barbarie, inteligencia y emoción, racionalidad y sensualidad, sujeto y objeto. Martius construye a sus "indígenas" como ejemplos negativos, los organiza en un verdadero catálogo de "inmoralidades" (pereza, ignorancia, debilidad) enfrentados

---

[28] Johann B. von Spix y Carl F. P. von Martius, *Reise in Brasilien*, p. 259.
[29] Nancy Stepan, *The Idea of Race in Science: Great Britain 1800-1960* (Londres, Macmillan, 1982): p. XVIII.
[30] Alexander von Humboldt, *Personal Narrative of Travels to the Equinoccial Regions of the New Continent*. Traducción Helen María Williams (Londres, 1822). Vol. 3, p. 227.
[31] Johann B. von Spix y Carl F. P. von Martius, *Reise in Brasilien*, p. 1279.

a las virtudes de la sociedad burguesa. Un *habitus* que los condena a una vida guiada por la "indolencia, irracionalidad e indiferencia moral".[32]

Esta composición de 'maneras y costumbres' coloca al indígena en una categoría colectiva que desculturaliza sus prácticas y elimina toda información histórica (lenguaje y experiencia) acerca del encuentro. La neutralidad de lo temporal de las descripciones es una estrategia favorita de estos antropólogos pioneros, un desplazamiento de los tiempos reales de constitución de los discursos. Un anacronismo ("temibles hordas salvajes con cuadros cíclicos, que sólo la barbarie más completa puede autorizar"), que priva al otro de todo intercambio. El mundo del otro es una fotografía inmóvil de un pasado natural.[33]

Martius concluye que los amerindios son una "raza inferior" en un rango similar a los pueblos del Este y por lo tanto con pocas posibilidades de integrar en plenitud la especie humana. Camino a San Pablo describe, ordena, remata ... :

> Si los indígenas que en la actualidad habitan en Aldea do Escada, ... fueran descendientes de los goytacazas (robustos, aguerridos y dóciles), esta gradual degeneración de la forma y la fisonomía de los habitantes aborígenes, al grado de deformidad y fealdad por las cuales se destacan en el presente, como consecuencia de una discontinua relación durante algunos siglos con hombres blancos...
> Los cafusos, que son una mezcla de negros e indígenas. Su apariencia externa es una de las más extrañas que pueden encontrar los europeos. Son esbeltos y musculosos; los pies, por el contrario, son débiles; su color es un cobrizo oscuro o marrón café; sus facciones tienen más de etíope que de americano. El semblante tiene forma oval con mejillas altas; la nariz es ancha y aplanada; la boca, ancha con labios gruesos aunque uniformes; ... si bien son un tanto oblicuos, aunque no demasiado protuberantes. No obstante, aquello que otorga a estos mestizos una apariencia peculiarmente llamativa es la excesiva longitud de su cabellera que, especialmente en el extremo, está ligeramente ondulada y tiesa casi en forma perpendicular desde la frente hasta una altura de un pie [30 cm], por lo que forma una prodigiosa y muy fea especie de peluca.[34]

Martius vio un Brasil colonizado y civilizado. También un país grotesto y salvaje, de riquezas inconmensurales y fronteras abiertas, de regiones despobladas y silenciosas selvas tropicales.[35] Su discurso "de mejoramiento" envuelve todas las fantasías eurocentristas de dominación y apropiación, y expresa magistralmente parte de la naturaleza del relato de la exploración científica e ilustrada de la expansión capitalista.

---

[32] Ibid., pp. 377-78.
[33] Martius no ahorra calificativos peyorativos para describir a los aborígenes. Una verdadera colección de ellos en C. F. P. von Martius, *Glossaria Linguarum Brasiliensium* (Erlangen, Druck von Junge & Sohn, 1863). Se trata de una estrategia de construcción del objeto antropológico propia del pensamiento ilustrado. Johannes Fabian, *Time and the Other...*, p. 32.
[34] Johann B. von Spix y Carl F. P. von Martius, *Travel in Brazil...*, pp. 321-324.
[35] Johann B. von Spix y Carl F. P. von Martius, *Reise in Brasilien*, p. 1363.

Capítulo V

Charles Darwin, intrépido

El viaje es parte de la exploración de las fronteras y de lo que está más allá de sí mismas, un camino de acceso a un pensamiento nuevo. El experimentador, a través de sus percepciones, es también experimentado. Está dentro y fuera del mismo campo de batalla, debe separar sus impresiones, distanciarlas de imágenes, fórmulas... creando, estetizando, domesticando los hilos del proceso de alterización. Es el autor del tiempo, del espacio, del movimiento. Rasgos vitales de la narrativa de la dominación europea y de la historia marítima y territorial del movimiento de frontera y conquista del capitalismo.[1] Una narrativa que también es además la expresión del accidente, de una moral de la experiencia.

Humboldt había impreso en sus textos romanticismo, juego estético y humanismo, en una invocación a la coherencia, el orden, la asociación y simplicidad que ponía en acción toda la magia de la mentalidad científica previctoriana.[2] Su método de reconocimiento contenía la fórmula secreta del balance entre la precisión empírica y el relato. Charles Darwin desplegó estas proposiciones a través del uso de un estilo casi poético del diario, su popular *Researches*. Se abre a la tarea de reconstruir imágenes de la naturaleza: *ut pictura poiesis*. El mismo Humboldt llegará a gratificarse con este pasaje:

> Quién, al examinar el gabinete del entomólogo, las alegres mariposas exóticas y las singulares cigarras, asociará con estos objetos la incesante música áspera de las últimas y el

---

[1] Philip Curtis, *The World & the West. The European Challenge and the Overseas Response in the Age of Empire* (Cambridge, Cambridge University Press, 2000): Prefacio.
[2] W. H. Brock, "Humboldt and the British: A Note on the Character of British Science", *Annals of Science* 50 (1993): pp. 365-372. A pesar de cierta crítica negativa, sobre todo de la *Quarterly Review*, Humboldt inicia en Inglaterra en 1830 una cruzada por la ciencia que termina con la creación de una sección especial de la British Association for the Advancement of Science (BAAS), con lo cual logra un reconocimiento definitivo.

perezoso vuelo de las primeras, los constantes acompañamientos del quieto y radiante mediodía de los trópicos.[3]

Sin embargo, la asociación de Darwin se confunde con el dogma del creacionismo. A mí me interesa más la figura de un científico obsesivo por los hechos y las teorías especulativas y su relato como experiencia de viaje, un clásico de la pasión exploradora. Es esto mismo lo que trataremos de analizar.[4]

El tímido aire de desafío en torno a la partida del *Beagle* tardó mucho en convertirse en un huracán teórico. Fue recién en 1859 cuando apareció *On the Origin of Species by Means of Natural Selection* (más de 23 años después de la culminación de su vuelta al globo), y aun más tarde *The Preservation of Favored Races in the Struggle for Live*. El Darwin naturalista fue el producto de tales circunstancias y de su enamoramiento por los códigos de un tipo de representación nómade ya anunciada por Humboldt.[5]

La temprana y esperada publicación de *The Voyage* en 1839 confirma la centralidad que va adquiriendo el género. En la introducción de la edición preparada por la National History Library, Leonard Engel dice: "en términos de influencia sobre la perspectiva del hombre moderno acerca del mundo, ninguna expedición posterior a la de Colón iguala al viaje que se describe en este libro".[6] Fue crucial la importancia del viaje en el

---

[3] Charles Darwin, *Journal of Researches* (Londres, John Murray, 1839): p. 394. Este texto fue modificado en la segunda edición. Véase la carta de Humboldt del 18 de septiembre de 1839. Paul Barrat y Alain Coreos, "A Letter from Alexander Humboldt to Charles Darwin", *Journal History of Medicine* 27 (1972): pp. 159-172.

[4] Me interesa más el Darwin que viaja en el inicio de la formulación de sus grandes teorías. De hecho pasará mucho tiempo hasta que se hagan visibles las primeras evidencias de sus ideas sobre la mutabilidad de las especies. Las mismas aparecen en notas personales del 28 de septiembre de 1838, y fueron presentadas en público por primera vez en una reunión de la Linnean Society llevada a cabo el 1º de julio de 1858, casi veinte años después. J. W. T. Moody, "The reading of the Darwin-Wallace papers: an historical 'non-event' ". *Journal of the Society for the Bibliography of Natural History*, vol. 5 (1971): pp. 474-476.

[5] Antes de la aparición del libro de Darwin, el público británico tenía algún conocimiento de la teoría de la evolución, también llamada de la "transmutación", por un popular y fantástico texto anónimo (se trataba de Robert Chambers, hermano del editor de *Chamber's Journal*) publicado en 1844 y titulado *Vestiges of the Natural History of Creation*. Varias veces reeditado (hasta 1860), llegó a vender cerca de 25.000 copias. *Origin of Species* fue publicado el 24 de noviembre de 1859. La primera edición de 1250 copias se agotó el día de su aparición. Una segunda edición de 3000 ejemplares tuvo que hacerse de urgencia y colocarse en las librerías para enero del siguiente año. Un éxito remarcable para un libro de más de 500 páginas y no demasiadas ilustraciones. La reacción de la crítica fue mixta. Admiración por la ingenuidad de la teoría y excitación por los alcances de sus postulados. El semanario literario más importante por entonces, el *Athenaeum*, fue violentamente hostil. Haciendo gala de un conservadurismo poco disimulado fustigó el tono categórico de la atrevida teoría. Pero la gran mayoría de las publicaciones científicas acogieron con agrado las extravagancias de la cadena evolutiva. Alvar Allegård, *Darwin and the General Reader. The Reception of Darwins's Theory of Evolution in the British Periodical Press, 1859-1872* (Gotemburgo, Göteborg Universitets Arsskrift, 1958): pp. 11 y ss.

[6] The *Voyage of the Beagle* (Nueva York, Anchor, 1962): p. ix. Pero no era sólo novedad. También la verificación de algunas teorías. Una de las tareas más importantes que debía realizarse durante

desarrollo de la teoría de la evolución. Sin esa experiencia poco podría haber hecho Darwin para desentenderse del creacionismo y el lamarkismo que dominaban todavía las concepciones sobre la creación.

Se trató del despliegue eficaz de un modelo de práctica científica que se inicia con la observación. De hecho, Darwin no fue evolucionista sino hasta bastante tiempo después de su regreso a Londres. Fue en su escritorio donde pudo analizar, revisar y consultar sus memorias, sus ideas y sus especímenes.

Desde la Ilustración, la filosofía natural había comenzado a reemplazar la superstición por la racionalidad, los discursos tradicionales por las proposiciones verificables, las verdades eternas por las indagaciones. La comprobación de la observación, experimentación y práctica eran las herramientas de una eventual victoria del "hombre de conocimiento", en la memorable frase de Bacon: *Merchant of ligth*.

En las primeras décadas del siglo XIX, los naturalistas incluyeron tres conceptos fundamentales: un modelo objetivo y universal de ciencia; la distinción entre conocimiento y creencia, y una fe en la ciencia como motor de progreso civilizatorio.[7] Los textos de Humboldt ofrecieron un panorama atractivo de América imposible de obviar, y desde entonces el continente se convirtió en otra de las obsesiones de los viajeros y aprendices de naturalistas.

El equipaje de ese joven estudiante de Cambridge e improvisado nauta es modesto. Conforme a la estrechez del bergantín: vestido, libros para continuar su aprendizaje del castellano, microscopio nuevo, un par de pistolas, rifle y sus talismanes. Jamás se desprenderá del *Lost Paradise* de Milton, del ejemplar de *Principles of Geology* que a última hora le había entregado el profesor Charles Lyell, ni tampoco, por supuesto, de los diarios de Humboldt.[8]

En el ambiente domina la ética victoriana a favor de una práctica científica colectiva. A su manera, una cruzada del saber sobre la religión. Florecían por entonces clubes, escuelas técnicas y bibliotecas públicas que cumplieron, para una demanda cada

---

el viaje fue la corroboración de la teoría de Whewell sobre el equilibrio interoceánico de las mareas, un tema fundamental para la navegación. Cuando *The Beagle* regresó en 1836, Fitz Roy desarrolló en el *Geographical Journal* sus dudas al respecto: "Me animaré a decir que, a pesar de que las mareas del Atlántico están causadas principalmente por la proveniente del Océano del Sur, no tiene poca dificultad reconciliar este hecho con los fenómenos de las costas de Brasil, Ascensión y Guinea, y en la boca del gran Río de la Plata no hay casi marea". Robert Fitz Roy, "Sketch of the surveying voyages of H.M.S. Adventure and Beagle, 1825-1836", *Geographical Journal*, vol. 6, 1836, pp. 311-343. Los progresos en materia oceanográfica hasta su establecimiento como disciplina científica son desarrollados en el ya clásico libro de Margaret Deacon, *Scientist and the Sea 1650-1900. A Study of Marine Science* (Londres. Ashgate, 1971).

[7] Roy MacLeod, *The "Creed of Science" in Victorian England* (Aldershot, Ashgate, 2000): p. x.
[8] Darwin tuvo que ajustarse a los estrictos reglamentos de las ordenanzas gremiales de navegación, que fijaban la abolición de ganancias a riesgo del negocio, salario, las condiciones de trabajo y sus derechos y obligaciones, además de inscribirse en la matrícula de mar, que ofrecía algunos privilegios a cambio del servicio en la Armada.

vez más extendida, la tarea que las sociedades científicas y literarias desarrollaron para las élites, y la decodificación del conocimiento científico.[9]

Los nuevos descubrimientos operaron como plataforma de redes de creación e imaginación científicas. Así lo demuestra la gran cantidad de cartas que Darwin escribió desde 1854 hasta el envío a Charles Lyell del *abstract* de su ensayo "El origen de las especies y variaciones a través de la selección natural", el 28 de marzo de 1859. En busca de opiniones sobre su teoría de la mutalibilidad de las especies, decía:

> Quiero ofrecerle algunas evidencias de lo que nosotros creemos acerca de cómo los grupos se convierten en anómalos o aberrantes. Y entiendo que algún tipo de prueba se requiere; desde mi perspectiva no creo que muchos naturalistas podrían admitir nuestro punto de vista.[10]

> No recuerdo si le he mencionado que el objeto de mi presente trabajo es ... saber hasta qué punto se está a favor o en contra de la noción de que las especies salvajes son mutables o inmutables... Tengo un número importante de personas que me ayudan de muchas maneras, y me ofrecen la más valiosa asistencia; pero a menudo dudo si el asunto no me sobrepasa.[11]

> Como no soy un botánico, parecerá muy absurdo hacerle preguntas sobre cuestiones botánicas, con esta premisa he estado durante muchos años juntando hechos que aseveren mi idea de la 'variación', y cuando he encontrado que esta teoría general funciona bien para los animales, trato ahora de verificarla en las plantas.[12]

> Cuando analizo el 'principio de la divergencia' que, con el de la 'selección natural', son piezas clave de mi libro, siento una gran confianza al ver como lucen.[13]

Pero los viajeros modernos de comienzos del siglo XIX, como Darwin, fueron mucho más que un instrumento de compilación y clasificación de formas específicas de información sobre la naturaleza y las sociedades humanas. La época es testigo de un cambio del discurso exploratorio. La voz personal y las reflexiones autoconscientes

---

[9] Es famosa una expresión de Samuel Johnson que dice que Inglaterra pasó de ser una nación de tenderos a ser una nación de lectores. Los relatos de viaje fueron textos centrales de la creciente profesión literaria estimulada por la cultura burguesa. Brian Dolan, *Exploring European Frontiers. British Travellers in the Age of Enlightenment* (Londres, MacMillan Press, 2000): p.11.

[10] Carta a A. D. Hooker, 11 de diciembre de 1854 (traducción propia). *Charles Darwin's Letters. A Selection 1825-1859*. Edited by Frederich Burkhardt (Cambridge, Canto, 1998): p. 133.

[11] Carta a W. Q. D. Fox, 27 de marzo de 1855. *Ibid.*, p. 136.

[12] Carta a Asa Gray, 25 de abril de 1855. *Ibid.*, p. 138.

[13] Carta a J. D. Hooker, 8 de junio de 1858. *Ibid.*, p. 188.

[14] Para muchos especialistas el punto de ruptura lo producen los viajes, relatos y colecciones de Edward Daniel Clarke (1769-1822). Un abanderado, desde los claustros de Cambridge, de los beneficios del viaje para la promoción de las artes y las ciencias. Entre sus notables textos sobresale el extraordinario *Travels in Various Countries of Europe, Asia, and Africa*, 6 vols. (Londres,

marcan su nuevo carácter.[14] *The Voyage* insiste en una perspectiva que reubica la representación y la práctica del viaje en la matriz de un movimiento de expansión. Las motivaciones del viaje de circunnavegación del *Beagle* eran científicas, sin embargo, la empresa no se limita a tales intereses, constituyéndose en torno al protagonismo de un sujeto viajero narrador.

Alentado por la experiencia inmediata, la narrativa de Darwin se apoya en la estructura del diario. Humboldt ya había señalado sus ventajas para la descripción precisa del acto exploratorio. Sus diarios habían ofrecido un cientificismo de tipo holístico, un dispositivo taxonómico sin precedentes en la tarea de observar y representar las estructuras geológicas, climas, vegetación, fauna, comunidades humanas, lenguas y culturas. Habían plasmado la representación de la observación empírica al servicio de la inquisición científica y del recurso estético, un método de trabajo totalmente asumido por Darwin.[15]

Como estudiante de la Universidad de Cambridge, hijo de una familia burguesa de buena posición y amante de la historia natural, Darwin se perfila, hacia 1830, como un joven victoriano con aspiraciones de convertirse en miembro de la Real Academia de Ciencias. Por entonces, Fitz Roy, capitán del *Beagle*, permitía al reclutarlo el primer gran paso de su carrera. Una vez abonados su pasaje y gastos de viaje, se convierte en su acompañante en el largo trayecto alrededor del mundo.

Sobre su vocación científica existía un antecedente familiar. Erasmus Darwin, su abuelo, había dejado como legado dos libros: *The Botanic Garden* y *Zoonomia*. Sin embargo, el padre de Charles, un hombre conservador, pragmático y demasiado religioso, abjuró de tales disposiciones intelectuales. De sus mediocres días escolares Darwin sólo recordará la lectura de Byron y Shakespeare. Y fue *Wonder of the World,* confesaría años más tarde, la fuente de inspiración de su profundo deseo de viajar.[16]

Luego de una experiencia frustrada en la Universidad de Edimburgo, Darwin se pone en contacto con pequeñas sociedades y clubes de ciencias contrariando la voluntad familiar de convertirse en médico. Envía por entonces, su primer trabajo "On the ova of *Flustra*" a la reconocida Plinian Society. Viaja por Escocia (Dundee y Stirling), Irlanda (Belfast y Dublín) y finalmente conoce Londres. Hace su primera visita continental a París en compañía de su tío Josiah Wedgwood, Jos. Ya graduado en *Divinity* en Cambridge, conoce a J. S. Henslow, profesor de botánica y su futuro mentor. Se trata de un hombre profundamente creyente y científico destacado en botánica, entomología, química, mineralogía y zoología. Darwin deja Cambridge en la primavera de 1831. Henslow lo recibe en su casa e insiste en que acompañe a un amigo suyo, el profesor Adam

---

1810-1823). Además de proporcionarle 7000 libras de honorarios, la base documental para el libro conformada por más de 76 cajas de notas, documentos oficiales, manuscritos medievales, mapas, muestras de minerales y piezas de arte era una verdadera fortuna.

[15] Janet Browne, *Charles Darwin: Voyaging* (Londres, J. Cape, 1995): Introducción.
[16] Julian Huxley y H. B. D. Kettlewell, *Charles Darwin and his World* (Londres, Thames and Hudson, 1965): p. 10.

Sedgwick en una excursión geológica por el norte de Gales. Darwin ya sabía de la importancia de "las observaciones prolongadas y continuas" y ahora adquiría de Sedgwick la convicción de que "la ciencia consistía en agrupar hechos de tal forma que las leyes generales o conclusiones pudiesen apoyarse".

A sus manos llegaba *Personal Narrative*. La idea de viajar a Tenerife se hace fuerte. Planifica el viaje, pide lugar en bergantines y comienza a estudiar castellano. El 24 de agosto de ese año, Henslow le escribe comunicándole la petición del capitán Robert Fitz Roy transmitida por la Marina Real a la Universidad de Cambridge, que anunciaba la búsqueda de un naturalista joven:

> ... a ceder parte de su propia cabina a algún joven que se ofreciera como voluntario para acompañarlo sin recibir paga como naturalista en el viaje del Beagle ... He manifestado que lo considero la persona mejor calificada que conozco para asumir semejante puesto. Afirmo lo antedicho sin presuponer que es usted un naturalista experimentado, sino alguien ampliamente capacitado para recolectar, observar y tomar notas de todo aquello que valga la pena documentar acerca de Historia Natural... No interponga dudas o temores triviales acerca de su capacidad porque le aseguro que creo que es usted precisamente el hombre que están buscando.[17]

Su "segunda vida comenzaba". Así lo dice en una carta dirigida al capitán Fitz Roy, el 17 de octubre. Charles Darwin dejaba Inglaterra como naturalista del *Beagle* sin credenciales científicas pero con algunas destrezas. Sabía disecar aves, coleccionar fósiles, clasificar rocas y atrapar escarabajos. Durante los cinco años siguientes viajará alrededor del mundo, aislado de su civilización excepto por el contacto ocasional de la correspondencia, influenciado por su entorno, esa pequeña cabina, una tripulación tosca, algunos libros y toda la imaginación que producía un itinerario hacia lo desconocido. Mientras el mal tiempo los retenía anclados en Devonport, Darwin soñaba su rutina.

Una de las grandes desventajas del viaje era, sin duda, el limitado personal del *Beagle*. Además de Fitz Roy, un aristócrata bastardo, descendiente de Carlos II, de personalidad taciturna y cuatro años mayor que Darwin, la tripulación estaba integrada por Philip King, *midshipman*, Augustus Earle, *draughtsman*, ambos compañeros de cuarto de Darwin durante su estancia en Río de Janerio; Charles Musters, voluntario de primera, John Lort Stokes y Bartholomew James Sullivan, los dos últimos destinados a convertirse en almirantes, y Simms Covington, cadete, quien a partir del segundo año de navegación fue asistente de Darwin a cambio de 60 libras anuales pagados por su padre. A él le asignaría la tarea de cazar pájaros, replicando el ejemplo de Charles Waterton y su "negro" en Edimburgo:

---

[17] *Ibid.*, p. 18.

Ahora realizaré una magnífica colección de aves y cuadrúpedos que antes demandaba demasiado tiempo. Durante los dos primeros años, mi antigua pasión por la caza sobrevivió en casi toda su intensidad y les disparé a todos los pájaros y animales de mi colección, pero poco a poco fui dejando de lado mi escopeta y finalmente se la entregué a mi sirviente debido a que la caza interfería con mi trabajo.[18]

Hubo además otros tres personajes a bordo: Fuegia Basket, York Minster y Jemmy Button, acompañados por el joven e iluminado catequista llamado Richard Mattheus. Resulta curioso que Darwin sólo esporádicamente se refiriese a ellos en sus notas. Estos tres fueguinos habían sido tomados como rehenes por Fitz Roy en su viaje anterior en 1829, en castigo por la desaparición de sus botes. Entonces, el capitán, inspirado en su vocación religiosa, decidió tomar a los "salvajes" y llevarlos a Inglaterra para ser educados en los principios cristianos y las buenas costumbres. Fuegia y York se habían casado. Uno de los objetivos del viaje fue devolverlos a sus pueblos originales en Tierra del Fuego.[19]

Durante el viaje se produce la lenta metamorfosis de las concepciones científicas de Darwin, y aumentan sus especulaciones en torno al valor de los fósiles como evidencia de la relación de las especies existentes con las del pasado. Se iba convenciendo definitivamente de la importancia de la localización geográfica de las especies y de la probabilidad de la evolución por medio de la selección natural.

En los primeros tramos no siente otra cosa que profundos mareos y náuseas. La Bahía de Biscay y el Cabo Finisterre son recordados como "verdaderos infiernos", sólo disimulados por la lectura de Humboldt.[20] Llega a Tenerife el 6 de enero alrededor de las 11 de la mañana. Un desembarco hubiera atenuado el espanto, pero el cónsul declara rigurosa cuarentena. Darwin recién comienza su trabajo al sur de las Canarias. Diseña un instrumento para la colección de plancton, una ingeniosa bolsa de cuatro pies de profundidad sostenida por un lazo. Así va recogiendo cientos de especies diminutas:

Muchos ... que se encuentran tan bajo en la escala de la Naturaleza son notablemente exquisitos en su forma y riqueza de colores. Se crea una sensación de maravilla ante el hecho de que tanta belleza se haya creado aparentemente con un propósito tan insignificante.[21]

---

[18] Notas de su diario del 3 de julio de 1833. *The Beagle Record. Selections from the original pictorial records and written account of the voyage of H. M. S. Beagle* (Cambridge, Cambridge University Press, 1979): Sección 1833, sin numeración.

[19] Resulta difícil, a partir de la parquedad de los escritos de Darwin, aceptar la versión del impacto de este encuentro tal cual fue sostenida en el texto clásico de Richard Lee Marks, *Three Men of the Beagle* (Nueva York, Knopf, 1991).

[20] El mismo Darwin reconoce en estos episodios el origen de su trastorno de pánico. Para él "incómodas palpitaciones del corazón" que lo acompañarán por el resto de su vida.

[21] *The Beagle Record...*, Sección 1832, sin numeración.

El 16 de enero tocan las costas tropicales de la isla de St. Jago, en Cabo Verde. Recoge rocas volcánicas, insectos y flores en un "día glorioso". Es aquí donde a la edad de 23 años produce su teoría acerca del efecto de la lava líquida sobre las conchas y corales oceánicos. El día 17 cruza el Ecuador con gran ceremonia en la cubierta. Diez días después pisaban por primera vez suelo sudamericano. En Bahía declara "estamos observando un caos de placer". El impacto de Brasil sobre Darwin fue enorme. Se dirigen a Río, y allí junto a Earle y King hará base en Botafogo durante los meses siguientes. Parte de la tripulación se enferma e incluso tres mueren a causa de fiebres, entre ellos Musters. A pesar de los riesgos Darwin baja y decide recorrer a caballo los alrededores, galopa durante 20 días. Su rutina consistía en coleccionar en días alternativos, mientras que los intervalos eran dispuestos para ordenar y clasificar los especímenes. Por las noches, lectura. Despacha de tanto en tanto a Inglaterra algunas de sus colecciones de fósiles. Sus envíos eran arbitrarios. Se propuso capturar muestras de todo orden. Entusiasmado, llega a recoger en un par de jornadas 68 especies de coleópteros y 37 de arácnidos.

El 5 de julio de 1832 zarpa con destino a Montevideo. Tres semanas bordeando el continente le darían tiempo necesario para analizar y organizar sus muestras. Época de revoluciones en el Río de la Plata, se dirigen a Buenos Aires. En la Argentina son "ridículamente atacados" por error, lo que Darwin consideró un insulto a la bandera real. El mal tiempo los desvía a Bahía Blanca. Darwin pone pie en la Patagonia, el "lugar más desolado que ha conocido en toda su vida". Allí observa los métodos nativos de caza de avestruces con boleadoras ("bolas") y descubre restos fósiles de oso (*Megatheriun*), de "tamaño semejante a un rinoceronte" y de gigantescos armadillos (*Glyptodonts*).

De regreso a Montevideo, Darwin recibe correspondencia de Londres; entre los despachos se encontraba un segundo volumen del libro de Lyell. Zarpa nuevamente para Buenos Aires. Visita el pobre museo de la ciudad y se deleita, casi vulgarmente, con la belleza de la mujer porteña, a quien sigue llamando "española". Le escribe a su hermana Caroline en noviembre de 1832:

> Nuestro principal entretenimiento consistía en salir de paseo y admirar a las damas españolas. Luego de contemplar a estos ángeles que se deslizaban por la calle, protestábamos involuntariamente: ¡Qué tontas son las inglesas, no saben caminar ni vestirse! Lo lamento por todas ustedes. A toda vuestra tribu le vendría muy bien darse una vuelta por Buenos Aires.[22]

El *Beagle* se abastece en Montevideo, mientras Darwin envía más muestras geológicas a Inglaterra. Sale rumbo a Tierra del Fuego el 26 de noviembre. Luego de tres semanas tormentosas llega a la isla. Uno de los objetivos de la expedición era el retorno de los tres fueguinos. La Sociedad Misionera había hecho una donación de semillas y equipamiento a fin de poder desarrollar tareas agrícolas con los nativos bajo la dirección del reverendo Richard Matthews. Darwin, escéptico con el proyecto, comenta la

---

[22] Fragmento de la carta, en Julian Huxley y H. B. D. Kettlewell, *Charles Darwin and his World...*, p. 31.

inutilidad de algunos artículos obsequiados, entre ellos, cubiertos, telas finas, sombreros y un juego de copas de cristal.

Sus primeras observaciones sobre los nativos hacen referencia al lenguaje "que no merece llamarse articulado", sus chozas (*wigwans*), su desnudez, extraordinaria para tales latitudes (55° Sur), y su vida nómade como pescadores. Recién el 3 de enero de 1833 el *Beagle* logra un lugar seguro donde guarecerse. Los fueguinos y el misionero desembarcan. Inmediatamente pierden todas las pertenencias, lo que para Darwin, "consumaba el fracaso definitivo del experimento".[23] El *Beagle* retorna al Río de la Plata para pasar allí el invierno. Darwin fija residencia en Maldonado. Durante casi dos meses colecciona animales y espía a indígenas, gauchos y las tropas de Rosas. Realiza una serie de excursiones: Río Negro, Bahía Blanca y la campaña de Buenos Aires:

> Los indígenas eran araucanos del sur de Chile, varios centenares en número y altamente disciplinados. Primero aparecieron en dos grupos sobre una colina cercana; una vez que desmontaron y se quitaron sus capas, avanzaron desnudos a la carga. La única arma de un indígena es una rama de bambú o chuzo de gran longitud, ornamentada con plumas de avestruz y terminada en una punta de lanza afilada.
> La absoluta quietud de la llanura, los perros que montaban guardia, el gitanesco grupo de gauchos que arman sus camas alrededor del fuego han dejado en mi mente una impronta de la primera noche, que no se borrará pronto.
> Las tribus vagabundas de jinetes indígenas, que siempre han ocupado la mayor parte de esta comarca y que en el último tiempo han hostigado constantemente las remotas estancias, el gobierno de Buenos Ayres equipó hace algún tiempo un ejército bajo el mando del General Rosas con el propósito de exterminarlas. En ese momento las tropas se encontraban acampando a orillas del Colorado ... dejaba tras de sí, a intervalos amplios, una pequeña partida de soldados con una tropilla de caballos (una posta), para contar con la capacidad de mantener comunicación con la capital.[24]

Darwin arriba a Buenos Aires el 20 de septiembre de 1833 y permanece en la casa de un comerciante inglés de apellido Lumb. Una semana después parte hacia Santa Fe. Esta excursión le depara excelentes resultados para su laboratorio de fósiles. Aquí elabora su teoría sobre las ventajas de las sabanas para la vida de las grandes especies animales extinguidas. Fiebres, jaguares, mosquitos y los restos de un nativo colgado de un árbol ("summary justice") forzaron su retorno a Buenos Aires. Como de costumbre para la región, en el medio de otra revolución. Cabalga hasta el río Uruguay y su tribu-

---

[23] Treinta años después, Fuegia Basket, quien durante su cautiverio en Inglaterra había sido presentada a Guillermo IV y a la Reina Adelaida, fue encontrada por misioneros británicos totalmente integrada a su comunidad, mientras que Jemmy Button instigaba una emboscada contra marinos ingleses en la zona del canal.

[24] Charles Darwin, *The Voyage of the Beagle* (Londres, Wordsworth Editions, 1997): cap. IV "Rio Negro to Bahia Blanca", pp. 62 y ss.

tario el río Negro. Organiza un grupo de auxiliares: "un hombre desnudo sobre un caballo sin montura es un espectáculo magnífico; no me hubiera imaginado que los dos animales se complementasen tan bien".[25] El *Beagle* zarpa hacia Puerto Deseado. Llega en vísperas de Navidad. Una vez más visita Tierra del Fuego rumbo al Pacífico atravesando el Estrecho de Magallanes el 12 de mayo de 1834. Llega a Valparaíso a fines de julio, a cuestas más de tres años de expedición. Allí programa el itinerario andino. La salmonela interrumpe el plan. Desde entonces en cada correspondencia expresa su deseo de volver a Europa. En Concepción lo conmociona el violento terremoto del 20 de febrero de 1835. Urgente escribe a su hermana Caroline relatando el drama de una ciudad prácticamente destruida y la necesidad de retomar los estudios sobre sismología. Desde Valparaíso cruza a Mendoza y desde allí a Santiago. Acompañado de diez mulas y algunos arrieros, escala los Andes hasta cerca de los 10.000 [3050 metros] pies de altura. Recuperado de sus dolencias, inicia su expedición más prolongada hacia Copiapó. Por entonces la región andina le había incrementado en 169 especímenes su colección geológica.

Deja Chile rumbo a Perú el 6 de julio. Ya cuarenta y dos meses de travesía. El Perú, atrapado en un conflicto político, es un lugar de paso. Darwin se concentra nuevamente en los corales mientras el *Beagle* se dirige a las Galápagos. Alcanzan destino el 7 de

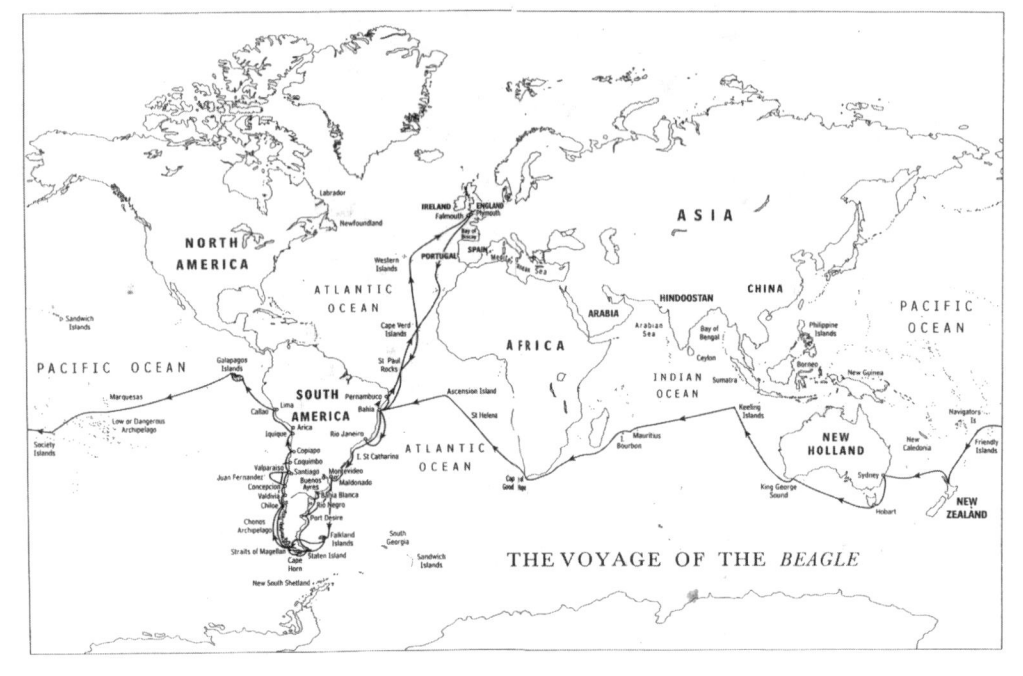

Itinerario del viaje de Darwin.

---

[25] *Ibid.*, p. 121.

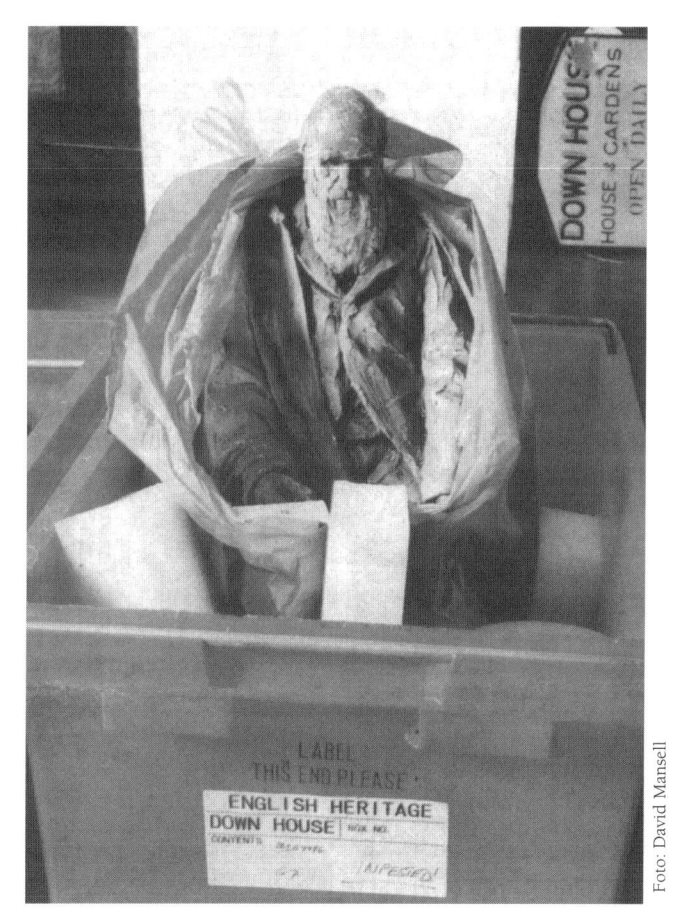

Estatua de Charles Darwin en el taller de restauración. Londres, 1997.

septiembre de 1835. Las enormes tortugas isleñas le devuelven su interés en los sistemas biológicos y provocan las primeras notas de su teoría de la evolución. Cuatro semanas fundamentales de su vida y sus ideas. Luego de diez días de "armonía" en Tahití, alcanzan Nueva Zelanda en la Navidad de 1835. Más allá de sus acostumbrados prejuicios contra los nativos maoríes ("sucios y tramposos"), casi no hay notas de esta visita. El *Beagle* llega a Australia el 12 de enero de 1836. Entra ya en su quinto año de viaje. Camino de regreso vía Mauritania, Cabo de la Buena Esperaza, Santa Helena y las islas Ascensión, Darwin realiza las rutinas acostumbradas. De allí retoman inesperadamente hacia Bahía, se completa la circunnavegación y se ponen en ruta hacia Inglaterra. En su última reflexión como tripulante del *Beagle* exclama: "Mi primer sentimiento fue felicitarme por haber nacido inglés".

Ya en la patria, permanece los primeros tres meses del retorno en Cambridge con su viejo profesor de geología. Darwin coronaba su pasión por la aventura y el conocimiento. Si *The Voyage* ha sido consistentemente popular desde su aparición en 1839, se debe, sin lugar a dudas, a que el joven narrador sostuvo un compromiso de apertura emocional e intelectual frente a las extraordinarias experiencias vividas. El diario permitía al informante que comunicaba sus experiencias un pie de igualdad con los hechos observados y registrados. Pero la atención del joven naturalista también era atraída por una variedad de fenómenos que traspasaron los enigmas de historia natural. Tal conmoción requería de una habilidad especial para transmitir la complejidad de cada circunstancia. En las evocaciones de las maravillas y monstruosidades, de la belleza y lo siniestro, de lo exótico y lo familiar, Darwin logra un inquietante tono de neutralidad:

> El volcán del Aconcagua es especialmente magnífico. Esta masa enorme e irregularmente cónica posee una elevación superior a la del Chimborazo y su altura no es inferior a los 23.000 pies [6900 m]. La cordillera, no obstante, vista desde este punto, debe la mayor parte de su belleza a la atmósfera a través de la cual se la contempla. Cuando el sol se ponía en el Pacífico, era admirable observar con cuánta claridad podían distinguirse sus rugosos contornos y, al mismo tiempo, cuán variados y delicados eran los matices de su colorido.[26]

Toda la exhibición de su talento. Por un lado, el viaje, esa empresa cultural de un tiempo responsable por la verdad, la ciencia y la dominación planetaria. También el entusiasmo y el interés sin límites por casi todos los aspectos del universo creado, orgánico e inorgánico, que convierten a Darwin en un etnógrafo amateur, que se anima incluso a comentarios sobre las diferencias raciales y culturales, y las diversas formas de conductas colectivas y de organización social. Por otro, un narrador que logra contagiar el sentido personal de la experiencia y su compromiso con los acontecimientos en una variedad de emociones que incluyeron la duda, el hastío y el disgusto. Nunca más al 0°, sin calor, ni frío. Claves de su supremacía sobre tantos otros viajes maravillosos:

> Santa Fe es un pueblo tranquilo donde se mantienen la limpieza y el orden. El gobernador, López, era soldado raso en la época de la revolución, pero ha permanecido durante diecisiete años en el poder hasta la fecha. Esta estabilidad de gobierno se debe a sus hábitos tiránicos; porque la tiranía parece haberse adaptado mejor a estos países que la forma republicana. La ocupación favorita del gobernador es la caza de indígenas; hace poco tiempo degolló a cuarenta y ocho y vendió los niños a una tarifa de 3 ó 4 libras cada uno.[27]

Estas descripciones están al servicio de fijar jerarquías culturales. Un objetivo aun más descarnado cuando se aplica sobre los nativos y su naturaleza. La palabra primitivo fue un término clasificatorio que implicaba cierta percepción histórica del proceso civilizatorio, en la búsqueda de sus límites extremos. 'Especies humanas' en apariencia,

---

[26] *Ibid.*, p. 241.
[27] *Ibid.*, p. 123.

pero primitivas en sus lenguajes y prácticas. La creencia de la cadena evolutiva, una hipótesis que sostiene que toda especie natural está encadenada en un sistema jerárquico de acuerdo con su complejidad física y mental, fue el resultado de tal esquema clasificatorio. Las características físicas distintivas, así como el carácter pastoral y nómade de muchas comunidades, se asoció a una barbarie extraordinariamente remota de la modernidad. Así cuenta Darwin su primer encuentro con los fueguinos, revelador, por la descripción del fenómeno comunicativo, de la relación establecida entre cultura y mundo natural:

> Por la mañana el Capitán envió una partida a comunicarse con los fueguinos. Cuando llegamos a una distancia audible, uno de los cuatro nativos presentes se adelantó a recibirnos y comenzó a gritar con gran vehemencia, con el propósito de indicarnos dónde desembarcar. Cuando llegamos a la costa, la partida pareció bastante alarmada, pero continuó hablando y gesticulando con gran rapidez. Era sin excepción el espectáculo más curioso e interesante que jamás he contemplado: no me hubiera imaginado cuán amplia era la diferencia entre los salvajes y los hombres civilizados; es mayor que entre los animales salvajes y los domesticados, debido a que en el hombre existe un mayor poder de perfeccionamiento.[28]

¿Qué podían tener de atractivo para el público londinense tales descripciones? Se trataba del efecto de desplazamiento que permitía la fantasía de instalar lo exótico en un territorio propio (geográfico, político y cultural). Y Darwin contempla y relata así estas experiencias, demostrando el impacto traumático de lo usual y lo inusual, invitando al lector a imaginar tales encuentros con lo inesperado en un horizonte mental y sensual familiar. En un desdoblamiento de la técnica antropológica, empuja a los lectores a pensar las experiencias del viaje en yuxtaposición a sus rutinas cotidianas, una forma de articulación entre los hábitos y la percepción del extranjero.

Tampoco el joven Darwin se encontraba limitado exclusivamente por los objetos útiles de su observación científica. Muchos de los acontecimientos vividos y narrados fueron el producto de las experiencias de un joven de su edad, formación y nacionalidad. El mismo índice de *The Voyage* sugiere, en consonancia con las características 'enciclopédicas' del siglo XIX, una gran cantidad de temas. Se trata del caleidoscopio que propone la curiosidad de un viajero narrador por todas las manifestaciones de la vida y por la historia natural que las precede, de fragmentación del texto que lo hacen comparable a los signos de tránsito del mismo viaje. Sobreimpuesto un pasaje frecuente entre lo referencial y el cuidado estético:

Capítulo XXI. Mauricio hacia Inglaterra
Mauricio, la bella apariencia de- gran anillo montañoso crateriforme- Hindúes- Sta. Helena- historia de los cambios en la vegetación- causa de la extinción de moluscos terrestres- Ascensión- variación en las ratas importadas- bombas volcánicas- lechos de infusorios-

---

[28] *Ibid.*, pp. 195-196.

Bahía- Brasil- esplendor del paisaje tropical- Pernambuco- singular arrecife- esclavitud-regreso a Inglaterra- reflexión acerca de nuestra expedición.[29]

Sus instrucciones son evidentes desde el mismo comienzo. Nada más ilustrativo de su astucia, intención y pretensión que el pasaje inicial *The Voyage*:

> Luego de haber sido obligado a retroceder dos veces por fuertes rachas de viento sudeste, la nave de Su Majestad, *Beagle*, un bergantín de diez cañones, al comando del capitán Fitz Roy, R.N., zarpó de Devonport el 27 de diciembre de 1831. El objeto de la expedición consistía en completar el relevamiento de la Patagonia y Tierra del Fuego, comenzado por el capitán King entre 1826 y 1830 –para relevar las costas de Chile, Perú y algunas islas del Pacífico– y en efectuar una serie de mediciones cronométricas alrededor del mundo.[30]

Interesante apertura del relato de un viaje exploratorio. Por un lado, la referencia a Gales, a la institución naval, a un vapor armado en viaje hacia horizontes exóticos: construcción "neutral" de un clima de aventura. Por otro, la misión científica y la legitimidad del acto de reconocimiento: conexión "natural" entre poder y conocimiento. Finalmente, la manifestación explícita de la supremacía británica en la cadena cronométrica planetaria, producto de las convenciones internacionales relativas al cero del Observatorio Real en Greenwich.[31]

Es en esa misma introducción donde aparece la esencia de la nueva ironía. El interés del narrador por el mundo natural está estrechamente asociado al lugar del sujeto que el movimiento romántico va a proponer en la literatura, y en casi toda expresión artística de ese tiempo. Las experiencias que reconstruye se inscriben en cierto clima celebratorio y narcisístico de su propia intrepidez. Sin embargo, el joven naturalista se halla expuesto a maravillas y debe entonces probar una apertura inusual a sus impresiones inmediatas, desde los inesperados perjuicios del movimiento hasta el desajuste de nuevas escalas. La evocación que hace Darwin de su primer encuentro con la selva brasileña es la prueba literaria del "amor por el mundo descubierto" que produce la sensibilidad moderna:[32]

> Bahía o San Salvador, Brasil, 29 de febrero
> El día ha transcurrido encantadoramente. No obstante, el encanto mismo es un término insuficiente para expresar los sentimientos de un naturalista que, por primera vez, ha vagado a su antojo en un bosque brasileño. La elegancia de los pastos, la novedad de las plantas parásitas, la belleza de las flores, el verde satinado del follaje, pero sobre todo la exuberancia

---

[29] Charles Darwin, *The Voyage*..., 1997, p. 458.
[30] Charles Darwin, *The Voyage*..., 1997, p. 5.
[31] Dennis Porter, *Haunted Journeys. Desire and Transgression in European Travel Writing* (Princeton, Princeton University Press, 1997): pp. 152-153.
[32] Keith Thomas, *Man and the Natural World: A History of the Modern Sensibility* (Nueva York, Pantheon Books, 1983): pp. 108 y ss.

general de la vegetación me embriagaron de admiración. Una mezcla en extremo paradójica de sonido y silencio inunda las partes umbrías del bosque.[33]

Por cierto que hay un interés genuino por la ciencia que se traduce no solamente en esa voracidad de observación y colección, como ya vimos, sino que además expresa una preocupación por la exhibición. Muchos años después, en su autobiografía, Darwin sugiere que, a pesar de tanta novedad e incomodidad, el viaje en el *Beagle* había sido el acontecimiento más importante de su vida, el gran viaje que, por supuesto, no había contado con la autorización de su padre, el gran viaje "que debía ser contado con lujo de detalles".[34] De ahí el uso de cierto coloquialismo en su lenguaje, que sin quitar rigor a su mirada estimulaba el acompañamiento casi natural del lector:

> Mientras nos dirigíamos a la costa un día, cerca de la isla Wollaston, nos alineamos junto a una canoa con seis fueguinos. Eran las criaturas más abyectas y miserables que he observado en lugar alguno ... Pero estos fueguinos de la canoa estaban prácticamente desnudos e incluso una mujer completamente desarrollada también lo estaba.[35]

Darwin alterna la apreciación estética con la reverencia religiosa a lo sublime. Descontada su vocación científica, el relato se sostiene por la doble implicación de su legitimidad: empírica y literaria. Esferas vinculadas estrechamente a la naturaleza educativa del viaje. Justamente al final de *The Voyage* y a manera de corolario, Darwin afirma dicho valor:

> En conclusión, al parecer nada puede ser más formativo para un joven naturalista que un viaje a países distantes. A la vez, agudiza y en parte sosiega ese deseo y esa apetencia que, tal como señala Sir J. Herschel, un hombre experimenta aunque todo sentido corporal se encuentre plenamente satisfecho. El entusiasmo conforma la novedad de los objetos y la posibilidad de éxito lo estimulan a una incesante actividad.[36]

---

[33] Charles Darwin, *The Voyage...*, 1997, pp.14-15.

[34] El viaje como escape de un poder paternal represivo (en el caso del padre de Darwin se trataba de un hombre de más de 1,80 m de alto y 158 kg de peso) es un asunto recurrente en el análisis del género y puede ser localizado en varios pasajes de *The Voyage* como un tema implícito. Charles Darwin y T. H. Huxley, *Autobiographies*, comp. Gavin de Beer (Oxford, Oxford University Press, 1983): pp. 44 y ss.

[35] Charles Darwin, *The Voyage...*, 1997, p. 203. A pesar de cierta inocencia del comentario, el debate sobre "la condición de los nativos" alcanzaba en Europa, entre 1830 y 1860, su máximo clímax. Fue durante esa época cuando la figura del 'salvaje' configuró un tipo de alteridad fundamental para la construcción imperial de las identidades modernas. Las ideas dominantes en el siglo XVIII, sobre un origen común de la especie y su difusión a partir de la diáspora de las tribus de Israel, son reemplazadas por la visión de un desarrollo jerárquico entre las distintas comunidades. Martin Daunton y Rick Halpern, *Empire and others: British encounters with indigenous peoples, 1600-1850* (Padstow, UCL Press, 1999): p. 33.

[36] *Ibid.*, p. 479.

Su extraordinaria capacidad de observación de las anomalías se pone a prueba en "*Galapagos Archipelago*", el capítulo más popular de su *The Voyage*. Aquí su preocupación gira en torno a la determinación de los sistemas de diferenciación de familias de especies en ambientes aislados. En estos relatos, con la preponderancia que adquiere el valor documental, el contenido de la descripción pasa a ser la "razón de ser" del relato. La voz narradora proviene de una curiosidad científica.[37] Darwin trabaja la descripción preservando el criterio de objetividad y sosteniendo la función referencial del lenguaje. Operación que destaca la excepcionalidad de su crónica. Muchas de sus descripciones son de carácter taxonómico debido a su preocupación por la enumeración e identificación. Al mismo tiempo, otros episodios se describen con una fuerte carga emocional. El esfuerzo por evadir el carácter subjetivo de la observación se compensa con la potencia de un relato profundamente humanizado. En otras palabras, el deseo de capturar se somete a un mecanismo de observación. Juego retórico que se inicia con una descripción neutral del lugar para inmediatamente poner en escena sus impresiones personales. Su objetivo, remarcar el carácter excepcional y único de la experiencia:

> Por la mañana (día 17) desembarcamos en la isla Chatham que, tal como las otras, eleva un contorno regular y redondeado, quebrado aquí y allá por montecillos desperdigados, vestigio de antiguos cráteres. Nada puede resultar menos atractivo que la primera impresión. Una planicie quebrada de lava basáltica negra, arrojada dentro de las más escabrosas olas y cruzada por grandes fisuras, se encuentra enteramente cubierta por zarzales atrofiados y quemados por el sol, que muestra escasas señales de vida. La superficie seca y calcinada, recalentada por el sol del mediodía, creaba una sensación opresiva y sofocante en el aire, como si emanara de un horno: nos imaginábamos que incluso los arbustos tenían un olor desagradable.[38]

Escenario próspero para la aventura que Darwin hace andar en un tiempo prehistórico, en las cercanías de la creación:

> El día se iba tornando caluroso y el ascenso por la áspera superficie y a través de la intrincada maleza resultó muy fatigoso; pero me sentí bien recompensado por el extraño panorama ciclópeo. Mientras avanzaba encontré dos tortugas de gran tamaño, cada una de las cuales debe haber pesado por lo menos 200 libras [100 kg]: una de ellas estaba comiendo un trozo de cactus y, cuando me aproximé, me miró y se alejó lentamente; la otra emitió un silbido profundo y escondió la cabeza dentro del caparazón. Estos enormes reptiles, rodeados por lava negra, los arbustos desprovistos de hojas y los grandes cactos, me parecieron animales antidiluvianos. Las escasas aves de colores apagados me prestaron tan poca atención como a las grandes tortugas.

---

[37] Philippe Hamon, "What is a Description?" en Tzvetan Todorov (comp.), *French Literary Theory Today: A Reader* (Cambridge, Cambridge University Press, 1982).
[38] Charles Darwin, *The Voyage*..., 1997, pp. 355-356.

Septiembre 23.
El *Beagle* se dirigió a la isla Charles. Este archipiélago ha sido frecuentado desde hace largo tiempo, primero por bucaneros y más tarde por balleneros, pero sólo durante los últimos seis años se ha establecido aquí una colonia.[39]

Pocas cosas evocan fuertes emociones primarias como la presencia de animales prehistóricos y Darwin, con técnica casi novelesca, responde al juego. Una estrategia retórica particular del género que intenta rememorar en los lectores las imágenes de Ulises o del mismo Crusoe. La excitación por el encuentro es ciertamente desestabilizadora de la precisión que corresponde a un calculador y Darwin es consciente de su doble identidad. Atento a las realidades útiles que exponen su primorosa aptitud para imitar, una y otra vez se decide por la escena, la gran caja de la ilusión. Actores, decorados, vestuario, movimiento, foco, luz, tiempo, drama. La prefiere frente al sumario o la mera descripción, allí el ojo siempre se anticipa a la imaginación. Qué otra cosa es el relato de viaje que un montaje de escenas únicas. Darwin ya aprendió el oficio. Al llegar a Berkeley Sound, al este de las Islas Malvinas, allí señala:

> Inglaterra reclamó su derecho y se apoderó de ellas. El inglés que quedó a cargo de la bandera fue asesinado posteriormente. Luego se envió a un oficial británico, sin apoyo de ninguna fuerza y, cuando llegamos, lo encontramos a cargo de una población integrada en más de la mitad por rebeldes prófugos y asesinos.
> El teatro es digno de las escenas que se representan en él. Un paisaje ondulado, con aspecto desolado y miserable, se encuentra cubierto por doquier por un suelo de turba y pasto fibroso de un monótono color castaño.[40]

E inserta, autorizado por su devoción científica, páginas enteras de descripciones de mamíferos, reptiles, pájaros, rocas, cráteres. Dice acercarse al "misterio de los misterios, al mismo origen de las especies". Es el milagro del viaje como laboratorio científico, capaz de satisfacer el apetito de los naturalistas, vanguardia del avance del conocimiento:

> Resultaba absolutamente sorprendente estar rodeado por nuevas aves, nuevos reptiles, nuevos moluscos, nuevos insectos, nuevas plantas, con innumerables detalles insignificantes de estructura e incluso por los tonos de voz y plumaje de las aves, contemplar las templadas llanuras de la Patagonia o los cálidos desiertos del norte de Chile, que surgieron vívidamente frente a mis ojos.[41]

Es por esto que la novedad desempeña un papel central en la narrativa de Darwin, y le otorga al relato, además de la potencial evidencia empírica, la dosis necesaria de

---

[39] *Ibid.*, pp. 356-357.
[40] *Ibid.*, p. 180.
[41] *Ibid.*, p. 374.

suspenso. Un "EUREKA" subterráneo que da cuenta de la excitación por el descubrimiento:

> Los autores han advertido con sorpresa que, si bien los atolones son las estructuras coralinas más comunes en algunas enormes regiones oceánicas, se encuentran ausentes por entero en otros mares, tal como en las Indias Occidentales: ¡ahora podemos percibir inmediatamente la causa![42]

El libro del viaje del *Beagle* se prolonga en el proceso de elaboración de sus teorías geológicas y en sus investigaciones relacionadas con la evolución humana. Una lectura de los cuadernos de anotaciones permite observar las conexiones entre su punto de vista sobre la historia natural y sus autointerrogaciones sobre el origen y la estructura de la Tierra. Los siete cuadernos de manuscritos, ordenados alfabéticamente, son el resultado de este intenso trabajo que realiza entre los veranos de 1837 y 1839. Los temas desarrollados fueron geología (Cuaderno A), transmutación de las especies (Cuadernos B al E) y cuestiones metafísicas (Cuadernos M y N).[43]

El resto de sus escritos, ocho en total, se relacionan directamente con el centro epistemológico de su pensamiento. Me importa el primero de ellos ya que es allí donde incluye las notas de su viaje. El *Red Notebook* contiene desarrollos sobre temas geológicos y sobre la transmutación de las especies. Es el antecedente inmediato del conjunto de anotaciones donde desarrolla sus hipótesis teóricas definitivas. El escrito alcanzaría fama como relato científico en marzo de 1837, cuando prestigiosos zoólogos de Londres examinaron un importante número de especies recogidas de su viaje en el *Beagle*. Existió entonces una relativa aprobación a sus interpretaciones sobre la evolución del reino animal.

En cuanto a las estrategias narrativas, los mismos manuscritos evidencian una lógica de construcción. Su *Red Notebook*, completado inmediatamente después de registrar los acontecimientos y reflexiones de su viaje en el *Beagle* entre 1831 y 1836, es un conjunto de asientos transicionales organizados en varias entradas temáticas que anuncian su proyecto editorial: *Journal of Researches*. Existe además, una obvia diferencia entre las dos partes que componen el cuaderno. En la primera se incluyen las notas de campo, mientras que en la segunda sección aparecen las conclusiones. Las notas fueron en general hechas con lápiz y escritas en forma vertical sobre las páginas. Sabemos que la

---

[42] Ibid., p. 455.
[43] Charles Darwin, *The Red Notebook of Charles Darwin*. Editado con una introducción y notas de Sandra Herbert (Ithaca y Londres, British Museum (Natural History)/Cornell University Press, 1980). Una edición completa de todas sus notas en *Charles Darwin's notebooks, 1836-1844: geology, transmutation of species, metaphysical enquiries* (Ithaca y Nueva York, British Museum [Natural History] Cornell University Press, 1987). Esta serie forma parte de la colección de manuscritos de Darwin que se conservan de Dwon House en Kent, la casa de Darwin y, desde 1929, museo en su honor.

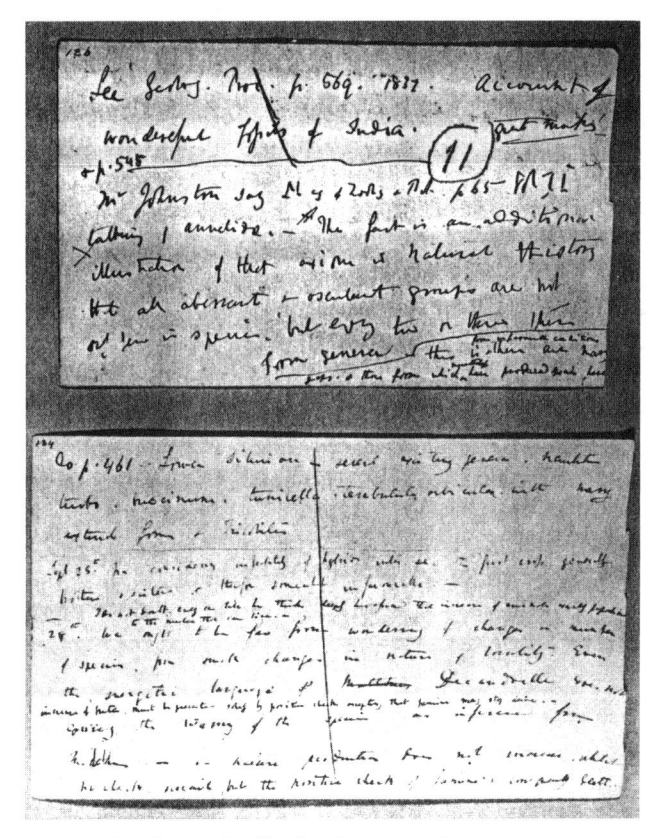

Cuaderno de Charles Darwin. Manuscritos.

mayoría de los diestros pueden apoyar mejor un cuaderno pequeño sobre su palma izquierda y sostenerlo por completo en forma vertical:

>-No creo que haya tantas fallas en la cordillera como una cuenca carbonífera inglesa –debido a que han descendido y se han elevado, etc.– pero gradual y simplemente se han elevado...
>-No hay fallas en la enorme extensión de la Patagonia; si se han sumergido nuevamente y cubierto sin signos de conmoción.[44]

Una vez en Inglaterra, Darwin prefirió pluma y tinta y una escritura horizontal facilitada por la comodidad de su escritorio. Esta diferencia entre las secciones del cuaderno se corrobora con la cronología de los eventos que Darwin relata. La primera parte puede ser fechada con cierta tranquilidad ya que reproduce una casi perfecta progresión de lugares del itinerario del *Beagle*, desde fines de mayo hasta finales de septiembre de 1836.

---

[44] *Charles Darwin's notebookds, 1836-1844*, p. 31.

Las fechas exactas de la segunda parte son difíciles de consignar. No hay itinerario. La única posibilidad es hacer coincidir los nombres de las personas que Darwin menciona y las fechas en que se producen estas relaciones. Las entradas de esta sección se ubican entonces entre octubre de 1836, por lo tanto con seguridad después del viaje, y junio de 1837.[45]

Las entradas de su viaje son básicamente producto de la observación y a menudo no tienen estructura sintáctica. En cambio, la segunda parte contiene citas de lecturas y versiones finales sobre sus "teorías", "conjeturas" e "hipótesis". En el resto de sus libros de anotaciones Darwin utiliza oraciones completas y un tamaño más grande de página. Así el *Red Notebook* representa un punto de partida de las impresiones de campo de tipo casi telegráfico hacia un relato formalizado y de pretenciones científicas en el decurso de un camino que fue de la observación a la teoría:

> En la cordillera. Un torrente de agua irrigará el valle y como consecuencia abrirá una garganta central mediante lenta erosión. No obstante, la evidencia en la distribución de bloques indica que no hubo erupción tumultuosa. –Además de la improbabilidad general, la estratificación. Si hubiera un canal de desagüe, el aluvión habría formado una sucesión de escalones; si hubiese habido un lago en ese entonces, debemos suponer una barrera en el lugar preciso, donde la barrera es menos probable. –El mar armoniza bien con el carácter de la fuente de valles y pampas. –Si hubiera bloques por sobre la roca madre, sería evidencia de subsidencia. –Desplazamiento descendente por sucesiva expansión torrencial. Por acción de playa marina.[46]

Una vez finalizado el cuaderno, Darwin reorganiza su método de anotaciones. Mientras que el *Red Notebook* contiene entradas de todos los temas de interés, las subsiguientes fueron más restringidas en contenido. De hecho, las continuaciones fueron dos nuevos cuadernos, el primero dedicado exclusivamente a la geología, y un segundo, a la evolución de las especies. Desde Cabo Verde a Brasil y desde Tierra del Fuego a Valparaíso, las Galápagos, Tahití y Santa Helena, hay constantes referencias a fenómenos naturales casi casuales, como el color de las flores, la vida de los insectos o las curiosas formas de las rocas. También consideraciones etnográficas y políticas que incluyen sus opiniones sobre las instituciones, las leyes y la esclavitud. Darwin logra articular un tipo de clasificación tan arbitraria como convincente. Se trata de un juego textual que reconoce los parámetros que fija el ritmo del viaje: discontinuidad, sorpresa, acumulación, incidente, y también la base empírica del conocimiento científico. Organizaba así un sistema inclusor: índices que proponen satisfacer toda la curiosidad y Darwin po-

---

[45] La segunda parte comienza con un encuentro con Richard Owen, joven anatomista luego primer Superintendente del Museo de Historia Natural de South Kensington. Darwin conoció a Owen en casa de Charles Lyell el 29 de octubre de 1836. Leonard Wilson, *Charles Lyell: The Years to 1841* (New Haven y Londres, Yale University Press, 1972): p. 434.

[46] Notas de su cuaderno A, *ibid.,* p. 105.

seía un ojo especial por lo anómalo y la diversidad, las evidencias que quebraran las normas y reglas, y por aquellos fenómenos que no encajaban en los paradigmas teóricos de su tiempo.

Las consecuencias científicas del viaje del *Beagle* fueron impresionantes. Pocos viajes de la era moderna han tenido tanta repercusión para el desarrollo científico de Occidente. Pero también es admirable la reconstrucción de toda la experiencia. Darwin lucía con éxito los atributos del hombre de ciencia moderno:

> ...han sido determinados, a mi juicio, por cualidades y condiciones mentales complejas y diversificadas. De las mismas, las más importantes han sido el amor por la ciencia, ilimitada paciencia para la extensa reflexión sobre un determinado tema, empeño para observar y recolectar hechos y una buena cuota tanto de inventiva como de sentido común. Con capacidades tan moderadas como las que poseo, es verdaderamente sorprendente que haya influido en gran medida sobre las concepciones de los científicos acerca de algún punto importante.[47]

Luego de mucha discusión, los restos de Darwin fueron aceptados en la Abadía de Westminster. A tal punto triunfó, que es difícil pensar que ninguno de los territorios visitados se encontraba en estado virgen. Una observación por cierto ociosa.

---

[47] Charles Darwin y T. H. Huxley, *Autobiographies*, p. 184. La primera autobiografía de Darwin fue publicada por su hijo, Sir Francis Darwin en 1887. Había sido escrita seis años antes de la muerte de Charles.

TERCERA PARTE

RELATOS EMIGRADOS: IMAGINANDO LA ARGENTINA MODERNA

Capítulo VI

Looking for John Bull y aquellas estampas de siempre

> Los lectores son viajeros; atraviesan tierras que pertenecen a otros, como nómadas que cazan furtivamente en campos que no escribieron, y despojan la riqueza de Egipto para su propio provecho.[1]

Para agosto de 1831, el *Beagle* está listo para zarpar rumbo a las costas de América del Sur. Como en tantas otras exploraciones, se necesita un oficial naturalista, pero el obsesivo Fitz Roy quiere algo más. El suicidio del anterior comandante del barco fomentaba trágicas premoniciones. Fitz Roy imagina un aprendiz de científico algo culto con quien poder matar el tiempo de soledad que les esperaba. Un recién graduado en *Divinity* de la Universidad de Cambridge y frustrado estudiante de medicina ocupa el puesto. Se trataba, ya sabemos, de Charles Robert Darwin.

Al año siguiente de su retorno en 1836, Darwin comenzaría a organizar sus notas "Journal of Researches", bajo título original de *The Voyage of the Beagle*. El libro aparece en 1838 en tres volúmenes: serán el relato oficial del viaje.

La narrativa de Darwin es una brillante evocación del encuentro con un mundo natural (América) en todas sus variedades: la grandiosidad de las selvas, las sublimes cordilleras, los rústicos pueblos sometidos a la antropología previctoriana. Es, también, el contacto entre este cosmos natural y la apacible campiña inglesa, su hogar.

Viñetas de la vida a bordo, observación científica y humanismo armaron la estructura del relato. El pulso, la experiencia inmediata según el canon de las crónicas de viajes: el diario. La mentalidad holística y la contundencia de la circunstancia que imaginó

---

[1] Michel de Certeau, *L'invention du quotidien*, vol 1, *Arts de faire* (1980), nueva ed., comp. Luce Giard (París, Gallimard, 1990): p. 251.

Humboldt en su *Personal Narrative* marcaron una impronta definitiva. Es ésta la culminación de una historia extraordinaria y ordinaria a la vez, historias de ambiciones neocoloniales, mares británicos y discursos nómades.

Lectores ingleses y la literatura nacional

Los libros de viajes sobre el Río de la Plata de los viajeros británicos publicados entre 1800 y 1850 ofrecen básicamente abundancia de descripciones y experiencias, mezcla de observación, empresa y aventura. Se trata de un corpus narrativo emergente de un espacio intercultural que, en la superficie, parecería sólo intentar un detalle objetivo de las sociedades nativas.[2] Sin embargo, portadores de ansias de exploración y conocimiento propios de la curiosidad científica de la época, los textos, como tantos otros, trascienden el mandato descriptivo. A la nueva información se le adhiere percepción y sensibilidad producto del protagonismo del narrador viajero. Una práctica cultural que comunica el universo de los autores –y sus lectores– con la realidad argentina. Los relatos expresan el intento de armonización del encuentro.

Pero vayamos por parte. Desde el siglo XVIII el requerimiento de información sobre Sudamérica crece. En Inglaterra, los editores londinenses comienzan a hacer buenos negocios con las traducciones de los relatos de viajeros extranjeros. Entre los primeros, Frezier (*A Voyage to the South Sea*, 1717) y Juan y Ulloa (*A Voyage to South America*, 1758) resultaron los favoritos. Pero fue la circulación masiva de los textos de Humboldt el acontecimiento que certificó el carácter internacional del interés que despertaron los *travel accounts*.[3] Entre 1815 y 1830 la edición de libros de viajeros sobre América del Sud llega a su pico máximo. Excelentes, regulares, prescindibles, algunos de ellos alcanzan gran popularidad. La crónica de Head sobre la Argentina (1826) logra uno de los éxitos más impactantes. Edmond Temple (1833), autor de otro éxito algunos años después, escribirá: "Feliz debería estar si todo el mundo galopase por mis libros con la misma velocidad con que se galopa en las Notas de Head y con la mitad

---

[2] Con referencia al discurso colonial, algunos autores plantean una perspectiva, a mi juicio, determinista, que entiende los relatos de viajeros como meras expresiones del expansionismo británico, hasta convertirse en mercancía. Véase Ricardo Cicerchia, *Journey, Rediscovery and Narrative: British Travel Accounts of Argentina* (ILAS, University of London, 1988). Para una lista de viajeros véase Kristine L. Jones, "Nineteenth Century British Travel Accounts of Argentina" *Ethnohistory* 33 (2) (1986): pp. 195-211.

[3] Las traducciones inglesas aparecen simultáneamente con los originales franceses (en Filadelfia, por ejemplo, Marcus Carey publica en 1815 la temprana traducción de Maria Williams). Una buena síntesis acerca de la legitimidad científica de los relatos de viajeros y la curiosidad popular en Europa sobre la región puede verse en Tom B. Jones, *South America Rediscovered* (Minneapolis, University of Minnesota Press, 1949).

del placer que ellas producen".[4] Este encantamiento decae al promediar la centuria. Las guerras civiles en Chile y la Argentina, las disputas por Uruguay y la inminente revolución contra Pedro II en Brasil desilusionan. Comerciantes e inversores comienzan a mirar a los Estados Unidos y el Oriente como plazas más estables y seguras. Sudamérica, a pesar de las simpatías que despierta el nacimiento de sus nuevas naciones, se convierte en una región sospechada de atributos caóticos.

Casi todos los títulos del género y la mayoría de sus autores pueden ser identificados con las formas literarias que adquiere el 'exotismo consciente' asociado al nuevo movimiento expansionista. No se trataba de contar guerras coloniales sino de reproducir las aventuras recogidas de la propia experiencia, de inventariar raras y exquisitas curiosidades, de hacerlas familiares.

Por entonces, ciertos valores burgueses se trasladan a los tonos literarios con fórmulas individuales de conocimiento, virtud, riqueza y progreso. En la creación de un registro narrativo que utilizó un sistema de representaciones similar al realismo, se imponía a la comunicación del acto de reconocimiento. Los *travel accounts* reflejaron tal disposición.[5]

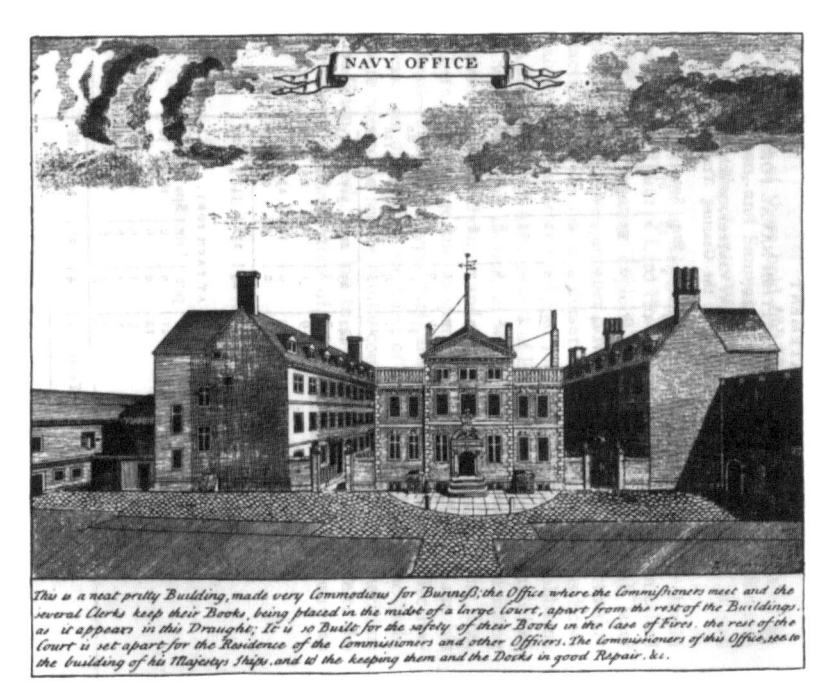

Solidez y sobriedad en el edificio georgiano de la Armada Real.
Siglo XVIII, Londres, Inglaterra.

---

[4] Edmond Temple (véase Referencias bibliográficas en p. 181): Introducción.
[5] Georges van den Abbeele, *Travel as Metaphor. From Montaigne to Rousseau* (Minneapolis, University of Minnesota Press, 1992): p. 85.

También estos relatos inauguraron un extenso inventario de 'costumbres nacionales' latinoamericanas. Parte importante del imaginario nacional de los nuevos países tienen su fuente en ellos. ¿Fueron entonces la primera forma literaria del discurso neocolonial?

Durante la conquista y colonización, para el caso inglés, la dominación se concretaba en el *turf and twig*, característico del siglo XVI. La retórica de la jardinería, las prácticas de cercamiento de las propiedades, los rituales de celebración de la fertilidad fueron parte de la ceremonia. La apropiación anglosajona por entonces requería sólo aquellos gestos que pudiesen ser entendidos como un genuino acto de posesión.[6]

En el siglo XVIII la legitimidad del dominio implicaba algo más. La posesión, para ser entendida como tal, necesita un nuevo conjunto de prácticas. La expansión comercial y el Iluminismo imprimieron a las tradiciones inglesas otras reglas de juego: ciencia, exploración y narración. Se trataba ahora de una nueva 'empresa planetaria' marcada por la dramática expansión temporal y espacial de la cosmogonía y cosmografía europeas y por la exploración de los interiores continentales de la mano del instrumental de la historia natural. Esta nueva conciencia sería el elemento central del moderno eurocentrismo.[7]

La exploración y el registro de los territorios interiores reemplazan el paradigma marítimo de los primeros tres siglos de expansión europea. La penetración interior se convierte en el mayor desafío de la imaginación expansionista. La consecuencia directa sobre los relatos de viaje es evidente. Se trata de nuevos objetos y nuevas formas de conocimiento (posesión). Desde ese momento, toda expedición debe completarse con su relato. Comunión definitiva del viaje y su narración.

A partir de la segunda mitad del siglo XVIII, los inventarios ordenados por la historia natural se hacían obligatorios. De tal modo, afirmaba la Condamine, podía reducirse un área completa a un sistema de variables donde cada valor debía ser designado, si no en cantidad, al menos a través de una descripción clara y finita. Había que establecer un sistema de identidades que correspondiese, aun en sus diferencias, a los entes naturales existentes.[8]

Como todo discurso colonial, estos *travels* también se elaboran sobre la base de la dicotomía entre cultura y naturaleza. La empresa civilizatoria implicó un dispositivo cultural que subsumía la cultura y la historia 'exóticas' en el universo natural. La nue-

---

[6] Patricia Seed, *Ceremonies of Possession in Europe's Conquest of the New World, 1492-1640* (Cambridge, Cambridge University Press, 1995): pp. 4-5.

[7] Mary Louise Pratt, *Imperial Eyes...*, cap. II. Sobre las concepciones de distancia y tiempo véase Mary Helms, "Essay on objects: Interpretations of distance made tangible" en Stuart Schwartz (comp.), *Implicit Understandings. Observing, Reporting, and Reflecting on the Encounters Between Europeans and Other Peoples in the Early Modern Era* (Cambridge, Cambridge Universtiy Press, 1994): pp. 355-377.

[8] El informe que la Condamine presenta a la Academia Francesa en 1745 fue rápidamente traducido a varios idiomas. Charles-Marie de la Condamine (véase Referencias bibliográficas): p. iv.

va historia natural ofrecía una matriz que operaba sustrayendo especímenes no solamente de sus relaciones orgánicas o ecológicas sino de su contexto cultural.

Mientras la narrativa de viajes se va 'naturalizando' y estandarizando, la atmósfera ilustrada inyecta el tono humanista. En este espíritu, Humboldt y su travesía de 30 volúmenes fueron el paradigma de la narración del viajero en el proceso de redefinición de las Américas. *Views of Nature* y su secuencia *Views of the Cordilleras* son el primer repertorio moderno de imágenes americanas. En particular tres de ellas canonizan la representación del nuevo continente: la voluptuosidad de las selvas tropicales (Amazonas y Orinoco), cordilleras majestuosas (los Andes y los volcanes mexicanos), y las eternas planicies interiores (los llanos de Venezuela y las pampas argentinas). Desde entonces la naturaleza enmarca parte del imaginario europeo sobre el 'nuevo continente'. Durante el siglo XIX los europeos reinventan América como geografía.

La idea iluminista del conocimiento ya no sólo se encarna en la figura del filósofo. El nuevo científico es, sobre todo, un naturalista-viajero. De un lugar a otro, de un punto de vista a otro, de lo conocido a lo desconocido, del sentido común a la excepcionalidad, de la referencia tenaz de un antes hacia un porvenir armónico. Una racionalidad de inflexiones románticas, subjetividad dominada por el espíritu positivista, hace reconocible al público una alteridad que puede ser dominada.

Sin embargo, señalar que las crónicas son la imagen que los viajeros proyectan de su propio universo ideológico es insuficiente, ni tampoco parece alcanzar entenderlas como vanguardias del capitalismo.[9] Las crónicas forman parte de la empresa política, económica y científica, pero fundamentalmente cultural. Parte de un proyecto civilizatorio de gran escala, que promueve una revolución editorial, imprimiendo rasgos específicos a los distintos discursos literarios. Es este espacio de circulación entre texto, edición, crítica y lectura el que va otorgando nuevo sentido a las operaciones de la escritura.[10]

Nuestros autores se dirigen siempre a una audiencia media y a una crítica que va adquiriendo, a partir de la segunda mitad del siglo XVIII, no sólo presencia sino poder. El circuito es fluido y permanente. Un proceso articulado con otros sistemas: económicos, sociales, políticos y culturales del proyecto expansionista y de consolidación de las identidades nacionales.[11]

---

[9] Nos referimos a las ideas, algo esquemáticas, que señalan que los relatos de viaje sólo serían expresiones literariamente formalizadas del colonialismo. Por ejemplo, Noé Jitrik, *Los viajeros*. Serie "Los Argentinos" (Buenos Aires, Álvarez, 1969): p. 14, y Mary L. Pratt, *Imperial Eyes...*, pp. 115 y ss.

[10] Este modelo es analizado por Robert Darnton, *The Kiss of Lamourette. Reflections in Cultural History* (Londres-Boston, Faber and Faber, 1990): cap. 7. Sobre la construcción de sentido del libro véase Roger Chartier, *L'ordre des libres* (París, Alinea, 1992).

[11] En su interpretación acerca de los orígenes de la Revolución francesa, Roger Chartier afirma que en realidad se trató de un fenómeno más cultural que intelectual. Menciona el nuevo culto a la vida privada, el proceso de secularización, la visibilidad de las clases populares y especialmente

Se trata de las formas históricas específicas que adquiere la denominada "revolución de la lectura". Hasta 1750 había muy pocos libros de 'consumo masivo': la Biblia, almanaques, trabajos confesionales. Se los leía infinidad de veces. Lectura intensiva, ritualizada, reverencial. Las transformaciones de las últimas décadas del siglo provocaron un tipo de curiosidad que demandó más títulos, otros géneros y diversidad de asuntos. Con el surgimiento de una audiencia masiva de lectores que aumenta con el desarrollo de la industria de la imprenta y la alfabetización, en proporciones extraordinarias durante el siglo XIX, la lectura se hizo secular y profana.[12] El gusto por la ficción ligera y los periódicos en general apuntalaban el hábito de considerar cada texto apenas una vez.

El discurso literario y el proceso de individuación del autor fueron también, junto con el dispositivo legal y científico, ingredientes fundamentales en la constitución del sujeto en el siglo XIX.[13] Se establecieron entonces nuevas relaciones entre el lector, el autor y el texto, íntimamente ligadas a la idea de "autenticidad". De aquí en más, la reacción de la comunidad de lectores es una de las claves para entender la forma en que el encuentro entre el mundo de las representaciones literarias y la naturaleza de la nueva demanda operará en los campos culturales de la modernidad.[14]

La rica historia de los campos de lectura en Inglaterra es poco comparable con otras experiencias culturales y tiene sus remotos comienzos en 1557, cuando Londres fija su dominio sobre la industria de la impresión.[15]

Nuevos géneros literarios florecerán después de 1750. Las orientaciones culturales y el público orientan la sensibilidad literaria. Entre las novedades de fin de siglo, se destacan los textos clasificados como *Arts and Sciences*. Los libros de viaje y los trabajos de historia natural tienden a convertirse en éxitos editoriales. Constituyen algo más del 10% del total de títulos de las bibliotecas de Inglaterra, Alemania y los Estados Unidos.[16]

---

la influencia de la literatura en el desarrollo de lo que Habermas denomina "esfera pública burguesa". Roger Chartier, *Les Origines culturelles de la Révolution française* (París, Editions de Seuil, 1990): pp. 25-35.

[12] Aunque se ha criticado dicho modelo por ser excesivamente simplista, resulta una idea útil para poder entender la configuración del nuevo campo de lectura. El primero en desarrollarlo fue Rolf Engelsing, "Die Perioden der Lesergeschichte in der Neuzeir: Das statistische Ausmass und die soziokulturelle Bedeutung der Lektüre", *Archiv für Geschichte des Buchwesens* 10 (1969): pp. 944-1002.

[13] Mary Poovey, *Uneven Developments. The Ideological Work of Gender in Mid-England* (Londres, Virago, 1989): p. 89.

[14] Paul de Ricoeur, *Temps et récit*, 3 vols. (París, du Seuil, 1985): vol. 3, pp. 230.

[15] Giles Barber, "Books from the Old World and the New: The British International Trade in Books in the Eighteenth Century", *Studies on Voltaire and the Eighteenth Century* 151 (1976): pp. 185-224.

[16] Para un análisis comparativo de la producción de libros y los stocks de las bibliotecas públicas véase Albert Ward, *Book Production, Fiction, and the German Reading Public 1740-1800* (Oxford, Oxford Universtiy Press, 1774).

En Inglaterra, Francia y Alemania la venta y distribución de libros y publicaciones indica que hacia fines del siglo XVIII alrededor del 50% de los comerciantes, el 35% de los artesanos y no menos del 30% de los trabajadores eran propietarios de textos en sus distintas formas: libros, pósters, opúsculos, almanaques.[17] Mientras que los trabajadores, aun rezagados en el proceso de alfabetización, socializaban con bastante éxito el arte de la lectura.[18]

Una de las 'funciones' de la nueva literatura era identificar (construir) el carácter nacional, representando (definiendo) lo que podía entender el 'común'. La idea de una identidad nacional y la de una literatura nacional marchaban juntas. El impulso casi patriótico a las leyes de derechos de autor son una prueba de dicho fenómeno.

Cierto carácter nacional perfilado en tiempos de los Tudor maduró durante las guerras del siglo XVII. Trazos de un temperamento que sería representado en la figura alegórica de John Bull y sus pequeñas historias mercantiles, honestas, valientes, visionarias, mediocres, xenofóbicas, simplonas y obstinadas.[19] Bull, nacido de la pluma del escritor y autor de opúsculos John Arbuthnot en 1712, pasará a ser el arquetípico *Englishman*. Su debut como caricatura en 1762 le adhiere una nueva cualidad, la de lector. Desde entonces, Bull es un personaje igualmente ordinario pero cultivado, a diferencia de su antecesor georgiano. Un hijo de la revolución industrial y editorial. Con su ejemplo, libros exóticos o ediciones refinadas pierden público. Será el avance de aquellos relatos capaces de constituirse en experiencias literarias para la 'gente común'.

A finales del siglo XVIII el mercado editorial inglés se encontraba en plena expansión. Hasta entonces, editoriales, distribuidoras y librerías eran rarezas poco conocidas por el público. Los libros, vendidos o prestados, eran artículos del mismo estatus que las medicinas, las entradas de teatro o las joyas. James Lackington abre en 1774 la primera librería en Londres y en poco tiempo se convierte en mayorista. Su estrategia era comprar en cantidad stock remanente de las editoriales y reducir los precios del menudeo. A pesar del disgusto de muchas casas editoriales, Lackington se hace muy popular y rico. Por cierto, la expansión de una comunidad de lectores estuvo estrechamente vinculada al valor monetario de los libros. La relativa accesibilidad del objeto catapul-

---

[17] Robert Darnton, *The Kiss of Lamourette*, p. 163.

[18] Sobre la lectura y la alfabetización en Inglaterra desde el siglo XVI hasta el siglo XVIII pueden consultarse David F. Mitch, *The Rise of Popular Literacy in Victorian England. The Influence of Private Choice and Public Policy* (Filadelfia, University of Pennsylvania Press, 1992); Keith Thomas, "The Meaning of Literacy in Early Modern England" en Gerd Baumann (comp.), *The Written Word: Literacy in Transition* (Oxford, Oxford, 1986). Acerca de las lecturas de las clases populares véanse R. K. Webb, *The British Working Class Reader* (Londres, Macmillan, 1955) y Richard Altick, *The English Common Reader: A Social History of the Mass Reading Public 1800-1900* (Chicago, Chicago University Press, 1957).

[19] Alan Bower y Robert Erickson, *John Arbuthnot. The History of John Bull* (Oxford, Clarendon Press, 1976): Introducción. Sobre el nacimiento de los símbolos nacionales británicos véase Roy Matthews, "Britannia and John Bull: From Birth to Maturity", *The Historian*, vol. 62, no.4, verano de 2000: pp. 799-822.

tó, a su vez, una mayor visibilidad de los autores, muchos de ellos gustosos de aceptar entre 5 y 30 libras esterlinas por sus derechos, el precio promedio de un libro.[20]

Momento en que la fuerza del utilitarismo se hacía sentir. La filosofía asociada a Jeremy Bentham y a James Mill entusiasmaba a los publicistas. En 1826 Henry Brougham crea la Sociedad para la Difusión del Conocimiento útil. Uno de sus principios establecía que el conocimiento era sinónimo de información, especialmente en el campo de la ciencia aplicada, la mecánica y el crecimiento de las manufacturas y las comunicaciones. El movimiento culminaría con la fundación de la Asociación para la Defensa de la Literatura, inspirada por Charles Dickens.[21] La imprenta, el libro y las bibliotecas fueron la avanzada de tales ideales.

Pero son los opúsculos, periódicos y revistas, las publicaciones más vendidas.[22] Éstos rápidamente se convierten en el medio de comunicación social más poderoso. Al mismo tiempo, la avidez por las reseñas contribuye a que dos periódicos, *Edinburgh Review* y *Quarterly Review*, liberal el primero y conservador el segundo, dominarán el rubro por lo menos hasta promediar el siglo XIX (ambos alcanzarían la cifra récord de más de 14.000 copias).[23] El período del apogeo de los *travel accounts* (1800-1850) coincide con el esplendor de los *Journals* en Gran Bretaña. Su propósito era la expansión de los temas de interés general, su público incluyó a los no especialistas, lectores laicos, serios e interesados. Son, junto al revival literario que producían las nuevas ediciones de los clásicos, el fenómeno editorial que ayuda a crear la atmósfera libresca del Londres de la primera mitad del siglo XIX.

Los fundadores del *Edinburgh* (Brougham, Jeffrey, Horner, Sydney Smith), crean una demanda que los sobrepasa. Inicialmente se imprimen 750 copias para los primeros números. Su liberalismo provocador entusiasma más y más a los lectores. El *Quarterly*

---

[20] Durante la primera mitad del siglo XIX son intensos los debates por los derechos de autor. En 1850 las relaciones entre los autores y las editoriales se encontraban reguladas por tres formas contractuales posibles: venta de los derechos, comisión por número editado, comisión por venta. Victor Bonham-Carter, *Authors by Profession* (Londres, The Society of Authors, 1978): vol. 1, pp. 32 y ss.

[21] Dentro de este movimiento y con referencia a los libros en castellano editados en Inglaterra, debe destacarse la aventura editorial emprendida por el empresario y masón Rudolph Ackermann estimulada por su interés cultural por los procesos americanos. Véase John Ford, "Rudolph Ackermann: Culture and Commerce in Latin America, 1822-1828" en John Lynch (comp.), *Andrés Bello. The London Years* (Richmond, The Richmond Publishing Co, 1982).

[22] El precio promedio de los libros era de 15 a 30 chelines (£ 0.75). Para la época, cuatro libras de pan (consumo diario estimado para una familia de clase trabajadora) podía costar cerca de 0,75 chelines. El costo de los *Journals* fue de 8 chelines en promedio. En consecuencia, para una clase media sólida, los libros parecen haber sido relativamente accesibles.

[23] En 1831, Thomas Carlyle escribía en la *Edinburgh Review*, no sin cierta ironía, acerca del crecimiento de las publicaciones de reseñas como un síntoma de la conciencia moderna y de los tiempos vertiginosos. Citado en John Gross, *The Rise and Fall of the Man of Letters. English Literary Life Since 1800* (Chicago, Dee, 1991): p. 11.

recoge el guante y a partir de 1809 se convierte en su archienemigo tory. Ambos testimonian la creciente importancia de la opinión de los lectores. Ya por los años de Waterloo, entre los dos combinaban una circulación de 20.000 ejemplares, alcanzando 'una masa' de más de 100.000 lectores.

Juntos reflejan la ideología de una vasta porción de la sociedad británica de entonces, integrada por el núcleo de sectores propietarios acomodados, pero con ramificaciones entre la burguesía comercial, industrial y los profesionales.

Ya en sus primeros números, el *Edinburgh* publica varios artículos sobre Hispanoamérica. El movimiento emancipatorio, Venezuela y la ocupación del Río de la Plata reclamaron la atención de los editores. John Aller, bibliotecario, secretario e ideólogo de Lord Holland, escribe una recordada serie sobre la región, en concordancia con la postura ideológica editorial y reafirma allí sus convicciones liberales y anticlericales en favor del proceso emancipatorio.[24]

Hacia 1810 las líneas editoriales de ambas publicaciones se acercaban. En el *Quarterly*, los artículos de Joseph Blanco White expresan un pensamiento moderado como los del Allen tardío. Se demanda para las colonias la ampliación de su autonomía en lugar de independencia, la abolición de todas las restricciones sobre el comercio libre, y su reconciliación con la "madre patria" a través de la imprescindible mediación de Inglaterra.[25]

A partir de este momento las reseñas comienzan a desplazar a los ensayos. El *Edinburgh* dedica seis trabajos a los textos de Humboldt. Dos son del mismo Allen, y el resto a cargo de dos reconocidos científicos, John Leslie y John Playfair.[26] Algo después, el *Quarterly* publica la serie de reseñas de John Barrow, un clásico del rubro.[27]

Los comentarios de Brown sobre *Personal Narrative* marcan un punto de inflexión

---

[24] John Allen, "Depons - Voyage dans l'Amérique Meridionale", *Edinburgh Review* VIII, pp. 378-399 (julio de 1806), y "Mercurio Peruano", *Edinburgh Review* IX, pp. 433-458 (enero de 1807).

[25] J. Blanco White, "Walton's Present State of the Spanish Colonies", *Quarterly Review* VII, pp. 235-264 (junio de 1812).

[26] Han sido los trabajos citados de José Alberich los que han posibilitado la identificación de algunos de los autores de las reseñas.
John Allen, "Humboldt - Essai Politique sur la Nouvelle Espagne", *Edinburgh Review* XVI, pp. 62-102 (abril de 1810).
-----, "Humboldt - Essai Politique sur la Nouvelle Espagne", *Edinburgh Review* XIX, pp. 164-198 (noviembre de 1811).
John Leslie, "Humboldt - Tableau Physique", *Edinburgh Review* XVI, pp. 223-253 (abril de 1810).
-----, "Personal Narrative", *Edinburgh Review* XXV, pp. 86-111 (junio de 1815).
John Playfair, "Humboldt's Researches", *Edinburgh Review* XXIV, pp. 133-157 (noviembre de 1814).
(?), "Voyage de Humboldt -Astronomie", *Edinburgh Review* XXVII, pp. 99-102 (septiembre de 1816).

[27] John Barrow, "De Humboldt's Travels", *Quarterly Review* XIV, pp. 368-402 (enero de 1816).
----- , "De Humboldt's Travels -Part. II", *Quarterly Review* XVIII, pp. 135-158 (octubre de 1817).
----- , "De Humboldt's Travels -Part. III", *Quarterly Review* XXI, 320-352 (abril de 1819).
----- , "De Humboldt's Travels -Part. IV", *Quarterly Review* XXXV, pp. 365-392 (julio de 1821).

en la relación entre el relato de viajes y la crítica. Primero se disculpa por la demora (en realidad había tardado tan sólo un año entre la publicación de los dos primeros volúmenes y la aparición de la reseña en la edición de octubre-enero de 1815-1816). Luego, en dieciocho páginas bien detalladas, destaca en Humboldt su obstinado interés por recoger toda la información posible, su celo por la distribución de tales conocimientos y su vocación por la causa del interés general. De allí en más: *The first of travellers*. "Sería una injusticia [explica Barrow] no adjudicarle a Humboldt una cuota de talento extraordinario que escapa a la mayoría de los mortales". En sus propias palabras:

> Sus poderes intelectuales de primer orden se acompañan de su mente ardiente y entusiasta, llena de energía y actividad en la búsqueda del conocimiento. En el verdadero espíritu de la empresa y la aventura.

Hay una información que Humboldt, dice el crítico, ayuda a comunicar y por lo tanto, a producir. Aplaude la recurrencia a las propias experiencias, asociadas a la vivencia del descubrimiento y la aventura. A su vez, festeja ciertos recursos estéticos que agregan la cuota necesaria de entretenimiento que el género debe integrar. Así Humboldt "supera a sus predecesores". Es por esta convicción que Barrow se anima a transcribir uno de sus párrafos "más felices":

> Cuando comenzamos a fijar la mirada en mapas geográficos y a leer los relatos de los navegantes, sentimos por determinados países y climas una especie de predilección que no sabemos cómo explicar en un período más avanzado de la vida. Sin embargo, estas impresiones ejercen una considerable influencia sobre nuestros propósitos, y a partir de una especie de instinto nos esforzamos por conectarnos con objetos en los cuales la mente ya hace tiempo que se encuentra concentrada como por obra de un hechizo secreto.
> Durante un período en el que estudié los cielos, no con la intención de dedicarme a la astronomía, sino solamente para adquirir conocimientos sobre las estrellas, me sentía agitado por un temor desconocido para aquellos que aman la vida sedentaria. Me resultaba doloroso renunciar a la esperanza de contemplar esas bellas constelaciones que bordean el polo sur. Impaciente por vagabundear en las regiones del equinoccio, no podía elevar la mirada hacia la bóveda estrellada sin pensar en la Cruz del Sur y sin rememorar el sublime pasaje de Dante, que el más célebre de los comentaristas ha aplicado a esta constelación.[28]

La apreciación del estilo no carece de importancia. Existió siempre una natural tensión entre la información y la pluma. La fórmula de Humboldt, impresiones personales y estilo de composición, no se ajustaba en todos los casos a explicaciones exhaustivas de los fenómenos. De su puño y letra, Barrow remata:

---

[28] John Barrow, "De Humboldt's Travels", p. 395.

La belleza del cielo del sur y de las nuevas constelaciones que se abren a sus ojos imponen una serie de experiencias y reflexiones casi naturales que deberían ocurrirles a todos los viajeros. Una combinacion de agudeza perceptiva, descripción, utilidad práctica y juego estético.[29]

Las disertaciones de carácter científico podían interrumpir el ritmo literario y Humboldt lo intuye. Barrow indica, casi al pasar, que no debe prescindirse de ellas sino incorporarlas en apéndices. En su caso cierto enciclopedismo se compensaba con "la falta de egoísmo, deteniendo su genio en objetos familares que puedan ser entendidos por el público en general". No se trata de una narrativa sentimental ni hedonista, afirma el crítico. Humboldt alecciona, sin decirlo, sobre las tentaciones autobiográficas exageradas por la vanidad de todo supuesto acto de descubrimiento. Su objetivo, dice Barrow, "es reproducir en el lector su mirada de la naturaleza, un sabio llamado de atención a la imperfección de nuestro conocimiento".

La reseña sobre el volumen V de *Personal Narrative* aparecida en 1821, le reconoce aciertos exactamente en la dirección apuntada en los primeros volúmenes. Se mejora en estilo, en el balance de las descripciones y en la eliminación de minuciosidades científicas:

> Las observaciones que ha realizado de este magnifico país (región del Orinoco) son tan claras, detalladas y completas que el lector tiene frente a sí en forma constante un panorama de los objetos circundantes a medida que avanza en su viaje.[30]

Como se insinúa en el caso de Humboldt, la crítica comienza a valorar la moderación. Juicio estético que dejará sus marcas en el relato sobre el Río de la Plata. "No hay nada que nos inspire más confianza en un autor que su poca inclinación a transitar los extremos." Así comienza la reseña que el *Edinburgh* le debía al texto de Joseph Andrews (1827).[31]

El éxito de Andrews consiste en transitar con calma entre dos momentos violentos y antagónicos. La fiebre cercana al paroxismo que produce especulación minera (*mining mania*) en la década del 20, y la fatalidad, la imprevisión y el horror moral del abandono de todo proyecto quince años después.

---

[29] *Ibid.*, p. 396. En este sentido, mucho peor le va a King (1846) con la crítica: "Su trabajo, como hemos visto, consta de 27 capítulos. Mejoraría enormemente si pudieran eliminarse desde el 18º en adelante. Tendríamos entonces, una imagen mucho más instructiva de esta sociedad anárquica". "King's Argentine Republic", *Edinburgh Review* LXXXVII, pp.535-565 (enero-abril de 1848).
[30] John Barrow, "De Humboldt's Travels - Part. IV": p. 391.
[31] "Travel in the Mining Districts of South America", *Edinburgh Review* XLVI: pp. 497-515 (junio-octubre de 1827).

El mismo elogio recibe la *Colección* de Pedro de Angelis, "una operacion literaria que implica un sentimiento de placer al mirar con calma el pasado apasionado".[32] Caen definitivamente mal las dramatizaciones etnográficas, entre ellas, por ejemplo, las de considerar a los patagones verdaderos gigantes. Por esto mismo, el relato de Fitz Roy se convierte en un ejemplo de sobriedad.[33]

El énfasis en la búsqueda de la armonía refuerza las seguridades de una forma de conocimiento propia de la época, y los *accounts* van, por su misma función, organizando su propio territorio. Ya durante la década de 1820, los viajeros eran invocados por la sociedad europea como nuestros viajeros.

Dos fenómenos culturales regularon este despliegue: la generalización de la práctica de la lectura y la configuración de una ideología nacional. Así lo expresaba el *Quarterly*:

> Si dejamos de lado las aventuras individuales, el espíritu mismo de empresa, que mantiene vivos proyectos semejantes a los que nos referimos, no deja de tener importancia fundamental, desde un punto de vista nacional, para un país como el nuestro. Tienden, como siempre lo han hecho, a elevar a Gran Bretaña, como en mejores días ocurrió con España y Portugal –¡y ahora, ay, tan decaídos!– ante los ojos de todas las naciones civilizadas. De hecho, es y debería ser un tema de gran regocijo que, mientras un sitio permanezca virgen al pie del hombre, sus súbditos deben dedicarse a explorarlo; que se lleve a cabo en virtud de una política liberal e iluminada que desestime la perspectiva de beneficio inmediato y exclusivo.[34]

Se conformaba un sentimiento nacional que se reforzaba paradójicamente con la desilusión por la marcha de algunas de sus aventuras coloniales, tales como las vinculadas a la actividad minera. El texto de Head es un paradigma de tal espíritu:

> En verdad, no contamos con una cadena montañosa que se iguale, en tétrica magnificencia, a los estupendos Andes, si bien el Monte Blanco es bastante elevado. No tenemos ni los sombríos bosques impenetrables de América del Norte ni las vastas llanuras interminables de las Pampas; pero poseemos, por derecho, las acogedoras regiones de la vida civilizada y disponemos de carne vacuna en cierto modo más tierna que la del bisonte, con buen carbón en abundancia para cocinarla. Asimismo, no poseemos minas de oro y plata que se igualen a aquellas que según se dice están depositadas en las elevadas cordilleras de las montañas americanas; pero tenemos, en nuestro país, en gran abundancia, metales más modestos que poseen el inestimable valor de encontrarse a nuestro alcance y bajo la protección de nuestras leyes.[35]

---

[32] "Collections on the Rio de la Plata", *Edinburgh Review* LXVII: pp. 87-109 (abril-julio de 1837).
[33] "Voyages of Captains King and Fitzroy", *Edinburgh Review* LXIX: pp. 467-493 (abril-julio de 1839).
[34] "Parry and Weddell's Voyages", *Quarterly Review* XXXIV, pp. 379-399 (junio-septiembre de 1826): p. 391.
[35] Capt. F. B. Head, "Cornish Mining in America", *Quarterly Review* XXXVI: pp. 81-106 (junio-octubre de 1827): p. 91.

Un espíritu nacional que también se fundaba en la percepción social acerca de la influencia positiva que Gran Bretaña imprime en los nuevos países. Así el autor de la reseña del texto de King y Fitz Roy señala: "No debemos dejar de advertir con satisfacción el impulso benéfico comunicado a las nuevas repúblicas, en ambos lados del continente, por la energía del *Englishman*".[36]

Postales argentinas

La impronta y ambición británicas llegaron al Río de la Plata. Los relatos de estas travesías han consagrado imágenes tempranas perpetuadas en el imaginario de la comunidad rioplatense a través de la primera literatura nacional.[37] Imágenes creadas por marinos, militares, comerciantes, naturalistas, diplomáticos, literatos, industriales, geógrafos, simples turistas, fugaces unos, en residencia otros.[38] Por el número y la trascendencia, los ingleses sobresalen. Una relación histórica sustentó tal interés: las consecuencias de Utrecht; la aventura militar de 1806-1807; las simpatías hacia el movimiento revolucionario; las inversiones de capital; las relaciones con Rivadavia; el bloqueo. Entre 1805 y 1835 los editores británicos publican más de una docena de títulos sobre la Argentina. La década de 1820 fue la más prolífica con la aparición de los trabajos de Vidal (1820), Brackenridge (1820a; 1820b), Caldcleugh (1825), Head (1826), Miers (1826), Beaumont (1828) y Miller (1828). Los *travel accounts* parecían entonces ajustarse perfectamente a la demanda.[39] Después de la caída de Rosas habrá un nuevo repunte de las 'crónicas argentinas'. Se completa por entonces una serie que culmina

---

[36] "Voyages of Captains King and Fitzroy": p. 491.
[37] Existe una larga tradición de publicaciones británicas sobre la Argentina iniciada por el jesuita Thomas Falkner. Su detallada *Description of Patagonia and the Adjoining Parts of South America: Containing an Account of the Soil, Produce, Animals, Vales, Mountains, Rivers, Lakes, etc. of those Countries; The Religion, Government, Policy, Customs, Dress, Arms and Language of the Indian Inhabitants; and some Particulars relation to Falkland's Islands* fue publicada en Londres como opúsculo en 1774. Pero es recién a partir de Humboldt (1824) cuando se estandariza y populariza el género.
[38] Los datos biográficos de los autores dan cuenta exacta de la amplitud de la convocatoria al viaje sudamericano. Véase Carlos Cordero, *Los relatos de los viajeros extranjeros posteriores a la Revolución de Mayo como fuentes de Historia Argentina* (Buenos Aires, Coni, 1936). Según la tipología de Todorov, serían una clase de viajeros intermedios entre el "asimilador" portador de cierto espíritu de cruzada y el "aprovechado", un auténtico especulador de la alteridad para su provecho y el de la empresa. De todos modos se trata, a mi juicio, de una perspectiva que sólo ha contribuido en mejorar retratos estáticos de los viajeros. Tzvetan Todorov, *Nosotros y los otros. Reflexión sobre la diversidad humana* (México, Siglo XXI, 1991): pp. 386-388.
[39] Entre 1800 y 1850 se publicaron 20 títulos sobre la Argentina. He consultado para la reconstrucción de la lista bibliográfica a Susana Santos Giménez, *Bibliografía de viajeros a la*

en 1880 con un total de catorce nuevos títulos. Entre los más destacados de esta segunda generación figuran los de Bourne (1853) y MacCann (1853).⁴⁰

Estos viajeros británicos penetraron el territorio argentino construyendo desde su modesta y personal épica, un escenario natural y social. Pintaron la precariedad de las ciudades, la extensión interminable de las pampas, las agotadoras travesías, la majestuosidad de los Andes, los hábitos bárbaros de sus pueblos, el oprobio de la herencia española. Sin duda, las primeras estampas argentinas. La evocación de tales imágenes por los primeros autores nacionales, Echeverría, Alberdi y Sarmiento, entre otros, son la evidencia de los modos históricos en que las redes textuales operaron en la configuración de las fronteras de una comunidad nacional en formación.

"Posada en el campo argentino".

Argentina, 2 vols. (Buenos Aires, FECIC, 1983); José Alberich, *Bibliografía Anglo-Hispánica 1801-1850* (Oxford, The Dolphin Book, 1978); Samuel Trifilo, *La Argentina vista por viajeros ingleses: 1810-1860* (Buenos Aires, Ediciones Gure, 1959); Tom Jones, Elizabeth Warburton y Anne Kingsley, *A Bibliography on South American Economic Affairs. Articles in Nineteenth-Century Periodicals* (Minneapolis, University of Minnesota Press, 1955).

⁴⁰ Adolfo Prieto, *Los viajeros ingleses y la emergencia de la literatura argentina, 1820-1850* (Buenos Aires, Sudamericana, 1996): p. 21.

Hacia 1800 la travesía entre Europa y América del Sud no había mejorado demasiado. La ruta seguida era la "natural": Madeira, Canarias hasta Cabo Verde y las costas brasileñas de Pernambuco o Cabo Frío. Embarcarse rumbo al sur era una empresa que requería programa y cálculo. Muchos de los viajeros que llegaron a Buenos Aires se encontraban en ruta hacia Chile o Perú. Entre la alternativa de la travesía por tierra firme o por mar a través del Cabo de Hornos, invariablemente se optaba por la primera. Después de un agotador trayecto marítimo la perspectiva de una etapa terrestre, no importa cuán ardua o complicada resultara, era irresistible. Además, otros factores intervenían en la decisión. Los trayectos terrestres eran más breves en tiempo y distancia y los viajes hacia el Pacífico, escasos y poco seguros. Desde Buenos Aires se salía en dirección al oeste hasta alcanzar Luján y desde allí hacia el noreste en paralelo al curso del Paraná. Se avanzaba hasta el río Saladillo en su intersección con el Tercero, y finalmente hasta Esquina de Medrano, un viaje de aproximadamente 560 kilómetros. La ruta peruana continuaba hacia el norte pasando por Córdoba, Santiago del Estero, Tucumán, Salta y Jujuy, hasta el cruce con Bolivia por Tarija.

Las *Rough Notes* del capitán Francis Head, director de la Compañía Minera del Río de la Plata y futuro gobernador de Canadá, cuentan la experiencia de esta travesía: el relato de su recorrido a caballo por el vastísimo territorio argentino. Publicado en una fina edición, es material de consulta obligatoria para los visitantes de la región. Head es, en parte, responsable de muchos de los juicios y prejuicios europeos sobre la Argentina.[41]

Abundan las críticas sobre Buenos Aires: "este pueblo está lejos de ofrecer una residencia agradable para aquellos acostumbrados a las comodidades inglesas".[42] Ya otros se habían ensañado con el estado del arte rioplatense. Brackenridge (1820) se quejaba de la pobreza del teatro porteño, de las voces de los actores, de la incomodidad que representaba el tener que llevar sus propias sillas y de la calidad de las puestas, entre ellas, las de las tragedias inglesas eran particularmente irritantes al punto que "una noche desde un sucio balcón se vio asesinar al mismísimo Shakespeare". Más tarde, George Fracker (1826) señaló que más grave aún era el estado general del arte en la ciudad: "El teatro es bajo y miserable si se mira el edificio ... y las actuaciones están a la par del mismo".[43]

La precariedad general de la aldea se combinaba con otras imágenes excéntricas como las de los tres burdeles que florecían en el Bajo de la ciudad (dos ingleses y el otro regenteado por una viuda norteamericana), un inverosímil jardín botánico, el lujoso hotel francés y un refinado auditorio de estilo oriental.[44]

Sin embargo, tampoco faltaron visiones más positivas aunque interesadas de "la rei-

---

[41] Head es de los pocos viajeros que cuenta con cierto prestigio como escritor. Por sus obras obtiene, a su regreso a Londres en 1838, una pensión oficial de 100 libras esterlinas anuales.
[42] F. B. Head (véase Referencias bibliográficas): pp. 23-35.
[43] George Fracker (véase Referencias bibliográficas): p. 114.
[44] *Five Years...* (véase Referencias bibliográficas): pp. 29-40.

na del Plata". Una de ellas la brinda el cuadro ofrecido por el cónsul británico Woodbine Parish (1839). Según su contabilidad, hacia 1836 era posible encontrar en Buenos Aires, como en otros centros urbanos europeos de importancia: 358 comercios mayoristas; 348 distribuidores; 323 sastrerías, zapaterías y otras artesanías; 44 hoteles y casas de comida; 76 molinos y panaderías; 874 carruajes; 598 pulperías y la sorprendente cantidad de 6 librerías.[45]

La travesía de la llanura pampeana se hacía a caballo o en carreta. Pocos viajeros fueron capaces de cruzar tales distancias. John Constance Davie (1819), misionero religioso, tardó casi un mes con su carreta de bueyes. Peter Schidtmeyer (1824) prefirió dos pequeños carruajes, los fieles birlochos. Pero las galeras, también llamadas diligencias, resultaban la forma más conveniente de viaje. Se trataba de un carruaje largo y cerrado con asientos a los lados y una puerta trasera. Tirado por cuatro caballos, podía transportar hasta ocho personas. Aunque los correos oficiales hacían el viaje entre Buenos Aires y Mendoza en cinco días, las galeras demoraban no menos de dos semanas.[46]

Las postas, salvo contadas excepciones, eran escasas y miserables. Simples ranchos de quinchos, imperfectamente techados con paja, muy sucios, con piso de barro y algunos cueros y cráneos de vaca como mobiliario. A corta distancia, la ramada abierta que improvisaba una cocina y el corral de palo a pique, y junto a otro más pequeño destinado para la majada de ovejas propiedad de los maestros de la posta.[47]

John Miers (1839) es el que mejor describe la campaña. En 1819, él, su esposa y un grupo de técnicos y trabajadores ingleses se embarcan con destino a Chile. Su proyecto es instalar una procesadora de cobre. Una vez en Mendoza, Miers, desoyendo los consejos de su amigo el doctor Colesberry, decide atravesar la cordillera. Su esposa insiste en acompañarlo, a pesar de su avanzado embarazo. En camino a Villavicencio la señora de Miers tiene un accidente, y en la confusión pierden las mulas. El grupo decide entonces pernoctar al descampado. Luego de cuatro días de intensas lluvias y nevadas, el mensajero que habían enviado retorna sin novedades. Gestiones personales de San Martín hicieron posible el auxilio. Algunos días después, un arriero y una enfermera lograron ubicar la partida.

En 1827 el capitán Head encuentra a la esposa de Miers en Uspallata. Allí confirma las interminables penurias de su accidentado viaje y el fracaso del proyecto minero. Dos enseñanzas dejaba esta historia: los obstáculos permanentes del viaje y el espíritu de empresa inglés. Miers regresa a Buenos Aires, invierte en maquinarias para la elaboración de menta. Su obstinación y constancia le hacen acreedor al título de "A scientific English gentleman", como lo bautizó Beaumont. Finalmente, después de una nueva frustración, regresan a Londres completamente desilusionados con América del Sud. Desde entonces, el fantasma del indomable Miers formaría parte de la imaginería nacional.

---

[45] Woodbine Parish (véase Referencias bibliográficas): p. 35.
[46] Tom B. Jones, *South America*: p. 33.
[47] Concolorcorvo (véase Referencias bibliográficas): pp. 85 y ss.

"Una carrera de caballos".

Hubo abundancia de relatos topográficos, prolongadas descripciones de bosques, selvas, montañas. La escasa habilidad literaria se disimuló con la simpatía que despertaba su explícita incapacidad de describir "lo sublime". Uspallata era la primera posta después de Villavicencio. Un día de viaje cruzando el difícil Parabillo. La posta, humilde ranchería de un puñado de casas de adobe con algo de fondo anunciaba, no muy lejos de allí, algunas empresas mineras y plateras que probaban fortuna sin suerte. Con la Cumbre a la vista: "¡Qué cosa puede ser más sublime!", repetía Head a los mineros ingleses, expresión reservada para escenas extraordinarias, salvajes o terroríficas. Por cierto, una celebración exagerada del hallazgo.[48]

Robert Proctor (1825), un financista que llega a conocer a San Martín, O'Higgins y Bolívar, goza, como nadie, de las generosas tierras cuyanas:

> Placentero lugar de alivio para un viajero que ha atravesado mil millas de la menos interesante región que pueda encontrarse en el mundo; tan pocos objetos de curiosidad se ofrecen para quebrar el tedio de las perpetuas planicies y deshabitados páramos.[49]

Edmond Temple, un caballero de la Orden de Carlos III, optimista, ambicioso y culto (1830), marca el confín del paisaje salvajemente pintoresco de Jujuy. En el sur, años

---

[48] Albert Furtwangler, *Acts fo Discovery. Visions of America in the Lewis and Clark Journals* (Urbana y Chicago, University of Illinois Press, 1993): pp. 29-33.
[49] Robert Proctor (véase Referencias bibliográficas): p. 48.

más tarde, el doctor Webster (1834), un gran humanista, se estremece ante la descarnada soledad salvaje y romántica de la Patagonia. Las crónicas completaron la geografía argentina. Las descripciones de regiones remotas otorgabann sentido a las regiones y comarcas como elementos de un conjunto que el viaje construye.

El viaje, el andar, el trajín cargan el relato, un acontecer que seduce la mirada y organiza las impresiones. Su narrativa fue primordialmente un tributo, o su intento, a la fórmula humboldtiana del tratamiento estético de los sujetos de la historia natural, del registro de la eterna influencia de la geografía sobre la condición moral y sobre el destino de las sociedades.[50]

Holgazanería, rudeza, barbarie son los hábitos de vida de la comunidad observados por el ojo imperial de la empresa. El espanto de Andrews (1827) por una Córdoba fanáticamente católica es casi una metáfora de la tensión fundacional entre cultura y naturaleza de nuestra sociedad. Head, que auspiciaría el primer plano periodístico, hace también un retrato natural del matadero de las afueras de Buenos Aires. "*Sans ceremonie*", exclamaba Robertson, en su carta fechada en Londres en 1838, relatando una comida campestre durante su viaje a Santa Fe:

> Todos los comensales se aproximaban a la olla podrida: una enorme fuente de barro que despedía masas de vapor de su contenido variado y bullente. Todos comieron en común sacando cada uno el sabroso bocado, el que más le apetecía. Solamente el gobernador y él contaban con platos, pero parecía que al funcionario le gustaba más comer directamente de la fuente.[51]

Geografías humanas, mercado bullicioso de fisonomías provisorias y naturales. Así lo dramatizaba MacCann:

> Ninguna sociedad del mundo puede ostentar tan abigarrado concurso de gentes; es tan grande la variedad de los rostros, que acaba uno por dudar de que la especie humana proceda de un tronco común. La tez olivácea del español, el cutis cetrino del francés y el rojizo del inglés alternan con fisonomías indias, tártaras, judías y negras.[52]

De todos, es el indio el que propone entre los viajeros, las más logradas fantasías. Los aspectos oscuros de una psicología inescrutable, la ferocidad de sus instintos y la maliciosidad de sus gestos garantizaban el rasgo épico del relato. Para el campesino, el anarquismo y cierto espíritu libertario y salvaje: "el gaucho era el hombre, de esta cu-

---

[50] Ricardo Cicerchia, *Historia de la vida privada en la Argentina. Desde la invención del Virreinato hasta la caída de Rosas* (Buenos Aires, Troquel, 1998): capítulo I.
[51] J. P. Robertson y G. P. Robertson, *La Argentina en la época de la revolución* (Buenos Aires, Administración General Vaccaro, 1920): p. 78.
[52] Robert MacCann (véase Referencias bibliográficas): pp. 150 y ss.

riosa especie de ser humano, que habitaba las pampas. Comparados con los campesino británicos", señala impiadosamente Temple, "no eran mucho mejor que especies de bestias carnívoras".[53]

"Iglesia de Santo Domingo".

---

[53] Edmond Temple (véase Referencias bibliográficas): vol. 2, p. 75.

El personaje del gaucho ya había sido presentado al público de Europa y América del Norte antes de 1800. Los viajeros que se encuentran con ellos por primera vez, estaban, como los lectores, más o menos preparados. Se debía admirar su destreza con el caballo, el lazo, las boleadoras y su perfecta adaptación a su entorno; el protagonista de una "cultura auténticamente equina".

Los relatos ingleses reforzaron el carácter patriarcal de la sociedad. Como parte del mensaje del poder sobre el modelo familiar, imaginaron mujeres exclusivamente comprometidas con el mundo privado del hogar y la confesión.

> Las mujeres decentes tenían en la iglesia y el hogar los centros de una vida tranquila donde descollaban, no por su inteligencia sino por su gracia; cuentan con la pureza del niño [no niña] y merecen internaciones forzosas en casos de insubordinación.[54]

La irreverencia hacia la moral burguesa era barbarie, o en el mejor de los casos naturaleza. Algunos artificios literarios fueron el reflejo estetizado de los deseos de excluir y someter todo lo femenino. Así también se hacía la patria. Tampoco faltó la cuota de humanismo. Head denunciaba, casi agresivamente:

> la negligencia y el abuso que se hace de los indios de las pampas ... y la explotación mortal que padecen los mineros andinos, lo que le inspira su más profundo horror: ningún sentimiento, sólo la avaricia puede aprobar el establecer a un número de criaturas en medio de tanta desolación.[55]

Inferiores a los de Humboldt, estos relatos reemplazan la retórica científica por la de la utilidad. La travesía es, en sí misma, el éxito de la narrativa. Los viajeros luchan contra una conspiración de escasez, demoras, ineficiencia, incomodidad, indolencia, malos caminos, postas imposibles, climas. A esta realidad correspondían fórmulas simples de una verdadera economía gramatical.[56] Así se construía una América de obstáculos que Miers (1826) detalla:

> Hemos estado trece días, viajando 180 leguas, promediando solamente catorce leguas por día, en vez de veinticinco leguas que esperábamos hacer. Ahora que nosotros hemos entrado por el camino principal de las pocas postas existentes, yo no puedo admitir nuevas excusas que nos demoren, como las que con frecuencia argumentan los peones.[57]

---

[54] Distintos relatos coinciden con esta versión. Alexarder Gillespie (véase Referencias bibliográficas): pp. 70-85 y E. E. Vidal (véase Referencias bibliográficas): pp. 23.
[55] F. B. Head (véase Referencias bibliográficas): p. 224.
[56] Jean Franco, "Un viaje poco romántico: viajeros británicos hacia Sudamérica, 1818-28", *Escritura* no. 7, 1979 (Caracas): pp. 129-142.
[57] John Miers (véase Referencias bibliográficas): p. 91.

La 'verosimilitud' del relato era valorada por la crítica. Son famosas, por ejemplo, las descripciones de la cordillera ofrecidas por Robert Proctor en 1825, "enormes montañas negras apiladas sin orden". Y elogiadas también sus disculpas por haberlas retratado casi en "términos bursátiles".[58] El desembarco en el miserable puerto de Buenos Aires, el cruce de las interminables pampas, el retorno sin gloria a Inglaterra. Como un camino incaico, casi una peregrinación, las descripciones se reproducen como postales. Algunas de estas crónicas se convierten en clásicos, entre ellas, las aventuras decadentes de los capitanes Andrews y Head, y los vívidos episodios del botánico amateur John Miers.

Entusiasman los informes de naturaleza social y económica. América española era una región de inversiones potenciales. Proliferan también los textos y reseñas de interés general:

> Cada especie de información auténtica respecto de la porción sur del gran continente americano es especialmente placentera en este momento, cuando las agotadas energías de tantos millones de personas se han puesto finalmente en acción y el marco de la sociedad en su conjunto, con todos sus miembros, asume una nueva actitud.[59]

Es bien conocida la fiebre de especulaciones que despertaron las posibilidades mineras de la región. Algunos viajeros fueron en realidad agentes de compañías, tal el caso de Andrews, o el mismísimo Head, quien propiciaba el pase de oficiales del ejército o de la armada a la industria.[60] Pero la minería tuvo un éxito fugaz, así lo confirmaba Head:

> En nuestra opinión, el sector racional de nuestra comunidad ha llegado en este momento a la conclusión general de que estas especulaciones en materia de minería son absurdas; sin embargo, debido a que el fundamento de esta opinión no se encuentra claramente definido o, en otros términos, debido a que la cuestión aún no se ha considerado con la debida calma y minuciosidad, consideramos que podríamos realizar un aporte al exponerla ante nuestros lectores.[61]

Estaban también los que seguían soñando utopías, como J. R. McCulloch, escritor del *Edinburgh*, un apasionado en favor de la "emigración masiva que solucionaría los problemas demográficos y laborales de Gran Bretaña" y promotor del asentamiento de

---

[58] Robert Proctor (véase Referencias bibliográficas): p. 79.
[59] Sobre el texto de Alexander Caldcleugh (véase Referencias bibliográficas), John Barrow, "South America", *Quarterly Review* XXXII, p. 125 (junio-octubre de 1825).
[60] Según su opinión, las empresas mineras aprovechaban mucho mejor sus conocimientos en explosivos y, por cierto, eran mucho mejor remunerados. José Alberich, "English Attitudes towards the Hispanic World in the Time of Bello as Reflected by the *Edinburgh* and *Quarterly* Reviews" en John Lynch (comp.), *Andres Bello*: pp. 73 y ss.
[61] Capt. F. B. Head, "Cornish Mining in America": p. 81.

190 colonos escoceses que fracasa rotundamente.[62] De cualquier forma, al promediar el siglo, el grado de decepción era demasiado visible. El *Edinburgh,* poco acostumbrado a utilizar sentencias categóricas, se animará a decir:

> Con todas sus ventajas, la República Argentina es la más pobre, menos poblada y menos civilizada, de lo que era en épocas de la ignorante y egoísta tiranía española.[63]

"Indios pampas".

---

[62] J. R. McCulloch, "Emigration", *Edinburgh Review* XLVII: pp. 204-242 (enero de 1828).
[63] "King's Argentina Republic": p. 537.

Controversias que cruzan armas en el campo literario. Así, por ejemplo, las historias y los estilos de Miers y Head competían y se complementaban en el *Quarterly*.[64] Con Miers había viajado una suma importante de capital. Después de cinco años, regresa derrotado a Inglaterra, con apenas un miserable remanente de su fortuna. Por su parte Head, reconocido por sus talentos militares, zarpó hacia el Río de la Plata contratado por una empresa minera interesada en el oro y la plata de la región. Con una comitiva de cinco técnicos, cruza las grandes planicies de la pampa en busca del oro de San Luis, y desde allí hasta Uspallata, en teoría, rica en plata.

Los informes presentan en esencia el mismo panorama, pero los estilos narrativos son tan opuestos que cuesta creer, dice Southey, que se trate de experiencias similares. Miers presenta a los lectores ingleses un trabajo elaborado, pero "tan recargado de pequeños objetos, que por momentos se hace inmanejable. Sus más de mil páginas resultan en un compendio obsesivo de su travesía".

Por el contrario, las notas de Head hacen otra búsqueda. Southey las define "como un viaje al galope. Sus relatos son tan claros y definidos que producen el efecto de una imagen terminada. Su objeto es la vida cotidiana y sus estampas son casi retratos. Así se reconoce tambien en el *Edinburgh*: Los lectores ven la forma en que cruza las pampas".[65]

Miers se impresiona ante los efectos negativos del clima y la inmoralidad: "los indios son la raza más cobarde, sólo comparada con los criollos". En cambio, Head reacciona frente a la "brutalidad" de las costumbres. Famosos son sus relatos sobre la caza del ganado de los "hambrientos" gauchos: "en pocos segundos, momentos de confusión que son imposibles de describir. Muchas veces estuve en medio de estas escenas obligado a huir para poder salvar mi vida". No incomodan a los críticos tales descripciones. Se entendía, y sobre todo en el *Edinburgh*, que muchos de los vicios registrados eran producto de la herencia española y la ignorancia de los sacerdotes católicos:

> Los habitantes son descriptos como sumergidos en la más pura ignorancia, y los sacerdotes, acusados de mantenerlos desinformados y ayudar a los viejos españoles a inculcarles los peores vicios de Europa, sin ningún refinamiento.[66]

Existió una sostenida prédica anticatólica. El *Edinburgh* cargaba las tintas. Señala al clero como la "causa real" de tanto atraso. En particular sobre la situación en la Argentina, la crítica señala:

> Los principales hábitos que la educación debe impartir son la libertad intelectual y la subordinación moral. Los hispanoamericanos fueron entrenados en la esclavitud intelectual y la

---

[64] R. Southey, "Head and Miers on Buenos Ayres and Chile", *Quarterly Review* XXXV: pp. 114-148 (enero-marzo de 1827).
[65] "Travel in the Mining Districts of South America": p. 501.
[66] *Ibid.*: p. 503.

anarquía moral. La predominancia de los sacerdotes, y el terror de la Inquisición, produce lo primero. La ignorancia y la corrupción del sacerdocio fueron las causas fundamentales de lo segundo ... Con el monopolio de la educación, ellos no tienen el poder ni tal vez el deseo de enseñar otra cosa más allá de la rutina de una superstición devastadora.[67]

Frente a los Andes, la última frontera, Miers elige, una y otra vez, los detalles de cada circunstancia. Minimalismo, porfiadas descripciones, conjeturas de todo calibre, una narrativa que la crítica reconoce como "de gran utilidad para el naturalista, pero muy tediosa para los lectores". Head, que cuenta con una pluma directa y simple, es, a su vez, seducido por el equívoco recurso de la exageración. En este campo, ambos padecen el estigma del autor.

Entre las representaciones más invocadas, las distancias, medidas en millas inglesas, figuran en primerísimo lugar. El clima extremadamente hostil y los malos caminos son obstáculos insalvables que hacen que la minas tanto del Río de la Plata como de Chile no puedan funcionar con éxito a largo plazo.

Sin embargo, las penurias debían estimular el entusiasmo por la aventura y el relato excitado que provocaban las exigencias literarias. Era obligatorio cierto sentido épico del viaje. Es más, la utilidad de la información, aun de la negativa (se trataba de alertar sobre los innumerables problemas que estas tierras plantean a los viajeros), demandaba una destreza capaz de resaltar la bravura y el coraje de los protagonistas. Sydney Smith diría sobre el texto de Hall:

La oportunidad que tiene la gente de mar de ver nuevos países y escenarios extraños es mayor que la del común de nuestros lectores. Historias y relatos interesantes se han perdido por la incapacidad de ciertos náuticos de convertirse en escritores, de no aparecer ante el público con las manos limpias y un jarro con tinta. Es una fortuna para el público cuando los marineros escriben, si lo hacen con una porción de buen sentido y destreza.[68]

Dos años más tarde en "Wanderings in South America", Waterton (1825) indicaba:

Debemos indicar a nuestros lectores cómo la amabilidad y la benevolencia, el imperturbable sentido del humor y la simpleza de espíritu de una pluma como la de Waterton podían hacer más entendible ... aquella penosa odisea ... Nos ha dado una correcta descripción de Lord Cochrane y de sus admirables dotes náuticas y coraje frente a la adversidad. Ningún *Englishman* puede sentirse indiferente ante los atributos de tal compatriota y la noble forma en que la pluma los remarca.[69]

---

[67] "King's Argentina Republic": p. 538.
[68] Sydney Smith, "Captain Hall's Journal", *Edinburgh Review* XL: pp. 31-43 (marzo-julio de 1824).
[69] "Waterton's *Wanderings*", *Quarterly Review* XXXIII: pp. 314-332 (diciembre de 1825-marzo de 1826).

Se logra un corpus de *travel accounts* a la medida del público europeo. Las obras latinoamericanas del período independiente citan a Humboldt con una frecuencia casi obsesiva. La invocación parece reconocer en el viajero alemán un gesto inaugural (que otorga legitimidad) a la imaginación y aspiraciones intelectuales de los criollos. Y las comunidades nacionales fueron también el producto de esa red textual.

Construido el escenario de un territorio inmenso y desolado, el discurso racional y utilitario y el arsenal retórico de un rudimentario romanticismo insistieron en demostrar –al lector– el terror primitivo de una sociedad que poco armonizaba su relación con la naturaleza. La presencia de estas crónicas fueron decisivas en los fundadores de la primera literatura nacional.

En 1834, Alberdi publica *Memoria descriptiva sobre Tucumán*.[70] Allí afirma la armonía universal a través de una filosofía de la historia y de la civilización que alterase el mero registro de la descripción física de lo nacional. Este imaginario, en su caso estrictamente autobiográfico, la memoria letrada y cierta melancolía popular son el sello de su Argentina eternamente romántica. Como la tutela del lazarillo, la mano de Andrews es inconfundible. Era la literatura la que podía establecer la relación específica entre el entorno natural y la historia de los pueblos. La literatura como proyecto político. El viaje y posteriormente el exilio marcan el tono del relato: deslumbramiento por el destino, desolación del escenario, exaltación de las experiencias. Todo, como es sabido, de originalidad nula.

"Malas rutas, postas desaprovisionadas, penurias y extravíos eran moneda corriente." Así relata Alberdi el viaje desde Tucumán a Buenos Aires, no muy diferente del registro empleado por Gillespie para describir muchos años antes los viajes salineros.[71]

Pero la operación literaria más exitosa que realiza Alberdi es la de la complicidad. Sin pudor escribe:

> Me parece oportuno prevenir a mis lectores, que tanto Mr. Andrews como yo hemos visitado a Tucumán en la estación más triste del año, y no hemos salido por los lados más hermosos de la campaña, a más de tres leguas del pueblo.[72]

Andrews escribe en 1827: "Tucumán es el jardín del universo en cuanto a la grandeza y sublimidad de su naturaleza". Alberdi, mucho después, trabaja en un collage que dará sus frutos en una de las estampas más reconocidamente argentinas. Parafrasea, cita, copia, usa comillas, intercambia experiencias: "No dice como yo que Tucumán es bellísimo, sino que dice que en punto a grandeza y sublimidad no tienen superior en la tierra; que Tucumán es el jardín del universo".[73]

---

[70] "Memoria descriptiva sobre Tucuman", *Escritos póstumos de J. B. Alberdi*, tomo XIV. (Buenos Aires, Imprenta europea, 1895-1901)

[71] Juan Bautista Alberdi, *Autobiografía. La evolución de su pensamiento* (Buenos Aires, El Ateneo, 1927): p. 40.

[72] *Ibid.*: pp. 19-29.

[73] *Ibid.*: pp. 322-323.

Al montaje nacional se agrega un proceso de extrañamiento y olvido de las culturas indígenas. La trasposición de las nociones científicas acerca de los pueblos bárbaros al campo de las imágenes literarias era por entonces denunciada por Andrés Bello desde las páginas del *El Araucano*:

> En la Argentina entiendo que el tema de la barbarie de los indígenas de la Pampa y la Patagonia, percibidos cada vez más como un conjunto casi indiscernible, transita del registro antropológico al registro literario, de la mano del romanticismo.[74]

La descripción de los pueblos indígenas que hace Echeverría en su largo poema *La Cautiva* despliega tal estrategia. En este caso, las inconmensurables estepas y desiertos sirven como metáfora de un país arrebatado por el rosismo. Los indios de las pampas deambulan como hordas salvajes, territorios inútiles en un caos desencajado de imágenes y sonidos:

> Entonces como el ruido / que suele hacer el tronido / cuando retumba lejano / se oyó en el tranquilo llano / sordo y confuso clamor: / se perdió ... y luego violento, / como baladro espantoso / de turba inmensa, en el viento / se dilató sonoroso / dando a los brutos pavor.[75]

"El suelo tiembla. Nubes de polvo, caballos, lanzas y cabezas." Al igual que Barrow, Echeverría juega con una interrogación desesperada:

> ¿Quién es? ¿Qué insensata turba? / con su alarido perturba / las calladas soledades / de Dios?... ¿Dónde va? ¿De dónde viene? / ¿De qué gozo proviene? / ¿Por qué grita, corre, vuela...?[76]

La Cautiva dramatiza la derrota de la civilización en manos de la barbarie. La historia es una alegoría de la desgarradora experiencia americana. Una mujer blanca y criolla, su esposo inglés, Brian, y su pequeña hija son perseguidos y brutalmente maltratados por los indios. A diferencia de toda otra narrativa del cautiverio constituida tradicionalmente desde una zona segura (el narrador es por lo general un sobreviviente), Echeverría habla como un observador, en tercera persona. Su desencanto desata la originalidad. *La Cautiva* cuenta la otra historia en la que no hay sobrevivientes del encuentro. El joven argentino se instala como un semihéroe romántico, solitario, circunspecto, peregrino. El fracaso de Gaulpo culmina la lista de frustraciones inglesas.

---

[74] Citado en Pedro Navarro Floria, "Salvajes y bárbaros: la construcción de la idea de barbarie en la frontera sur argentina y chilena (Siglos XVIII-XIX)", *Saber y Tiempo. Revista de Historia de la Ciencia* 2 (1996): pp. 101-112.
[75] Esteban Echeverría, *La Cautiva* (Buenos Aires, Huemul, 1974): pp. 22-23.
[76] *Ibid.*: pp. 23-24.

Echeverría es el personaje más lúcido de la generación del 37 y el arquetipo de poeta cívico. O mejor como lo definió Sarmiento: "el poeta de la desesperación, el grito de la inteligencia pisoteada por los caballos de la pampa".[77] Su visión maniquea del conflicto político entre facciones en El Matadero, al igual que el racismo expresado en La Cautiva, son el resultado de su descarnado ideologismo. En el caso particular de El Matadero, resulta obvio el préstamo de los Sketches de Haigh y de Le Tableau de Mercier.

Head, Beaumont, Scarlett y Darwin incluyeron en sus crónicas imágenes del matadero de Buenos Aires. Todas preceden al texto de Echeverría. Los procedimientos narrativos y la dramatización de las escenas son cualidades que el libro de Head impone. En Rough Notes (Echeverría lee una versión francesa), el matadero es la representación más cruda de los límites de la civilización, captada por la mirada atenta del transeúnte obligado. Es la descripción de un cuadro sanguinario y la sensación de un peligro real del protagonista, el viajero que debe galopar para salvar su vida. Una vez más, el relato del sobreviviente es el recurso que el autor utiliza para desplegar los códigos culturales desde los cuales vivencia la experiencia.

Echeverría sostiene estas imágenes. Ofrece una descripción física del matadero y de las faenas, distante, casi pedagógica. Luego abre el relato costumbrista para rematarlo en un llamativo realismo: "una cabeza de niño que se veía rodar y cuyo tronco permaneció inmóvil sobre su caballo de palo, lanzando por cada arteria un largo chorro de sangre".[78] Echeverría no inventa, dobla la apuesta de los *travel accounts*.

El Matadero es, por otro lado, la síntesis del desencuentro entre la ciudad culta, liberal y cosmopolita y el ambiente marginal y popular de los suburbios y el mundo rural. La fealdad –con rostro de mujer– de una vida cotidiana casi brutal, ya servían, como los *travels* venían demostrando, de insumo literario para el costumbrismo ilustrado. De esta forma se anima a describir la matanza de novillos como "un espectáculo animado y pintoresco que reunía todo lo horriblemente feo, inmundo y deforme de la clase proletaria peculiar del Río de la Plata".[79] Su afán civilizador, como el de casi todo viajero europeo de la época, estigmatiza cada escenario de trabajo, adjudicándole un caos natural casi rabelaisiano:

> Entre la chusma que ojeaba y aguardaba la presa de achura, salía de cuando en cuando una mugrienta mano a dar un tarazón con el cuchillo al sebo ... –Ahí se mete el sebo en las tetas, la tipa– gritaba uno ... Che, negra bruja, salí de aquí antes de que te pegue un tajo–, exclamaba el carnicero.[80]

---

[77] Domingo F. Sarmiento, *Viajes I. De Valparaíso a París* (Buenos Aires, Hachette, 1955): p. 129.
[78] Leonor Fleming (comp.), *Esteban Echeverría. El Matadero. La Cautiva* (Madrid, Cátedra, 1986): p. 105.
[79] Ibid.: p. 80.
[80] Ibid.: p. 101.

Carniceros, matarifes, pialadores, negras, peonada y chusma curiosa, lejos de conformarse con figuras planas los carga de acción y de excesos que Echeverría condena y a la vez revela. Así pautado, el cuadro de rostros populares de la primera mitad del siglo XIX se completa en la obra de Sarmiento. *Civilización y barbarie* es el ensayo que consagra finalmente la polémica clave del gran debate nacional, reafirmación de los valores liberales y condena del pasado colonial simbolizado en la figura de Facundo Quiroga. Reconocimiento de una *era oscura y bastarda*, celebración del progreso.

De la forma más tradicional, Sarmiento ofrece imágenes de enormes territorios desiertos. Su capítulo sobre los aspectos físicos de la República comienza con una cita de Humboldt que Sarmiento, descuidadamente, atribuye a F. B. Head: "La extensión de las pampas es tan prodigiosa que para el norte la limitan las palmas y para el sur sus nieves eternas".[81]

Las inmensas extensiones y la escasa población se traduce en disponibilidad. Sarmiento ve inmensidad por doquier: inmensas planicies, inmensos bosques, inmensos ríos. Como a todo viajero, y él también lo es, la grandiosidad le provoca admiración, pero sobre todo fantasías:

> El horizonte es siempre incierto, siempre confuso en sí mismo entre finas nubes y neblinas que a la distancia previenen el punto exacto en que la tierra termina y el cielo comienza. Para el sur y para el norte, los salvajes preparan emboscadas, esperando las noches de luna para descender como manada de hienas sobre el ganado que pasta en los campos de indefensos colonos.[82]

Aunque repite una y otra vez el espanto por las hordas indígenas, indiferenciadas de la naturaleza, acechantes, peligrosas, surgiendo de un territorio vacío, será el gaucho su objeto alegórico: expresión de la naturaleza pampeana consagrada en la biografía política de Facundo Quiroga, visión sarmientina del mestizaje. Las extensas planicies de la Argentina interior daban el rasgo asiático (despótico) al carácter humano: "la predominancia de la fuerza bruta, la dominación del más fuerte, la autoridad sin límites o responsabilidades, la justicia sin procedimientos o debate".[83] Otra lectura, entusiasmada de Francis Bond Head. Al mismo tiempo que condena la barbarie personificada en Facundo, Sarmiento demuestra (al igual que Echeverría en *El Matadero*) una profunda fascinación por la cultura gauchesca, lo que amplifica el valor de su experimento textual, contracara del nacionalismo nativista que tendrá en Mansilla y Hernández, algunos años después, su versión definitiva.

---

[81] Domingo F. Sarmiento, *Facundo o Civilización y barbarie* (Caracas, Ayacucho, 1977): p. 23. Sobre la percepción de las distancias en la construcción del imaginario nacional véase Ricardo Cicerchia, *Historia de la vida privada en la Argentina...*, caps. I y III.
[82] Domingo F. Sarmiento, *Facundo o Civilización y barbarie* ..., p. 23.
[83] Ibid.: p. 28.

Los viajeros ingleses imprimen las primeras estampas argentinas: dibujan una geografía, conciben un carácter nacional, perfilan conflictos y armonías. Sus relatos de viaje tuvieron una extraordinaria capacidad de representación de la realidad. Estas primeras letras americanas nacían así de imágenes robadas, movilizadas, emigradas, vueltas nómadas. Sin discutir la intencionalidad política y el talento literario argentino, es obvio que esta primera narrativa nacional recogió y consagró muchas de las impresiones que ofrecen las crónicas de viaje sobre la Argentina. La traducción de la experiencia del viaje al campo de las imágenes literarias es uno de los dispositivos culturales que contribuyeron a la configuración y constitución del imaginario nacional.

Capítulo VII

Sarmiento: Un hombre de letras en Argelia

Los relatos de viajes del siglo XIX pueden ser definidos como una ampliación de la realidad, una fusión del progreso expansionista y el estado científico, cuyo atributo fundamental es la demarcación de lo racional. Nomadismo responsable de considerar los hechos nuevos e insólitos como objetos de conocimiento, puestas en escena de tramas misteriosas y cierta melancolía humanista. Con tales desafíos de época se viaja, y a veces, a contracorriente.[1]

Sarmiento se inscribe en la tradición latinoamericana de estadistas-escritores, encarnación de la articulación histórica entre romanticismo y nación. Habitantes de un cosmos cultural que combinó ciencia y arte, ficción y realidades y consecuentemente idealismo y pragmatismo. Su epistolario de viaje reunido en *Viajes por Europa, África y América, 1845-1847*, fue una aplicación de la literatura como conducta mágica.[2] O lo que es lo mismo, su astucia para intervenir la historia.[3]

Viajes está organizado en once cartas, pensadas como cartas-informe, y dirigidas a varios correligionarios, la mayoría de ellos archiconocidos exiliados antirrosistas que viven en Chile y Uruguay. Algunas fueron publicadas en periódicos franceses, españoles, uruguayos y chilenos. *Viajes* apareció originalmente en dos tomos publicados en 1849 y 1851, respectivamente.[4] En las ediciones modernas más destacadas, la obra se

---

[1] Ricardo Cicerchia, *Journey...*, p. 2.
[2] Domingo Faustino Sarmiento, *Viajes por Europa, África y Asia* (Santiago, Imprenta de Julio Belim, 1849). Ésta fue la primera edición de sus cartas compiladas y editadas en Santiago de Chile.
[3] D. Viñas ubica el relato de viajes de Sarmiento dentro del tipo balzaciano y define su narrativa como "utilitarismo egotista". Véase David Viñas, *Literatura argentina y política* (Buenos Aires, Sudamericana, 1995): p. 30 y ss.
[4] La primera edición se hace en Santiago, Chile. Cuando las *Obras completas* (Santiago/Buenos Aires, 1885-1903) fueron compiladas, los dos volúmenes de *Viajes* fueron consolidados en el volumen V (1886).

publicó en tres volúmenes. Los dos primeros, "De Valparaíso a París" y "España e Italia" constan de cinco cartas cada uno. El tercero, "Estados Unidos" o "Viajes en los Estados Unidos en 1847" se trata de una extensísima carta (400 páginas) dirigida a Valentín Alsina, editor del *Comercio del Plata*, uno de los periódicos más influyentes de Montevideo.[5]

Sarmiento vio en la 'carta personal' una forma literaria elástica y maleable capaz de admitir todo tipo de sujetos y estilos y por eso mismo perfectamente adaptable a la natural variedad de un viaje. Evitó así la mediación del diario y posicionó en un solo movimiento a un narrador-viajero frente a la lectura de ese público que ha distinguido. La empresa se definía así como estrictamente literaria. El resultado fue el efecto de un contacto directo. Y el capítulo sobre África es un claro ejemplo de esa intuición. Por esto mismo, Sarmiento es un caso particular de imbricación entre el relato de viajes y el orientalismo.

Uno de los efectos de la expansión ha sido la resignificación del sentido de Oriente en la legitimación de la dominación cultural europea. Si bien el "llamado de Oriente" fue la expresión del fervor por el exotismo que puede remontarse a las últimas décadas del siglo XVIII, como venimos afirmando, al viajero también lo aguardaba una experiencia íntima y transformadora. Incluso, el viaje interno, de algún modo ajeno al paisaje, se sostenía por la temperatura de ese nuevo mundo exterior. A la luz de la propia tensión de sus narrativas, los viajeros comienzan a ser entendidos como sujetos-objeto de este proceso de construcción de la alteridad, y la relación entre ellos y la producción de conocimiento fue potencialmente algo más que una mera articulación entre contexto y biografía.[6] ¿Qué ocurrió en el caso de Sarmiento que lejos de jerarquizar el "entorno situacional", como siempre ha asegurado la crítica literaria, se entrega, en su etapa africana, al mero naufragio ideológico?[7]

---

[5] Nos referimos a las siguientes ediciones: *Viajes*. Tres volúmenes. Introducción de Julio Noé (Buenos Aires, Ediciones "La Cultura Argentina", 1922); *Viajes*. I. *De Valparaíso a París*. Estudio Preliminar de Alberto Palcos. Colección "El Pasado Argentino", ya citado, (Buenos Aires, Hachette, 1955). II. *España e Italia*. Estudio Preliminar de Norberto Rodríguez Bustamante. Colección "El Pasado Argentino" (Buenos Aires, Hachette, 1957). III. *Estados Unidos*. Estudio Preliminar de Antonio de la Torre. Colección "El Pasado Argentino" (Buenos Aires, Hachette, 1958). Esta edición de *Viajes*, a cargo de Gregorio Weinberg, incluye, por primera vez, el *Diario de Gastos*, llevado por Sarmiento en su trayecto. Utilizaremos esta edición para las citas y referencias textuales del presente trabajo. Más recientemente y en un solo volumen hay que destacar la notable edición crítica de Javier Fernández, Domingo Faustino Sarmiento, *Viajes por Europa, África y América 1845-1847 y Diario de Gastos* (Buenos Aires, Fondo de Cultura Económica, 1993).

[6] El primero en destacar tal fenómeno fue Paul Carter, *The Road to Botany Bay: An Essay in Spatial History* (Boston, Faber and Faber, 1987). Estas observaciones pueden entenderse como una prolongación de la distinción que hace Certeau entre "prácticas y estrategias". Véase Michel de Certeau, *The Practice of Everyday Life*. El tema es también desarrollado por Mary Louise Pratt, *Imperial Eyes*,...

[7] Es verdad que sus estructuras textuales no son estáticas en el sentido de que proponen una agi-

"Para tener el gusto de oír y leer mi nombre"

La biografía de nuestro personaje es justamente un apasionante peregrinaje intelectual que va desde Cooper hasta Tocqueville. En el comienzo recibe de muy joven las influencias del autor de *The Last of the Mohicans* (1826). La retórica seudocientífica de Sarmiento sobre el conflicto entre civilización y barbarie, el drama nativo y la extravagancia de sus actores se mueve dentro de los parámetros de la América del Norte que Cooper inventó a través de una pluma militante del progreso. Sabía además que el proceso civilizatorio necesitaba signos claros y contundentes de una precisa institucionalización republicana y así entiende el mensaje: eliminar todo rasgo de culturas nómadas sin ambición de progreso, eliminar cualquier vestigio de indígenas y gauchos, esos "beduinos de América".[8]

En toda su narrativa Sarmiento finge adulación, copia, inserta, cita buscando la sombra de una autoridad establecida, pero al mismo tiempo simula o produce (lo que es lo mismo) un desplazamiento, marca una distancia de sus modelos. Sus convicciones estéticas y la prepotencia de su ideario operan como categorías mediadoras que condensan todas las relaciones posibles. Entre ellas, la construcción de una verdad moral que da a conocer la realidad política y social que va observando.[9] Así logra un relativo éxito en atribuirse el privilegio de un pensamiento original.[10] Precisamente sobre el viaje por Europa, Argelia y Norteamérica desplegó parte importante de esta gran operación discursiva (personal, literaria y política). De todo el itinerario será su

---

    lidad particular en el montaje entre narración y descripción, incorporando a veces macroestructuras menores como relatos y composiciones poéticas breves de otros autores, pero sin embargo no debemos olvidar que dicha estrategia anula la experiencia de interacción del yo y el otro, y por lo tanto se convierte en un recurso cuya función primordial es la de soporte del texto. Sólo en este registro es posible verificar un "dinamismo de la acción"; su reflexión moral, contenido fundamental de su discurso, se mantiene imperturbable, y en especial en su estancia en África, ante la experiencia del viaje. Para una reivindicación estilística de Sarmiento véase Ana María Barrenechea, "El estilo de Sarmiento" en *Sarmiento educador, sociólogo, escritor y político* (Buenos Aires, Facultad de Filosofía y Letras, UBA. 1963), y de la misma autora, "Sobre la modalidad autobiográfica en Sarmiento", *Nueva Revista de Filología Hispánica*, tomo XXIX, México, 1980. A pesar de los dos años y tres meses de ausencia, Sarmiento fue considerado un "viajero apurado". Véase William Katra, "Sarmiento de frente y perfil", *Ibérica* vol. 7, 1992: pp. 151-179.

[8] Es el fenómeno que Sommer definió como 'romanticismo irresistible'. Doris Sommer, *Foundational Fictions. The National Romances of Latin America* (Berkeley/Los Ángeles/Oxford, University of California Press, 1991): p. 8.

[9] Sobre los dispositivos representacionales de la producción artística véase W. Benjamin, "La obra de arte en la época de la reproductibilidad técnica" en *Discursos interrumpidos I* (Madrid, Taurus, 1982): p. 22 y ss.

[10] Shumway se impresiona por la compleja personalidad de Sarmiento: "... su ambición, su desvergonzada autopromoción, su don para el epíteto y el insulto, su desdén por las clases populares, su fascinación con Europa y los Estados Unidos, su tratamiento creativo de los hechos, su inca-

trayecto africano donde más descarnadamente el utilitarismo reemplazará a la apertura de la experiencia. Es esto lo que me interesa entender del viajero.[11]

En 1828 Sarmiento, con 15 años de edad, es nombrado subteniente del batallón de infantería provincial. Como era común en la época, su vocación militar fue intermitente. Tres años después viaja a Chile como emigrado. En Santa Rosa de los Andes se hace maestro y posteriormente enseña en Pocuro. Ya en el puerto de Valparaíso trabaja como empleado de comercio:

> Llevado de una ansiedad que me tenía preocupado y deseoso de correr tierras, ver el mundo, contemplar el océano que nunca mis ojos habían visto, vínoseme a la fantasía emprender este viaje al puesto de que tantas cosas buenas se dicen, y aunque se opusiera a ello mi buena madre, hubo que ceder a mis inoportunas y reiteradas instancias, bien persuadida de que tengo una fuerte inclinación a los viajes, que ya lo había notado desde mi infancia en mi decidida predilección por las correrías a través de calles y callejuelas en lugar de aulas y bancas, a pesar de todas las amonestaciones del zurriago y la chancleta ... *Pero lo que mi madre no notó nunca es mi invencible propensión para escribir un viaje, un viaje del que yo sea el héroe y el objeto más punteagudo, para tener el gusto de oír y leer mi nombre.*[12]

Le place curiosear escuelas, academias militares, museos, zoológicos, parques e instituciones científicas. A los 22 años se establece en Chile. Sistematiza entonces sus estudios de inglés, primero de forma autodidacta y luego con un tutor a quien le paga dos reales por semana. Por entonces ha devorado la *Geografía Universal* de Malte Brun: nunca le perdonará las inexactitudes sobre Cuyo.[13]

Por razones de enfermedad regresa a su provincia luego de probar fortuna en las minas de Chañarcillo. En 1840, pleno apogeo rosista, emprende el exilio rumbo a Santiago. Vive en una bohardilla en el Portal de Sierra Bella sobre la Plaza de Armas. Una modesta habitación con muebles usados, un candil y algunos libros desacomodados sobre el piso de ladrillo.

---

pacidad de reconocer el talento ajeno". Nicolás Shumway, *La invención de la Argentina. Historia de una idea* (Buenos Aires, Emecé, 1993): p. 201.

[11] Ese "continente otro" preservará intacto en su relato el mismo conflicto que detiene el progreso. Los asuntos que estructuran su versión de África: educación, jerarquías sociales, civilización componen el marco desde el cual entender parte importante de su pensamiento y sus obras. D. F. Sarmiento, *Sarmiento's Travel in the United States in 1847*. Traducción Michael Rockland (Princeton, Princeton University Press, 1970): Introducción.

[12] Citado en Edmundo Correas, *La Pasión Educativa de Sarmiento. Sarmiento Viajero* (San Juan, Talleres CEYLAN, 1958): p. 29 (itálicas mías).

[13] Brun aseguraba que San Juan de la Frontera, cerca del lago Guanacacho, situado en un territorio habitado por más de 20.000 indios, con minas de oro, se encontraba a cuarenta leguas al noroeste de Valparaíso.

Por recomendación de un amigo común, José Victoriano Lastarria, el ministro Manuel Montt le encarga la organización y dirección de la primera Escuela Normal de Preceptores que se abre en América latina. Sarmiento escribía para *El Mercurio*, periódico editado por el catalán Manuel Rivadeneyra, funda *El Progreso* y apoya decididamente los proyectos ministeriales y la candidatura de Montt a la presidencia. Publica entonces *Mi defensa* (1843) para reinvindicar sus acciones frente a los numerosos adversarios de sus ideas y su estilo. Polemista artero y contradictorio, se gana rápidamente enemistades. Desde *El Siglo* los hermanos Godoy piden su expulsión del país. En medio de bataholas de insultos y querellas va apareciendo en folletín su *Civilización y barbarie*. A propuesta de Andrés Bello es designado miembro académico de la Facultad de Filosofía y Humanidades de Santiago de Chile. Ya se siente protagonista del destino americano.

El ministro interrumpe las fantasías de Sarmiento de emigrar a Bolivia y le ofrece realizar un viaje por Europa para estudiar los sistemas educativos. El 28 de octubre de 1845, se embarca en *La Enriqueta*, un desvencijado buque de vela, con un modesto capital dispuesto para sus gastos, tres maletas, credenciales, y el alivio de muchos. Van a bordo el general Eusebio Guitarte, encargado de negocios de Bolivia en Río de Janeiro, su secretario Solares y el joven Huelin.[14]

Llegada la nave a la Isla de Más Afuera en el archipiélago de Juan Fernández, ese rincón inmortalizado por Defoe, tiene su primera experiencia de viaje y una iluminación. En tierra firme tropieza con cuatro ermitaños de origen norteamericano. Sarmiento advierte que estos personajes, como Robinson Crusoe, llevan la cuenta del tiempo, saben perfectamente que están a 4 de noviembre de 1845, y que además se arrebatan para contar sus aventuras en primera persona. Llega aquí su primera revelación: imagina un diario que en forma de correspondencia servirá de relato de su viaje. Escribe a Demetrio Peña la primera de las cartas que luego publicará como *Viajes*.

En diciembre recala en Montevideo. La ciudad se hallaba sitiada por las fuerzas del general Oribe, apoyado por Rosas en la llamada Guerra Grande. *El Nacional* está publicando su *Facundo*. Allí se encuentra con la mejor prosapia del exilio argentino: Florencio Varela, Valentín Alsina, Esteban Echeverría, Bartolomé Mitre y el general Paz. Parte para Río de Janeiro, se reúne con Fructuoso Rivera, "un bruto fastidioso e insípido", y despotrica contra la esclavitud, "bien caro pagan los blancos esta injusticia". Conversa amigablemente con Tomás Guido, compañero de San Martín y embajador de Rosas, y conoce y mantiene una tertulia con el poeta José Mármol, quien le lee fragmentos de los *Cantos del Peregrino*. Para ellos Sarmiento acuña esta sentencia: "sed el Isaías y el

---

[14] Para la reconstrucción del viaje hemos utilizado correspondencia ya editada e indicada en las referencias bibliográficas, y algunas cartas inéditas que se encuentran en el Museo Histórico Sarmiento y que se detallan a continuación. Carta de Montt a Sarmiento (Santiago, 17 de octubre de 1845), Documento 7578 bis. Carta del Gobierno General de la Algérie a Sarmiento (29 de diciembre de 1846), Documento 3578. Carta de Lesseps a Sarmiento (Barcelona, 19 de enero de 1847), Documento 7385. Carta de la Subdivisión de Mascara a Sarmiento (Mascara, 8 de junio de 1847), Documento 3578.

Ezequiel de ese pueblo escogido que ha renegado de la civilización y adorado el becerro de oro". En su carta a Miguel Piñero, fechada el 20 de enero de 1846, remarca lo que dice, mucho menos de lo que escucha, y se excusa ante lo que no puede ver: "Paséome atónito por los alrededores de Río de Janeiro ... y a cada detalle del espectáculo siento que mis facultades de sentir no alcanzan a abarcar tantas maravillas". Lo demás era naturaleza.

Continúa viaje a Europa a bordo del lujoso paquebote francés *Rose*. Allí entabla amistad con el capitán del buque Massin y otro francés, Tandonnet, admirador de Fourier y Rosas. En cubierta debaten las formas futuras del garantismo, fase utópica del sistema social del fourierismo, y cierran un trato: el francés traducirá la "obrita" de Sarmiento sobre la vida de Aldao.[15] Desembarca en El Havre el 6 de mayo y sigue a Ruan desde donde escribe a Carlos Tejedor sus primeras impresiones europeas: "imagínese como debo estar de contento a cuatro horas de París". Ya en la ciudad luz

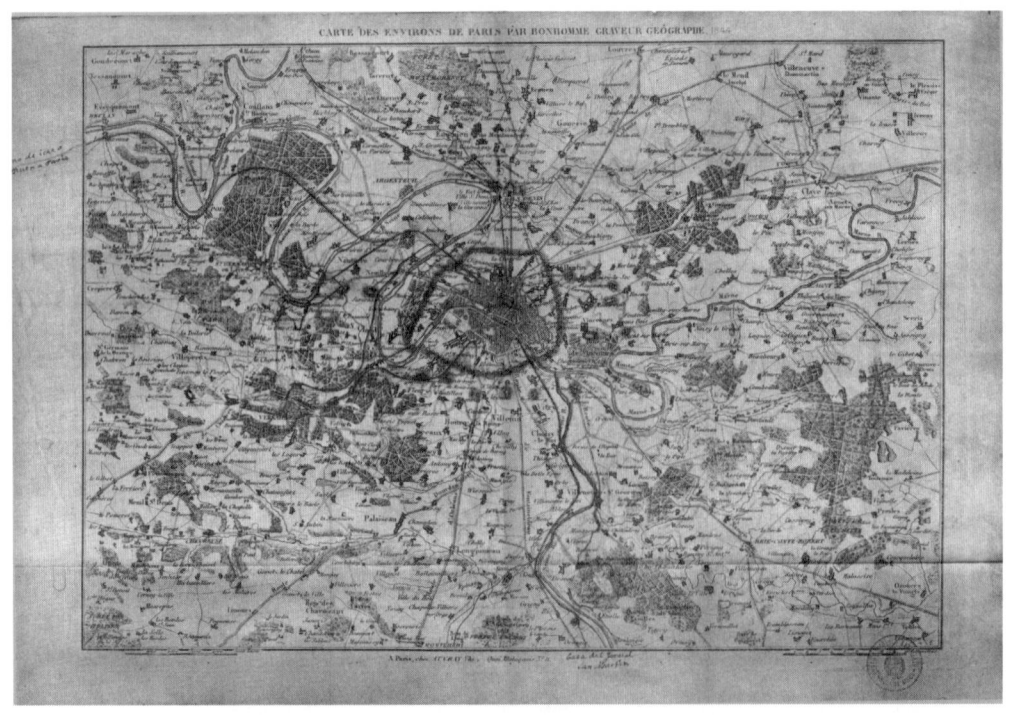

Mapa de París, 1844. Extraído de *San Martín y Sarmiento*.
Ministerio de Educación de la Nación, Bs. As. 1950.

---

[15] Alberto Palcos, *Sarmiento, la vida, la obra, las ideas, el genio* (Buenos Aires, El Ateneo, 1938): p. 65. José Félix Aldao fue su exacta antítesis: sacerdote dominico, revolucionario organizador de guerrillas indígenas y partidario de la Santa Federación. Aliado de Facundo Quiroga, llegó a convertirse en Gobernador y Comandante de Mendoza defendiendo la causa rosista.

le gestionan una entrevista con Thiers. Visita Versalles, Fontainebleau, el Louvre. El 24 de mayo de 1846 cumple una promesa y un desagravio: en compañía de Manuel José Guerrico visita a San Martín en el retiro de Grand Bourg. "Hay en el alma de este hombre una llaga profunda que oculta a las miradas extrañas, pero que no se escapan a los que le escrudriñan. Tanta gloria y tanto olvido."[16] Llevaba en su pequeño portafolios las recomendaciones de Las Heras, Blanco Encalada y don Gregorio Gómez.

La etiqueta lo pone en apuros. Compra una corbata blanca por cuatro francos para presentarse ante Guizol, protesta por los cinco francos del viaje a Grand Bourg, se obsesiona con la contabilidad de los costos de su itinerario.[17] Para algunos, su *Diario de Gastos* es la verdadera narrativa de su viaje.[18] Acumula diccionarios, gramáticas y ciga-

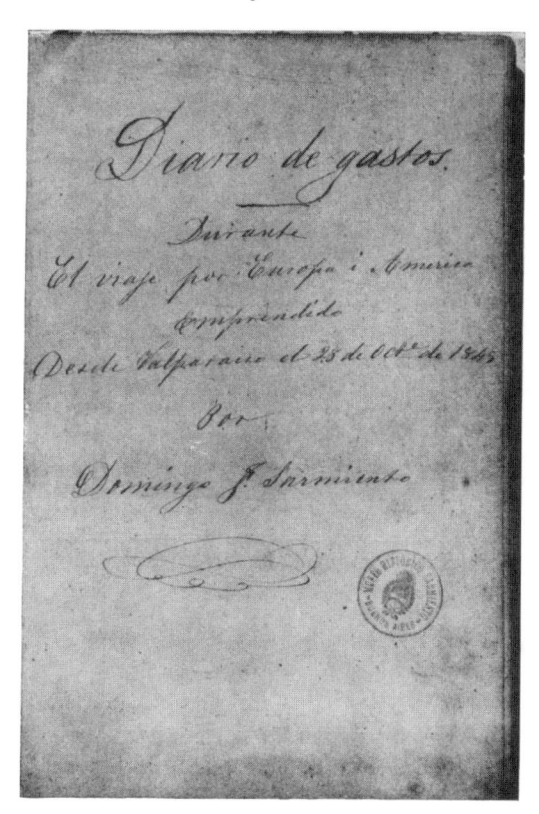

Facsímil de la portada del *Diario de gastos* de D. F. Sarmiento. (Original en el Museo Histórico D. F. Sarmiento. Buenos Aires, República Argentina.

---

[16] Domingo Faustino Sarmiento, *Obras Completas*. 52 volúmenes (Buenos Aires, Luz de Día, 1948-1956): vol. V, pp. 320 y ss.

[17] Museo Histórico Sarmiento, *San Martín y Sarmiento*. Conferencia pronunciada en el "Círculo Militar" el 13 de agosto de 1947, por el Director del Museo Histórico Sarmiento, Antonio Castro (Buenos Aires, Museo Histórico Sarmiento, 1950): pp. 18 y ss.

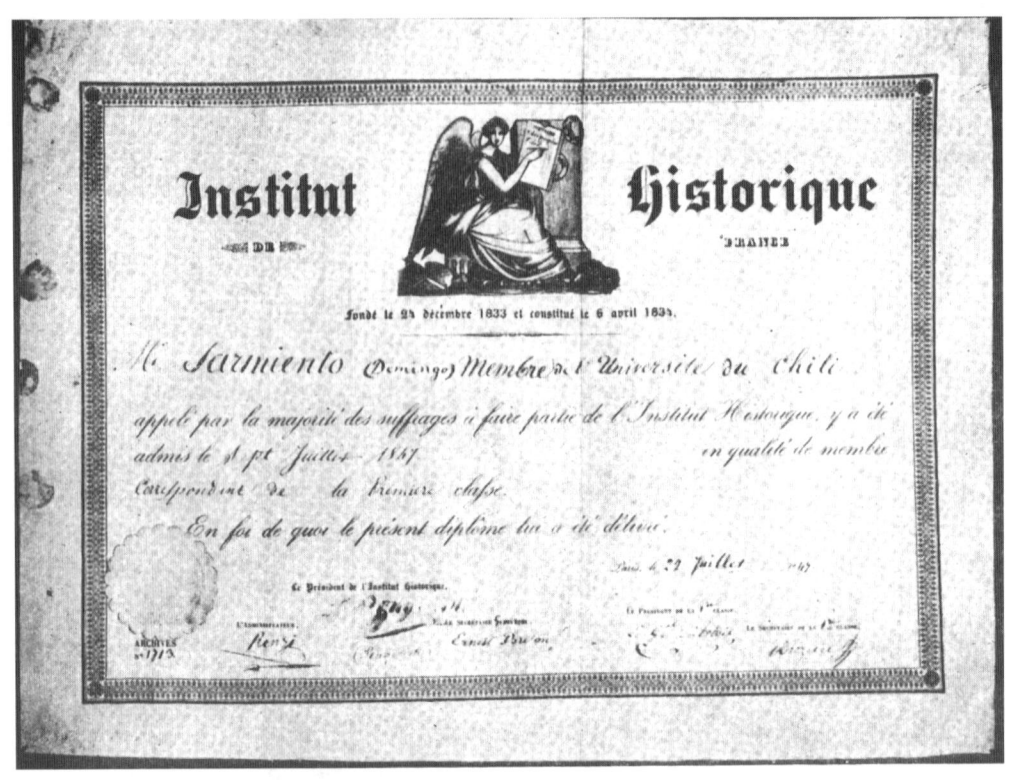

Diploma otorgado por el "Instituto Histórico de Francia". (Original en el Museo Histórico D. F. Sarmiento. Buenos Aires, República Argentina.

rros, y hasta tiene algunas fiestas poco discretas.[19] Entonces, con poco ánimo, se traslada a España.

En Madrid vive en la casa de Rivadeneyra, editor también de grandes escritores españoles. Va a los toros y al teatro Del Príncipe donde disfruta *El desdén con el desdén*, obra de Moreto que recitaba de mozo con Saturnino Laspiur en sus travesías por la cordillera. Quiere irse de España y así se lo confiesa a José Victorino Lastarria, su contacto en la madre patria. Se embarca para Cádiz y de ahí hacia Gibraltar y Valencia. Llega

---

[18] En su "Advertencia" Sarmiento dice que se trata de uno de los mejores recuerdos de viaje. Domingo Faustino Sarmiento, *Diario de Gastos durante El viaje por Europa i America emprendido Desde Valparaíso el 29 de octubre de 1845*. El manuscrito original de esta libretita que Sarmiento inicia el mismo día de su llegada a Francia (6 de mayo de 1846) se encuentra en el Museo Histórico D. F. Sarmiento, fue publicado en edición fascimilar en 1950 y precedido por un estudio de Antonio Castro. La versión en español del texto en francés, inglés e italiano del original la realizó Eduardo Suárez Danero.

[19] Es posible determinar con cierta precisión lo que Sarmiento leyó sobre África durante su estadía en Francia y Argelia. Además de los periódicos como *L'Illustration*, *Le National* y *La Quotidienne*,

a Barcelona donde se considera fuera de España: "otra sangre, otra estirpe, otro idioma". El encuentro casual con el enconomista inglés Richard Cobden le da motivo para el examen de la controversia entre librecambio y proteccionismo. A la vez comprende el valor de la propaganda en favor de las virtudes liberales: imponer una doctrina por la persuasión, por el sólo uso de la palabra. Así redescubre el valor de su carrera de publicista.[20] Conoce al ya famoso escritor francés Prospero Mérimée y al poeta Juan Thompson, hijo de Mariquita Sánchez.[21] Traba amistad con Ferdinand de Lesseps, futuro constructor del canal de Panamá y cónsul general de Francia en Barcelona, quien le recomienda especialmente al mariscal Bugeaud. En diciembre sigue a Mallorca y luego al África. El destino más "exótico" y también descuidado de su trayecto. En enero lo encontramos de regreso en el continente, en Marsella. Sólo a regañadientes se sentía medio moro, por vía materna era un Abs-al-Razin.

Ya de regreso en Europa pasea frenéticamente por Italia: Génova, Pisa, Civitavechia, Milán, Roma, Florencia. Se interna en Suiza y llega hasta Munich. Viaja por el Rin y conoce Gotinga. Desde Francia visita fugazmente Holanda y Bélgica. Se incorpora al Instituto Histórico de Francia y se despide de San Martín. De él dirá: "He conocido muchos personajes notables, a muchos de los cuales he debido mil atenciones. Estoy propuesto miembro del Instituto Histórico de Francia, y me recibiré dentro de ocho días". Sin dinero cruza a Inglaterra y desde Liverpool parte, a bordo del *Moctezuma* "al gran espectáculo de los Estados Unidos": el otro viaje.[22]

África según la egiptología

En África someterá con vehemencia, como casi todo en él, la experiencia a sus juicios éticos. Ve sombras, miseria, suciedad, furia religiosa. Luego de su encuentro con Abd-El-Kader, emir árabe y jefe de la resistencia contra los franceses, profetiza:

> Pidamos a Dios que afiance la dominación europea en esta tierra de bandidos devotos ... que la Francia les aplique la máxima musulmana: la tierra pertenece al que mejor sabe fecundarla.

---

seguramente se interesó por los publicados en Argelia, *La France Algérienne* y *La Revue d'Afrique*. En su *Diario* anotó también la compra de diversos documentos: "Étude sur l'insurrection du Dhara", "Lettre sur les affaires d'Algérie", "Deux planches costumes" y "Carte d'Alger".

[20] Norberto Rodríguez Bustamante en *Viajes II*, pp. 29 y ss.
[21] Elda Clayton Patton, *Sarmiento in the United States* (Evansville, IN, University of Evansville Press, 1976): p. 55.
[22] Carta de Sarmiento a Manuel Montt fechada en París el 15 de julio de 1847. Carlos Segreti (comp.), *La correspondencia de Sarmiento*. Primera Serie: tomo I, años 1838-1854 (Córdoba, Comisión Provincial de Homenaje a Sarmiento, 1991): p. 120.

¿Cuál es la moralidad de estos pueblos que viven en presencia de Dios y cuyos jefes se llaman el Servidor del Clemente, que eso quiere decir Abd-El-Kader, o el Servidor del Fuerte, traducción de Abd-El-Raman? Es imposible imaginarse deprivación moral más profunda ni hábitos de crímenes más arraigados. La historia no presenta nada comparable, sino en sus épocas más tenebrosas. El *agah* vive de las expoliaciones que ejerce sobre su propia tribu; una tribu emprende razzias (los malones de nuestros indios) sobre las otras para arrebatarles el ganado, y el jefe que los acaudilla corta con su propia mano la cabeza al infeliz cadi o *agah* a quien despoja de los bienes y de la vida.[23]

Al comenzar el siglo XIX África seguía siendo un misterio para Occidente. Los viajeros se limitaron a rastrear la huella napoleónica hasta que Sir Gardener Wilkinson inicia, por 1820, la genealogía de los grandes egiptólogos. Británicos, franceses, alemanes, italianos, holandeses se fascinan con el incierto mapa africano. Hasta entonces los cartógrafos no tuvieron otra opción que la especulación para delinear el interior del continente. El curso de los ríos africanos era pura intuición fantástica: el Nilo acompañaba al Níger. Ejercicios ficcionales que poco satisfacían las crecientes expectativas científicas de un público mejor informado y educado. Se reanima la Asociación para la Promoción y el Descubrimiento del Interior de África creada por Sir Joseph Banks, acompañante de Cook, que funcionaba en Londres desde 1788. No era solamente curiosidad geográfica. La élite europea, seducida por el desarrollo de las ciencias naturales y en particular por las investigaciones etnográficas, perfilaba la creación de un exotismo consciente. El movimiento filantrópico y humanista de fines del siglo XVIII ya había centrado su atención y energía en el conocimiento de las culturas "primitivas" como modelo de armonía social. El mito del buen salvaje fue moda y el contraejemplo de los despliegues del racialismo.

La misma movilización cultural que levantó el abolicionismo como bandera moral promovía una extraordinaria profusión de obras seudoetnográficas sobre Argelia y los árabes. Misiones arqueológicas en Siria, Palestina, Egipto y ejércitos etnólogos en Argelia. Se hacen famosos los compendios de "usos y costumbres de los árabes". La "Turquerie" representó una gran tendencia estética que hasta se animaba a incorporar la comicidad para representar los ambientes no occidentales: sultanes ridículos, anacronismo, eunucos, piratas. Fueron las óperas bufas, como *L'Italiana in Algeri*, de Rossini (para su época tan popular como el mismísimo Napoleón), las que a través de un *dramma giocoso* exaltaban el enfrentamiento de dos mundos, de dos culturas diferentes.

La mayoría de estos viajeros y exploradores, inspirados en la novedad y el exotismo, percibieron África como la antítesis del mundo occidental. La fascinación que el

---

[23] Domingo Faustino Sarmiento, *Viajes* II, pp. 120 y ss. Abd-El-Kader se entregó en diciembre de 1847 al general Lamoricière, apenas algunos meses después del encuentro con Sarmiento. Es sorprendente el silencio de Sarmiento sobre uno de los procesos históricos más decisivos en la historia del Magreb.

continente ejercía se vinculó a su carácter misterioso. Para la imaginación europea y la de sus admiradores era la tierra de las fuerzas ocultas, de los lugares inaccesibles, de los pueblos extraordinarios. Una fascinación que también se construía sobre lo indómito, de allí la hazaña exploradora.

El relato de viajes alimentó esta estampa heroica y aventurera, y difundió una visión de África coloreada por los propios fantasmas del eurocentrismo. Viajeros y expedicionarios ayudaron a desarrollar un trabajo de creación: el orientalismo. A su regreso al mundo occidental reciben recompensa, gratitud y honores. Olvidando a los propios pobladores africanos, se proclamaban los primeros en descubrir, recorrer, observar, saquear y exhibir.

Promediando el siglo, Sarmiento visita Argelia, África mediterránea. Los franceses la habían conquistado en 1830, comenzando una guerra colonial brutal y prolongada. Junto a Túnez y Marruecos, Argelia integra la región que los árabes ocupaban desde el siglo VII, el Magreb. Con una población estimada en tres millones de habitantes, algo más de la mitad era de origen bereber. Ambas culturas, bereber y árabe, convivían en un espacio relativamente estrecho entre el mar y el límite norte de las grandes praderas que circundan las ciudades costeras de Argel, Constantino, Tlemcen, Mascara, Orán, Miliana, Medea y Cherchell.[24] Los núcleos urbanos de la región eran frágiles. Con una base campesina permanente y otra itinerante, la fundación material de estas ciudades precoloniales argelinas obedecía a las necesidades del mundo rural y los intereses mercantiles. Con la invasión francesa, se reactivaron las actividades comerciales que fueron concentradas en ciudades predeterminadas, cuya actividad se organizaba alrededor de tres puntos focales: el bazar, la guarnición francesa y la mezquita principal.

La estructura política previa a la dominación colonial se había sostenido en una alianza de tribus rurales o linajes regionales (*gabyla* en árabe y *taqbilt* en bereber). La nación se dividía en cuatro regiones o provincias autónomas con Argel como capital de provincia y casa del sultán (Dar-es-Sultan). Esta sociedad fragmentada, rica en tradiciones campesinas, promotora de cultura urbana, diversa étnicamente, sufre la invasión del imperialismo francés. Un proceso que puede dividirse en cuatro etapas. La primera, entre 1830 y 1839, marcada por la ocupación de las ciudades principales. Una segunda, entre 1840 y 1847, caracterizada por un conflicto armado de más de siete años entre las tropas francesas y los partisanos de al-Amir Abdel Kader. Las fuerzas militares de ocupación lograrán entonces extender el dominio a las zonas rurales más ricas del norte. La tercera etapa que va desde 1848 (Argelia se convierte por disposición de la constitución de la Segunda República en parte integral del territorio francés), hasta

---

[24] Hacia 1830, la proporción de población urbana con respecto a la rural permanecía en apenas el 10%. Sin embargo, parte importante de las energías sociales de esta cultura provenía de sus centros urbanos. Las ciudades mayores por magnitud de población fueron: Argel con una población de cerca de 60.000 habitantes; Constantino con 35.000; Tlemcen con 20.000; Mascara con 12.000; Orán, Miliana, Medea con 10.000 y Chercell con 3000. Mahfoud Bennoune, *The Making of Contemporary Algeria, 1830-1987* (Cambridge, Cambridge University Press, 1988): p. 27.

1872, y finalmente el período comprendido entre 1873 y 1954 básicamente de sometimiento de las comunidades sedentarias de las montañas. Los dos primeros momentos fueron para la población nativa tiempos de diáspora, guerra y hambruna. Sarmiento debió de haber visto las marcas de esta fundación colonial, allí estuvo.

La invención de Argelia

La carta dirigida a Juan Thompson que relata sus experiencias africanas está fechada en Orán el 2 de enero de 1847. Su viaje al África será un viaje "sin poesía". Ve un Mediterráneo surcado por vapores, calderas, chimeneas. Le espera una travesía colmada de obstáculos, desdicha, ruta incierta, insoportable. Sabe que "desciende" y lo va informando. Por fin, luego de tres noches entran en Argel, la desconoce:

> Argel basta con efecto para darnos una idea de las costumbres y modo de ser orientales; que en cuanto a Oriente, que tantos prestigios tiene para el europeo, sus antigüedades y tradiciones son letra muerta para el americano ... Nuestro Oriente es la Europa.[25]

No había misión oficial en Argelia. Sí cierta necesidad de reforzar sus teorías sociales en un escenario exótico. Simular vivencias era un camino; aprender de la colonización francesa, un deber moral. Escribirá en 1887 maravillado por el desarrollo de las provincias argentinas beneficiadas ampliamente con el aporte inmigratorio:

> [El viajero] no se hallaba en Argel en 1846 por casualidad, que no está aquel territorio africano en el itinerario de los viajeros a Europa, sino para visitar y recorrer la África francesa y ver en Orán, en Mascara el estado de la colonización europea, y la emigración francesa y española que la suministraban.[26]

En su capítulo "La Rioja" de *Facundo*, Sarmiento había tomado una cita de Roussel de su libro *Palestina*, nación que por otro lado nunca conocerá: "su color rojizo, la sequedad de algunas partes y sus cisternas ... pueblos de aspecto triste, taciturno, grave y taimado, árabe que cabalga en burros y viste a veces de cuero de cabra como el ermitaño de Engaddy". Dirá del llanista: "es el único que ignora que es el ser más desgraciado, más miserable y más bárbaro, y que gracias a esto vive contento y feliz cuando el hambre no lo acosa".[27] Las varias decenas de páginas que posteriormente consagra a Argelia trasuntan esta fuerte disposición moral.

---

[25] D. F. Sarmiento, *Viajes* II, p. 105.
[26] Citado en Paul Verdevoye, "Viajes por Francia y Argelia" en D. F. Sarmiento, *Viajes...* Edición crítica de Javier Fernández, p. 690.
[27] Preferí aquí trabajar con la edición santafesina, D. F. Sarmiento, *Facundo - Civilización y barbarie* (Santa Fe, Librería y Editorial Castellvi, 1966): pp. 113-114.

Sarmiento queda preso de toda la paraliteratura orientalista y reifica tres de sus íconos fundamentales: los árabes descienden de Abraham, por su hijo Ismael; son nómades y habitan el desierto, y el África del Norte y el Mediterráneo (en suma el mundo árabe) son antiguas provincias romanas, occidentales, usurpadas por el Islam desertificador. Su reconquista era, sobre todo, un imperativo escatológico.[28]

En él la teoría precede al acto, la ideología a la observación. Contrariamente a lo que ocurre con el resto de su trayecto, Argelia es ya, en su espíritu, un país familiar. A través de su orientalismo, el árabe se vuelve un objeto de laboratorio, instrumento filológico, parte de la cadena evolucionista. Se lo arranca de las ciudades, aldeas y granjas (su medio histórico) y se lo arroja al desierto (su medio mítico).

Ya en Argel, el "país de la cal", lo sorprenden misteriosas mujeres "moriscas" que atraviesan las calles envueltas de pies a cabeza en una nube de velos. Árabes cubiertos con el "albornoz blanquizco, sucio y desgarrado". Barrios oscuros, hileras de tiendas, pasadizos sombríos y húmedos que forman calles tortuosas. Es una Argel africana que ve o imagina más allá de las fachadas de la dominación francesa. Paisaje humano sometido a una naturaleza bruta y sublime. Los franceses, dice, "también se habían dejado fascinar por aquella apariencia tranquila del paisaje y la sociedad argelinas".

Su pasión liberal es tributaria de fuertes sentimientos antirreligiosos. Reconoce en la herencia española que detesta, el legado de una iglesia colonial embelesada con la contrarreforma y el oscurantismo. También se ensaña con el espíritu religioso musulmán que ve como un todo que gobierna el carácter de comunidad. Para ellos "todo es religioso, desde la venganza hasta el pillaje":

> El embozado bornoz árabe está ahí siempre, y bajo sus anchos pliegues, un pueblo original, un idioma primitivo, y una religión intolerante y feroz por su esencia, que no acepta sin la perdición eterna el trato siquiera con los cristianos. La tristeza habitual del grave semblante árabe está revelando, en su humildad aparente, la resignación que no desespera, la energía que no se somete, sino que aplaza para días mejores la venganza, la rehabilitación y el triunfo.[29]

Descubre la belleza de la llanura de la Mitidja, lado opuesto de la primera cadena del Atlas: "elevación majestuosa y solemne como la mampara que oculta los misterios del África central". Naturaleza y barbarie con oasis de civilización: la colonia militar francesa de Beni-El-Merrch "notable por la hermosa columna elevada a la memoria de treinta y dos soldados que se defendieron contra cuatro mil árabes".

---

[28] Silmane Zeghidour, "Sarmiento y su viaje por Argelia". *La Gaceta* (Traducción del francés de Ricardo Casterán) (San Miguel de Tucumán, 4 de septiembre de 1983).

[29] Domingo Faustino Sarmiento, *Viajes* II, p. 109. Son sus mismas tesis sobre el gaucho en el Río de la Plata: "el gaucho es moro". Según su visión, el aislamiento, su rencor antieuropeo, su psicología traicionera, lo llevan a ser enemigos mortales de la civilización: "la barbarie incurable de nuestras pampas argentinas".

Curiosas operaciones de la memoria. Ya por entonces las masacres francesas en territorio africano se rechazaban en todo el mundo, y la pobreza y despoblación que originó la ocupación, inocultables.[30] Curiosas operaciones de su "honrilla literaria". Sarmiento se conmoverá por aquel hito civilizatorio del general Arnault al señalarle en *La Revue des Deux Mondes*, un estudio de su *Civilizacion i Barbarie* de Charles de Mazade: "Vea Usted (dice Sarmiento que dijo el general) cómo en el centro de África, estamos al corriente de lo que pasa en el mundo". Él era el mundo.[31]

Es contrario a la integración. Sus ideas están más cerca de las soluciones finales. Su juicio es severo como lo será su animal político. El sueño de libertad de "aduanas, gendarmes, estanco y constitución" sólo es posible por la imposición y la violencia. Su fórmula para acabar con las montoneras argentinas o árabes siempre se sostuvieron en la ideología de una armonía impuesta:

> Jamás la barbarie y el fanatismo han logrado penetrar más hondamente en el corazón de un pueblo, y petrificarlo para que resista a toda mejora. Entre los europeos y los árabes en África no hay ahora ni nunca habrá amalgama ni asimilación posible; el uno o el otro pueblo tendrá que desaparecer, retirarse o disolverse, y amo demasiado la civilización para no desear desde ahora el triunfo definitivo en África de los pueblos civilizados.[32]

Su proyecto requiere estereotipos y África completa su visión racial. En *Viajes*, Sarmiento trazaría con claridad meridiana los perfiles de su modelo social. Sus orientaciones ideológicas tomarán al poco tiempo un camino definitivo. La revolución de 1848 y su posterior fracaso le revelan el abismo existente entre el progreso y las demandas sociales. En el prólogo de *Educación popular* (1849) describe Huangalí, un barrio popular en Santiago como un escenario de agitación y barbarie que amenaza el orden, de la misma forma en que el proletariado francés desafía el de la civilización europea.[33] La riqueza debía ser adjetivada por la cultura. Fue un defensor de una élite ilustrada, producto más de su torturada imaginación que de la fábrica social. Propone una aristocracia del conocimiento, programas educativos para las masas ignorantes y el ex-

---

[30] Numerosos testimonios dieron cuenta de la índole del proyecto colonial. Entre ellos el del Duque de Orleans sobre la destrucción de Mascara, la capital de Abdel-Kader, bombardeada por las tropas francesas en 1835. Duc d'Orléans, *Récit de Campagne* (París, Calmann Levy, 1892): pp. 139-140. Los datos demográficos indican un fuerte proceso de despoblación de las ciudades como resultado directo de las políticas de "pacificación" de la colonización. El país en su totalidad perdió cerca de 1.000.000 habitantes solamente entre 1850 y 1870. J. Ch. M. Boudin, *Histoire statistique de la colonisation en Algérie* (París, Bailliers, 1853): p. 53.

[31] D. F. Sarmiento, *Viajes* II, pp. 140-141.

[32] Ibid., pp. 122-123.

[33] Domingo Faustino Sarmiento, "Educación popular" en *Obras completas* de Domingo Faustino Sarmiento, vol. XI (Buenos Aires, Editorial Luz de Día, 1950).

terminio de los focos de barbarie.³⁴ Su proyecto cultivó también una preferencia racial y un orden internacional:

> Cuatro millones de seres humanos están agonizando de hambre en Irlanda; mendigos a quienes ninguna enfermedad aqueja, asaltan en bandadas las campiñas de Bélgica y de la Holanda; la caridad inglesa se agota para alimentar sus millones de pobres, y millares de artesanos se amotinan todos los días, porque su salario no alcanza a apaciguar el hambre de sus hijos. Mil prusianos han desembarcado en estos días en África, para recibir del gobierno la tierra que iban a buscar en Norteamérica ... Cien mil europeos reunidos en África en despecho de los estragos de la fiebre, que mata uno de cada tres que llegan; y trazándose el plan para hacer venir dos millones en seis años más ... ¿Por qué corriente del Atlántico, que desde Europa acarrea hacia el Norte la población, no puede inclinarse hacia el sur de la América, y por qué no veremos Ud. y yo en nuestra lejana patria, surgir villas y ciudades del haz de la tierra, por una impulsión poderosa de la sociedad y del gobierno, y penetrar las poblaciones escalonándose para prestarse mutuo apoyo, desde el Plata hasta los Andes ... llegar con la civilización y la industria hasta el borde de los incógnitos Saharas que bajo la zona tórrida esconde la América?³⁵

En sus tesis, Sarmiento afirma que la civilización es una aptitud moral y física. Para Sudamérica, estos signos de civilización se encuentran en la Europa antiespañola. Los atributos de una sociedad del progreso: invención, producción y empresa deben ser inyectados como parte de una refundación nacional. *Viajes*, y sobre todo en el itinerario africano, se parece poco al relato de un viaje y por lo tanto su viaje ha quedado sin crónica. Como casi todo hombre de letras de entonces, y a diferencia de los viajeros, sus impresiones se sometieron a sus fantasmas. El romanticismo fue apenas una burda traducción de ficcionalidad al servicio de una pluma egocéntrica e inescrupulosa.

El viaje de las cartas

El núcleo de las ideas de Sarmiento se expresa en la oposición entre civilización y barbarie y adquiere estado público a partir de la publicación de *Facundo*. Se trata de la fundación y racionalización de una dicotomía impuesta como paradigma del proceso

---

[34] Ducey compara las tesis de Sarmiento a las ideas que sobre la frontera de Estados Unidos desarrolló Frederick Jackson Turner. A pesar de las diferencias, y en el caso de Sarmiento tampoco se trató de un planteo sistemático, es cierto que la expansión y el poblamiento fueron para ambos la clave del desarrollo. Cathryn Ducey, "Travel Narratives of D. F. Sarmiento: A Seminal Frontier Thesis" en Steven E. Kagle (comp.), *America: Exploration and Travel* (Ohio, Bowling Green State University Popular Press, 1979).
[35] D. F. Sarmiento, *Viajes* ..., 1958, pp. 146-147.

de modernización de América latina. Aunque la naturaleza de sus escritos y acciones fueron variando y hasta oponiéndose, Sarmiento fue un apasionado admirador de los ideales del liberalismo europeo.

Su legado es político e ideológico. La eficacia de su prosa radica en la organización de las imágenes que siguen un patrón de simetrías y repeticiones, provocando un peculiar orden narrativo, su forma artificial de crear lealtades en los lectores y una mascarada histórica. Aun sus textos más realistas son creaciones artísticas. Preso de la ambigüedad de su tiempo, la potencia de su prosa y su talento se asentarán fundamentalmente en su personalidad y en su compromiso con el eterno conflicto. Literatura y política, autobiografía y destino nacional, hombre de letras y funcionario, los textos de Sarmiento subsumen estas categorías en una vocación por la acción.[36]

Viajes es el ejemplo perfecto de esta estructura. Sus ideas sobre razas y destinos nacionales dependen de la articulación retórica de los valores liberales que enfatiza los aspectos interpretativos de su narrativa.[37]

Me resulta difícil verificar en *Viajes* ese mito construido alrededor de cierta capacidad personal de dejarse maravillar por todo lo que en la realidad diversa y adversa lo contradice, "esa inmersión feliz del autor en los vaivenes de la experiencia".[38] El acto de escribir es en Sarmiento un ejercicio de poder. Su selección y ordenamiento temático junto a su estilo directo intentan producir un efecto calculado en su audiencia obligada a una complicidad íntima. Obviamente sus estrategias epistolares mal esconden un fuerte deseo de difundir sus impresiones, ideales y opiniones. Necesita imponer sobre las formas de vida nacionales un modelo de sociedad liberal y burgués, y de ganarse un lugar de prestigio entre la *intelligentsia*. La carta de su viaje al África es en gran parte propaganda política montada en una literatura autobiográfica y fabuladora hasta la saturación.

Su idea de encarar una descripción costumbrista y crítica de los pueblos africanos no está desvinculada de la popularidad que adquiría por entonces el género literario de *manners and customs*. Sarmiento conocía bien la avidez de los lectores por conocer sociedades diferentes y sobre todo exóticas; él lo llamaba brindar "el tinte peculiar de la época". Muchos de los relatos de viajeros de principios de siglo acuñan esta identidad. Para 1830 hasta los más elementales diarios de viajes debían contener información sobre hábitos y costumbres de las comunidades observadas. En estos casos, se abandonaba parcialmente la estructura del canon del género para concentrarse en las

---

[36] Sobre la "originalidad" de Sarmiento véase Adolfo Prieto, *La literatura autobiográfica argentina* (Rosario, Biblioteca, 1968): p. 9.

[37] William Katra denomina *performative* este tipo de composición cuya función es la de alterar más que describir una realidad. William Katra, "Rereading Viajes: Race, Identity, and National Destiny" en Tulio Halperín Donghi, et al, *Sarmiento. Author of a Nation* (Berkeley/Los Angeles/London, University of California Press, 1994).

[38] Textual de Juan José Saer, "Liminar: Sobre los *Viajes*" en D. F. Sarmiento, *Viajes*. Edición crítica de Javier Fernández, p. XV.

descripciones culturales. La observación directa y personal sigue siendo fundamental, pero la personalidad del autor y el itinerario del viaje en primera persona son removidos hacia un subtexto, y reemplazados por una más lograda exposición en tercera persona. Se produce un desplazamiento hacia una forma de reflexión etnográfica y antropológica. Igualmente Sarmiento, cuándo no, demostrará cierta indisciplina ante los rigores de la moda. Su meta no era la popularidad, sino el prestigio.

Aunque en apariencia se relatan los asuntos de la sociedad contemporánea, este subgénero se caracterizó en parte por construir un discurso capaz de combinar lo arcaico con lo moderno, presentando el pasado como actualidad. Oportunidad excelente para los que intentaron escribir con pretensiones de anticuario y juez. Sarmiento practicaba este oficio de costumbrista crítico, y las escenas cotidianas eran los objetos preferidos de tales descripciones:

> He recibido la *diffa* (comida que el aduar suministra a los enviados del gobierno) en cuatro aduares (reunión de veinticinco tiendas) de tribus diversas, y más o menos rancia la mantequilla; un jarro de lata con la impresión de los dedos de tres generaciones, en lugar de una vasija de cobre; algunos cardos silvestres, o un puñado de dátiles por añadidura, en todas partes la *diffa* es siempre la misma ... Ya conoce Ud., pues lo visible de la vida de la tienda, y no se empeñe en penetrar en lo doméstico que debe de ser tal para cual. Las mujeres no se presentan a la vista de los extraños, aunque se pueda desde la tienda de recepción oír sus voces guturales en una subdivisión contigua.[39]

Sarmiento replicará los pasos de Tocqueville, le envidia su fama mundial. De hecho es inexplicable que no haya querido verlo cuando en diciembre de 1846 ambos fueron recibidos por el gobernador de Argelia, el mariscal Bugeaud. El aristócrata francés fue un observador reflexivo. Sarmiento espera sorprender y entretener con sus viajes de forma impresionística. Los dos son profundos admiradores de Estados Unidos. Ambos también se cuidan de reproducir esa energía social en sus países natales. Los dos nacieron al calor de grandes cambios revolucionarios y viven su madurez en plena época de restauración. Por un lado, profundamente liberales y republicanos. Por otro, críticos de las revoluciones románticas y amantes de proposiciones realistas. Los dos representan una generación cuya responsabilidad como élite fue forjar una síntesis entre la institucionalización de los principios liberales y un orden social jerárquico. Los dos conservadores.

El interés de Tocqueville por Argelia se inscribe en el marco de la doctrina colonial que atraviesa su propia biografía política. Algunos de los escritos más importantes coinciden con su plena actividad parlamentaria.[40] Termina *Lettre sur l'Algérie* (1837) cerrando la campaña proselitista para lograr su elección como diputado. Algunos años más

---

[39] D. F. Sarmiento, *Viajes* II, p. 132.
[40] Alexis de Tocqueville, *De la colonie en Algérie*. Presentación de Tzvetan Todorov. (Bruselas, Éditions Complexe, 1988).

tarde, se embarca por primera vez hacia Argelia en compañía de su amigo Beaumont. Escribe un diario de viaje. El periplo apenas dura dos meses, entre mayo y junio de 1841 y con este material organiza su *Travail sur l'Algérie*. De regreso a su país completa sus memorias e impresiones sobre la situación colonial argelina en *Rapport sur l'Algérie* (1847) y como diputado participa hasta 1849 en diversas comisiones que examinan la situación colonial y el problema de la esclavitud. Tocqueville desarrolla una teoría colonial, habla de la población argelina, de los asentamientos y expropiaciones francesas, de las autonomías indígenas, de la esclavitud.

El interés de Sarmiento por África es menos comprometido, más superficial, profundamente ideológico. Es ingenuo pensar que había sido desbordado por el escenario argelino: "estaba pues en Argel, que desde Chile formaba parte muy notable de mi programa de viaje".[41] No cabe duda de que la naturaleza utópica y conservadora de estos textos monta un sistema que falta sistemáticamente a la verdad de las historias argelinas. La correspondencia le brinda un espacio de manipulación retórica a la tensión entre sus juicios éticos y las evidencias de la realidad colonial.

Sarmiento es aquí, en toda la acepción de la idea, un escritor *bricoleur*.[42] *Viajes* concibe la escritura como acción capaz de transformar la realidad. Así el *travelling* se desvanece como acto de reconocimiento, y desde allí se organiza en firmes presupuestos: el viaje como destierro, la experiencia como elemento de naturaleza literaria y un relato controlado por un sistema idealista de analogías. Una suerte de constelación estética y moral que se despliega en cinco proposiciones generales que acompañarán toda su narrativa.

Primera proposición: el exilio. Cuando a fines de 1845 inicia su viaje a Europa, Argelia y Norteamérica, Sarmiento ya ha sufrido dos veces el destierro en Chile. Sus trabajos más prominentes nacen en esta época.[43] Aunque ahora se trataba de una misión oficial, el viajero organiza sus relatos en un tono polémico, irónico y acusador, como si no pudiese evitar el curioso entusiasmo y la irritación que le despierta el desplazamiento. Todo lo hace con certeza. Ciudadano del mundo, no porta extranjería, lleva consigo imperturbables los rasgos de su cultura, practica una literatura de la resistencia. Las cartas son un vehículo ideal para la arbitrariedad del orden de sus pensamientos que deben recorrer distancias, llegar a destinatarios precisos, articular lealtades y silencios:

---

[41] D. F. Sarmiento, *Viajes* II, p. 105. El comentario corresponde a mi desacuerdo con algunas interpretaciones filológicas acerca de la espontaneidad tanto en la forma como en el contenido de la correspondencia que integrará el texto referido.

[42] Concepto tomado de Lévi-Strauss por William Katra, *Domingo F. Sarmiento, Public Writer (between 1839 and 1852)* (Tampa, Arizona, Center for Latin American Sutdies, Arizon State University, 1985): pp. 42 y ss.

[43] Su estadía en Chile entre 1840 y 1852 fue la más prolífica en producción literaria. Allí escribió y publicó el mencionado *Facundo* (1845), *De la educación popular* (1848), *Recuerdos de provincia* (1850), *Argirópolis* (1850) y *Campaña en el Ejército Grande* (1852).

Y como en las cosas morales la idea de la verdad viene menos de su propia esencia, que de la predisposición de ánimo, y de la aptitud del que aprecia los hechos, que es el individuo, no es extraño que a la descripción de las escenas de que fui testigo se mezclase con harta frecuencia lo que no vi, porque existía en mí mismo, por la manera de percibir; trasluciéndome más bien las propias que las ajenas preocupaciones.[44]

Segunda proposición: la simulación de la experiencia. Sarmiento desatiende las evidencias, su obsesión es la acusación. Anuncia "misceláneas de observaciones, reminiscencias, impresiones e incidentes". Como frutos imperfectos de "ver por sus propios ojos" y "de palpar" otras naciones.

El término árabe no designaba a un pueblo ni siquiera a una etnia. Arabia fue una nomenclatura occidental que sólo supo apreciar hasta la exageración el encanto de sus perfumes y hierbas aromáticas. El nomadismo no determinaba una etnia, era el modo de vida propio de todas las poblaciones de regiones fronterizas del desierto. Desde la Antigüedad y hasta nuestros días, los árabes beduinos sólo representaron una ínfima minoría. La cultura islámica prosperó en las regiones agrícolas y urbanas de Siria, África del Norte, Andalucía, y no en el desierto. Por esto las abstracciones de Sarmiento no resisten el menor atisbo histórico. Sus descripciones fueron más bien el producto de una "existencia ambulante" y necesitaron apelar al partidismo de sus destinatarios, es decir, los mejores lectores: "pido a mis amigos toda la indulgencia del corazón, para tener a raya la merecida crítica que sobre su importancia no dejará de hacer el juicio desprevenido".[45]

Tercera proposición: la naturaleza literaria del relato. Murmura cierta decadencia de un género "muy manoseado" que sólo parece interesado en "buscar entretener la atención de los lectores". Pero al mismo tiempo reconoce en el "viaje escrito" páginas de oro de la literatura. Falseando la naturaleza del género y sus mismas raíces, sobre estas "impresiones de viaje" dice:

> Han sido explotadas por plumas como la del creador inimitable del género, el popular Dumas, quien con la privilegiada facundia de su espíritu, ha revestido de colores vivaces todo lo que a caido bajo su inspección, hermoseando sus cuadros casi siempre con las ficciones de la fantasía, o bien apropiándose acontecimientos dramáticos o novedosos ocurridos muchos años antes a otros, y conservados por la tradición local, a punto de no saberse si lo que se lee es una novela caprichosa o un viaje real sobre un punto edénico de la tierra.
>
> Sobre el mérito puramente artístico y literario de estas páginas, no se me aparta nunca de la mente que Chateaubriand, Lamartine, Dumas, Jaquemont han escrito viajes, y han formado

---

[44] D. F. Sarmiento, *Viajes* I, Prólogo.
[45] *Ibid.*

el gusto público. Si entre nuestros inteligentes, educados en tan elevada escuela, hay alguno que pretenda acercárseles, yo sería el primero en abandonar la pluma y descubrirme en su presencia. Hay regiones demasiado altas, cuya atmósfera no pueden respirar los que han nacido en las tierras bajas, y es locura mirar el sol de hito en hito, con peligro cierto de perder la vista.[46]

La trascendencia del relato africano no fue del orden histórico-político, sino básicamente moral y estético. A Sarmiento nunca le preocupó corregir ninguna de las ediciones que se llevaron a cabo durante su vida. Así concebía la empresa literaria aun de aquellas obras que él mismo consideró menos fundamentales.

Cuarta proposición: el control de la narración. Sarmiento desdobla el viajero del escritor, "he escrito lo que he escrito". Se embriaga con la posibilidad de descripciones verdaderamente bellas, una inclinacion natural a lo fantástico y lamenta el "tormento del viajero", que ni siquiera considera como condición narrativa. Fastidio, incomodidades, monotonía, duplicaciones de la realidad. El viaje como experiencia es desencanto, el relato se impone fascinante. Habla de una solidaridad entre el narrador y la narración, de la visión y los objetos, de la materia de examen y la percepción. Propone así una espiritualización del texto en una operación que somete la observación a la conciencia. Embarcándose en ruta a Argelia se queja:

¡Dios mío! ¡Qué es lo que veo! Una lancha de diez varas de largo y tan recargada, que los marineros lavaban sus utensilios inclinándose desde abordo hacia el mar. Cuento los pasajeros; treinta cerdos ocupan los dos tercios de la cubierta, y en el espacio restante, sobre una pirámide de fardos, pipas y envoltorios, deben acomodarse tres mujeres, cuatro marineros, cinco pasajeros de bodega, dos perros que no piden permiso para acomodarse en las faldas del primero que se ofrece, amen de pavos y gallines diez docenas. Compadeciéndome de estos infelices, pregunto yo por mi camarote. Camarote? Me repite el patrón soriéndose respetuosamente... donde Usted guste...[47]

Quinta proposición: una política de analogías. Sarmiento instala un sistema permanente de paralelos que desde la lectura recrean condiciones de apropiación. Un necesario juego de asociaciones que busca la familiaridad de lo observado y que, sobre todo, sostiene gran parte del mensaje ideológico. Transportes de la imaginación capaces de colocar frente a frente fisonomías exteriores, tan desiguales, como las del Sahara y la pampa:

---

[46] *Ibid.*
[47] D. F. Sarmiento, *Viajes* II, p. 103.

Y de improviso, con la abrupta petulancia de la imaginacion para transportarse de un lugar a otro sin transición racional, acaso guiada sólo por la análoga fisonomía exterior del Sahara y de la Pampa, yo me encontré en América, de este lado de los Andes, donde Ud. y yo hemos nacido.[48]

Desplazamiento sobre "aquel espectáculo" fronterizo de sociedades diferentes, que lo conforman a reflexionar:

El hecho es que bellas artes, instituciones, ideas, acontecimientos, y hasta el aspecto físico de la naturaleza de mi dilatado itinerario, han despertado siempre en mi espíritu, el recuerdo de las cosas análogas en América, haciéndome, por decirlo así, el representante de estas tierras lejanas, y dando por medida de su ser, mi ser mismo, mis ideas, hábitos, e instintos.[49]

Busca la familiaridad pero sobre todo la lección moral. Su objetivo es llevar la comparación al terreno de las luchas intestinas, decidir allí el combate.[50] Sarmiento no anticipa ningún *flaneur*, es todo lo contrario, un alma sin cuerpo. Su relato girará alrededor de una ausencia que, paradójicamente, se convierte en el punto de referencia cardinal de los *Viajes*: el espectáculo de la guerra en el Río de la Plata.

¿Por qué la corriente del Atlántico, que desde Europa, acarrea hacia el Norte la población, no puede inclinarse hacia el sur de la América . . . ? Cuando la serie de mis ideas hubo llegado a este punto, sacudí la cabeza para asegurarme de que estaba despierto, y poniendo espuelas al caballo, cual si quisiera dejar atrás el mal genio que me atormentaba, llegué bien pronto a incorporarme con mis gentes, detenidas en torno de alguno que refería los detalles de un desastre. Los árabes acababan de dejar por muertos a los conductores de un carruaje, y en otro punto vecino yacía cubierto de heridas y exánime el cadáver de un colono asesinado. ¡He aquí, me dije, la realidad de las cosas! ¡Ahora puedo, por lo menos, estar seguro de que no sueño! ¡Hay sangre y crímenes! ¡He aquí lo único posible y hacedero![51]

---

[48] *Ibid.*, p. 145. Dicha capacidad se atribuye casi ingenuamente a la incontrolable fuerza de su prosa y al genio de su pluma. Una versión grotesca de esta construcción de la figura del prócer en Mario Quiroga, *Sarmiento y sus viajes*. Disertación de extensión cultural realizada el 23 de octubre de 1943 con el patrocinio de la Sociedad Popular de Educación "Antonio Mentruyt" de Lomas de Zamora (Buenos Aires, 1944): p. 39. El mismo Borges en el prólogo de *Recuerdos de provincia* (Buenos Aires, Emecé, 1944) dirá: "cualquiera puede corregir lo escrito por él, nadie puede igualarlo".

[49] D. F. Sarmiento, *Viajes* I, Prólogo.

[50] Adriana Rodríguez Pérsico, Hebe Clementi y Susana Zanetti, "Sarmiento y su visita al exterior" en *Jornadas Internacionales Domingo Faustino Sarmiento* (Neuquén, Departamento de Letras, Facultad de Humanidades, Universidad Nacional del Comahue, 1988): pp. 43-88.

[51] D. F. Sarmiento, *Viajes* II, pp. 146-147.

Ciertamente implacable, conoce y utiliza a la perfección la contundencia de su maniqueísmo afiebrado. Argelia es su viaje al centro del mundo. Un centro en el que se reencuentran lo buscado y el que busca, y como en un espejo concluyen su identidad. Una fábula circular que recorre el ciclo de la sabiduría. Lo que domina la parábola africana es un reencuentro en su propia identidad, un cauce ideológico central para su pasión por las letras y el mando. En algún sentido un viaje iniciático.[52] Un destino para el lugar privilegiado de su pensamiento donde es posible imponer una teoría, suprimir la realidad... el triunfo de la hegemonía de la gracia.[53]

Reaccionando sobre un medio al que juzgaba doblegado y bajo los efectos de su convicciones, Sarmiento orientalista prefigura rasgos del intelectual latinoamericano, busca e inventa esencias del *ethos* nacional. En cualquier caso, es una pena que este futuro presidente de los argentinos nunca se haya animado a hacer el relato de su viaje.

---

[52] Curioso recorrido el de esta investigación que culminó con la relectura de Julio Verne y la necesidad de desempolvar ese fino clásico de R. Bellour y otros, *Verne: Un revolucionario subterráneo* (Buenos Aires, Paidós, 1968).

[53] Dirá Martínez Estrada sobre Sarmiento: "Si la actitud de lucha puede adquirirse como un doblez desde las primeras decisiones, las primeras decisiones responden a una predeterminada tesitura ética, a un destino, a una irremediable gracia, para usar el lenguaje de las esencias". Ezequiel Martínez Estrada, *Sarmiento* (Buenos Aires, Argos, 1956): p. 202.

Epílogo

Los engaños de una teoría del viaje o el sueño de Ariadna

El cielo, han transmitido los discípulos de Pitágoras, es la primera concepción del tiempo. Con su movimiento ordenado, permite una medición temporal perfecta. Desde el preciso momento de la fundación numérica de la filosofía, el tiempo se comunica como concepto cíclico del mundo y de la vida humana. Frente al 'tiempo cero', cíclico, un tiempo infinito, el laberinto es su cuerpo. En el primer caso el eterno retorno; en el segundo, un viaje imposible hacia un tiempo fuera del tiempo. Cielo y laberinto son dos poderosas figuras que violentan la vida del viaje.

En Wanderer (*Der Wanderer und sein Schatten* [1879]), Nietzsche imagina el tiempo en la metáfora del viaje. El Wanderer es un conocedor incansable. El conocimiento es su destino. Pero el viaje insiste en retroceder hacia la hipnosis del eterno retorno de los griegos. Puesto así, todo es previsible. El retorno a la tierra natal, al Eterno. Desde la literatura se ha asumido y desplegado la ensoñación de la eterna partida. La navegación de un itinerario limitado, sin historia. Por mucho tiempo, las poderosas ideas circulares de la iniciación han confinado las crónicas de viajes. Ese mítico viaje naufragio-segregación insular-nueva génesis de *Robinson Crusoe*.

¡Está bien!, el viaje es una metáfora escatológica de la muerte, pero en el sentido platónico del movimiento, del espíritu hacia la verdad. El viaje une el espíritu con la verdad. La identidad yo-mundo es el punto de llegada del viajero, ser y realidad se corresponden. El conocimiento es fruto del movimiento y el viaje es su acción, un instrumento del cambio de la utopía humana. La búsqueda del *lost paradise* social.

Su edificio se emplaza en el lenguaje que da un sistema visual; relato ilustrado, imágenes con significado. Tal sentido ha seguido un orden que le va siendo propio, el de su escenario, la estructura y la experiencia. El poder de significar este lenguaje a través del código del *traveler-voyageur* se fija hoy en un lugar cada vez más seguro. Las rutas del tránsito asaltan los interiores metafísicos, las rutinas del diario perforan la ficción, el consciente y el espíritu se nutren de la observación. Se humaniza el bello horror por lo sublime. La naturalización de la libertad hizo que el canon de lo verdadero del universo de los signos se deslizara hasta el de la señal. Despotismo de la expresividad, cultura de la mirada que organiza el mundo en imágenes haciendo una imagen del mundo.

Quien hable de la narrativa de viaje –aunque sea con erudición– desde la Antigüedad clásica hasta Chatwin y borre así la aparición del género entre fines del siglo XVIII y principios del XIX dejará escapar aspectos capitales de esta historia, si es que no se pierde lo esencial.[1] Dejará escapar, al mismo tiempo, la posibilidad de poner en claro una época decisiva de los orígenes del capitalismo y una profunda mutación de la sociedad, la ocasión de determinar, a propósito de la praxis del viaje y su relato, un fenómeno vital del gran relato de la modernidad: el proceso de espacialización, en toda su dimensión material y simbólica, del proyecto cultural eurocentrista.

Enfatizar la zona de contacto es relativizar el exotismo, enfriar la excitación estética y evitar la condena moral. Por el contrario, estos nautas se encontraron con el deseo de aprehender la alteridad y las restricciones de toda un época cultural.

El paso de una época a otra comporta cierta melancolía. Desde el siglo XVIII, todo es realidad, contundente, monstruosa, humana. El esteticismo, apenas una contingencia. Un esfuerzo que irradia el vigoroso sabor de la imagen insospechada, del texto necesario.

Los viajeros modernos organizaron el relato de sus expediciones alrededor de hitos y sitios, actos de reconocimiento que las operaciones de representación van practicando en un itinerario. La observación fue la forma más importante del conocimiento, seguro de que la realidad nunca decepciona. Observar es redescubrir, representar, difundir. Fueron a la batalla con ilusiones. Libros como *Personal Narrative*, *Flora Brasiliensis* o *The Voyage* tuvieron una función crucial en la fábrica de la nueva geografía. Un texto elegante y ágil que emergió de los avances de la tecnología de la impresión, de una nueva disposición retórica de las ciencias y de convenciones estéticas. Textos nacidos del movimiento, estrategias panorámicas, disparos hacia el primer plano, armonía fantástica de *Terra incognita*. Un proceso de alienación de espacios extranjeros. Un dispositivo móvil de apropiación, transmisión y reproducción, a un costado de la antropofagia del canibalismo de la cultura europea.

Pero exagerar la lógica estetizante hace perder de vista la tensión fundamental que contienen tales narrativas. La que existe entre la participación in situ (experiencia) y la representación estática del mandato cultural (discurso). Se trata de una estructura representacional que reposa tanto en el poder de una perspectiva fuera del terreno (*mimesis*), como en la contingencia del itinerario (*methexis*). El mapa dramatiza la primera; el trayecto, o mejor dicho los indicios de ruta, la luz y la observación, la brisa y la respiración, instalan lo segundo. Los *accounts* son parte de la revolución de la lectura, dispositivo eficaz de las representaciones colectivas. El *continumm* que Darwin nos reveló en sus cuadernos. En el otro extremo, *Viajes*, al menos en su geografía africana, apenas el movimiento de un ideario desplazado.

---

[1] Me refiero al best seller de Bruce Chatwin, *In Patagonia* (Nueva York, Penguin Books, 1977), a mi juicio, el trabajo más importante de evocación del *travel account*.

Fue un asunto de culturas, ni ideológico ni literario en sentido estricto. El intento de quebrar la alteridad lejos de los *fireside travellers*, pero con una etnografía limitada.[2] Serán los relatos de Charles de Foucauld sobre Marruecos, el réquiem de la narrativa de viajes de la modernidad.[3] Algunos buscarán en el arte, otros en la antropología, esa dimensión esencial de las otras culturas.[4]

Por epílogo, un engaño mítico. Ariadna dormía. Había ayudado a Teseo a huir del Laberinto con su ovillo de hilo. Juntos huyeron de Creta para luego ser abandonada. Teseo dejó a Ariadna en la isla de Naxos. Alejada del mundo y fuera del tiempo, cae en un profundo sueño. Así la encuentra Dioniso, que viene de Oriente. Historia de aventura, reposo intemporal.

La unidad de las dos Ariadnas –la de Creta y la de Naxos– persiste como figura durmiente. La estatua ha ocultado por siglos la escisión. La Ariadna de Creta representa el deseo, la circunstancia, la inteligencia que resuelve el enigma (el laberinto). Su viaje es de encuentro amoroso con el héroe triunfante sobre el laberinto y el monstruo. La Ariadna de Naxos, es, por el contrario, la imagen de un principio circular, la espera de Dios, el viaje onírico. De Creta a Naxos Ariadna se eleva. Pero su largo sueño en Naxos no es un retorno a la trascendencia ni una disminución de la conciencia. Es el viaje una disposición hacia el conocimiento, una nueva interpretación del mundo y del sentido del tiempo. Algo que no sería posible sin el movimiento de los hechos, del protagonismo. Sólo el viaje de Ariadna pudo componer su sueño, y aquí su verdadera belleza. Es ciertamente puro artilugio pretender el recorrido inverso.

---

[2] Se trata de los escritores de alcoba que tanto confundieron el género. Véase en la clasificación simple y certera de Charles Batten, *Pleasurable Instruction: Form and Convention in Eighteenth-Century Travel Literature* (Berkeley, University of California Press, 1978).

[3] Charles de Foucauld, *Reconnaissance au Maroc, 1883-1884. Ouvrage illustré de 4 photogravures et de 101 dessins d'apres les croquis de l'auteur* (París, Challamel et Cie, Editeurs, Libraire Coloniale, 1888).

[4] Un buen ejemplo es el de Kandinsky, quien en 1890 renuncia a sus trabajos etnográficos sobre Siberia y se decide por la pintura. Conversación con Joan Bestard en la cocina de su casa en Sant Cugat. Barcelona, 2000.

Post Scriptum

La edición de *Viajeros* se ha tomado un tiempo. La crisis de nuestro país alteró tantísimos proyectos, entre ellos, algunos de tipo cultural, por cierto menos urgentes que otros. La paciencia y convicción por las ideas que intenta transmitir este texto hicieron posible que el libro aparezca. También la sensación de necesidad de reafirmar los fundamentos de un relato histórico humanista.

Desde la finalización del original, a mediados de 2001, hasta esta publicación he leído varios libros sobre el asunto, examinado archivos y viajado. Entre las deudas por la demora, pocas referencias a la extraordinaria saga del Capitán Cook en el Pacífico, recién comprendida en toda su dimensión por mi estadía en Nueva Zelanda; la ausencia de dos autores fundamentales, Anne Salmond y Greg Dening, y la débil insinuación de la importancia de la obra de Joseph Conrad para la temática, una impresión que, producto de mis conversaciones con Joan Bestard, hoy por hoy resulta obvia.

Todo esto debería ser sustancia de un futuro libro ... eso espero. Sin embargo, no debo lamentarme demasiado, es sabido que, desde la llegada de Humboldt a La Habana hacia el 1800 hasta la publicación de su *Relation Historique* transcurrieron catorce años.

Buenos Aires, abril de 2005.

Referencias bibliográficas del capítulo VI

A Five Year's Residence in Buenos Aires During the Years 1820 to 1825. By an Englishman (Londres, Herbert, 1825).

Juan Bautista Alberdi, *Organización de la Confederación Argentina*, 2 vols. (Buenos Aires, El Ateneo/García, 1913).

Joseph Andrews, *Journey from Buenos Ayres Through the Provinces of Cordova, Tucuman, and Salta to Potosi, Thence by the Deserts of Caranja to Arica, and Subsequently of Santiago de Chile and Coquimbo*. 2 vols. (Londres, John Murray, 1827).

J. A. B. Beaumont, *Travels in Buenos Ayres, and the Adjacent Provinces of the Río de la Plata, With Observations Intended for the Use of Persons Who Contemplate Emigrating to That City; or Embarking Capital in its Affairs* (Londres, James Ridgway, 1828).

H. M. Brackenridge, *Voyage to Buenos Ayres Performed in the Years 1817 and 1818 By Order of the American Government* (Londres, Sir Richard Phillips & Co., 1820). (a)
----- , *Voyage to South America, Performed by Order of the American Government in the Years 1817 and 1819 in the Frigate Congress*. (Londres, T & J Allman, 1820). (b)

Charles Brand, *Journal of a Voyage to Peru: A Passage Across the Cordillera of the Andes, in the Winter of 1827. Performed on Foot in the Snow, and a Journey Across the Pampas* (Londres, Colburn, 1828),

Benjamin Bourne, *The Captive in Patagonia, or Life Among the Giants, A Personal Narrative* (Boston, Gould & Lincoln, 1853).

Alexander Caldcleugh, *Travels in South America During the Years 1819-20-21. Containing an Account of the Present State of Brazil, Buenos Ayres, and Chile*. 2 vols. (Londres, John Murray, 1825).

Peter Campbell Scarlett, *South America and the Pacific; Comprising a Journey Across the Pampas and the Andes, from Buenos Ayres to Valparaiso, Lima, and Panama; with Remarks upon the Isthmus* (Londres, Colburn, 1838).

Maria Graham Callcott, *Journal of a Voyage to Brazil and Residence there During Part of the Years 1821, 1822, 1833* (Londres, Longman, Hurst, Rees, Orme, Brown, and Green, 1824).

Five Years in Buenos Aires, 1820-1825 (Londres, Miller, 1827).

Concolorcorvo, *El lazarillo de ciegos caminantes desde Buenos Aires hasta Lima* (París, Desclée De Brouwer, 1938) en Biblioteca de Cultura Peruana, Primera Serie N 6.

Charles Darwin, *Narrative of the Surveying Voyages of His Majesty's Ships Adventure and Beagle*. 3 vols. (Londres, Colburn, 1839).

John Constance Davie, *Letters from Buenos Ayres and Chili* (Londres, Ackerman, 1819).

Escritos Póstumos de J. B. Alberdi (Buenos Aires, 1900).

Edinburgh Review (Londres, Longman, Orme, Brown, Green, & Longmans, y Edimburgo, Adams and Charles Black, 1802-1899).

George Fracker, *Voyage to South America* (Boston, Carey, 1826).

Alexander Gillespie, *Gleaning and Remarks. Collected During Many Months of Residence at Buenos Ayres and Within the Upper Country* (Leeds, B. Dewhurst, 1818).

Samuel Haigh, *Sketches of Buenos Ayres, Chile, and Peru* (Londres, Effingham Wilson, Royal Exchange, 1831).

Basic Hall, *Extracts from a Journal Written on the Coasts of Chili, Peru and Mexico* (Edimburgo, Hurst & Robinson, 1824).

Francis B. Head, *Rough Notes Taken During Some Rapid Journeys Across the Pampas and Among the Andes* (Londres, John Murray, 1826).

Alexander von Humboldt, *Selection from the Works of Baron de Humboldt, Relating to the Climate, Inhabitants, Productions and Mines of Mexico. With Notes by John Taylor* (Londres, Longman, Hurst, Rees, Orme, Brown, & Green, 1824).

Anthony King, *Twenty-Four Years in the Argentine Republic* (Londres, Longmans, Brown, Green and Longman, 1846).

Charles-Marie de la Condamine, *A Succinct Abridgement of a Voyage made within the Inland Parts of South America* (Londres, Withers, 1748).

William MacCann, *Two Thousand Miles' Ride Through the Argentine Provinces*. 2 vols. (Londres, Longman, 1853).

John MacDouall, *Narrative of a Voyage to Patagonia and Terra del Fuego, Through the Straits of Magellan, in H.M.S. Adventure and Beagle, in 1826 & 1827* (Londres, Renshaw and Rush, 1833).

R. N. MacKinnon, *Steam Warfare in the Parana: A Narrative of Operations by the Combined Squadrons of England and France, in Forcing a Passage up that River* (Londres, Ollier, 1848).

John Miller, *Memoirs of General Miller in the Service of the Republic of Peru* (Londres, Longman, Rees, Orne, Brown & Green, 1828).

John Miers, *Travels in Chile and La Plata*. 2 vols. (Londres, Baldwin, Cradock & Joy, 1826).

Narrative of the Surveying Voyages of His Majesty's Ships Adventure and Beagle, Between the Years 1826 and 1836, Describing their Examination of the Southern Shores of South America, and the Beagle's Circumnavigation of the Globe. 3 vols. (Londres, Colburn, 1839).

Obras Completas de D. Esteban Echeverria (Buenos Aires, Imprenta de Mayo, 1870).

Woodbine Parish, *Buenos Ayres and the Provinces of the Rio de la Plata: from their Discovery and Conquest by the Spaniards to the Establishment of their Present State, Trade, Debt, etc.; An Appendix of Historical and Statistical Documents; and a Description of the Geology and Fossil Monsters of the Pampas* (Londres, John Murray, 1839).

Robert Proctor, *Narrative of a Journey across the Cordillera of the Andes, and of a Residence in Lima, and others Parts of Peru, in the Years 1823 and 1824* (Edimburgo, Hurst & Robinson, 1825).

Quarterly Review (Londres, John Murray, 1809-1967).

John Robertson y William Robertson, *Letters on South America: Comprising Travels on the Banks of the Parana and Rio de la Plata*. 3 vols. (Londres, John Murray, 1843).

Peter Schidtmeyer, *Travels into Chile over the Andes, in the Years 1820 and 1821* (Londres, Longman, Hurst, Rees, 1824).

Edmond Temple, *Travels in Various Parts of Peru, Including a Year's residence in Potosi*. 2 vols. (Londres, Colburn and Bentley, 1830).

Emeric Essex Vidal, *Picturesque Illustrations of Buenos Ayres and Monte Video, Consisting of Twenty-Four Views: Accompanied with Descriptions of the Scenery, and of the Costumes, Manners, etc., of the Inhabitants of those Cities and their Environs* (Londres, R. Ackermann, 1820).

Charles Waterton, *Wanderings in South America, the Northwest of the United States, and the Antilles, in the years 1812, 1816, 1820, and 1824* (Londres, Mawman, 1825).

W. H. B. Webster, *Narrative of a Voyage to the Southern Ocean, in the Years 1828, 29, 30.* 2 vols. (Londres, R. Bentley, 1834).

Samuel Hull Wilcocke, *History of the Viceroyalty of Buenos Ayres* (Londres, Symonds, 1807).

Índice

Notas preliminares   9

Introducción   21

Viajeros ilustrados   23
El relato europeo de un solo mundo

El arte del viaje / 23
Desembarco / 27
La pasión según Darwin / 36

PRIMERA PARTE   39
AMERICA NOVITER REPERTA

Capítulo I   41
Mapas cósmicos y la geografía de las plantas

La expansión europea y la ilusión del mapa cósmico / 41
Los sentidos del Nuevo Mundo en el debate europeo de los siglos XVIII y XIX / 44
El discurso naturalista y el surgimiento de la geografía de las plantas / 49

Capítulo II   55
La modernidad y la narrativa del acto de reconocimiento

De la imagen renacentista a las 'historias verdaderas' / 55
El paradigma del mundo único y el lenguaje de la geografía / 57
Cartógrafos e Ilustración / 59

SEGUNDA PARTE — 63
SIGLO DE LOS VIAJES: EL CANON

Capítulo III — 65
Humboldt y la *physique du monde*

Capítulo IV — 81
Carl F. P. von Martius. Itinerarios botánicos y objetos antropológicos

Capítulo V — 99
Charles Darwin, intrépido

TERCERA PARTE — 121
RELATOS EMIGRADOS: IMAGINANDO LA ARGENTINA MODERNA

Capítulo VI — 123
Looking for John Bull y aquellas estampas de siempre

- *Lectores ingleses y literatura nacional* / 124
- *Postales argentinas* / 135

Capítulo VII — 153
Sarmiento: Un hombre de letras en Argelia

- *"Para tener el gusto de oír y leer mi nombre"* / 155
- *África según la egiptología* / 161
- *La invención de Argelia* / 164
- *El viaje de las cartas* / 167

Epílogo — 175
Los engaños de una teoría del viaje o el sueño de Ariadna

Post Scriptum — 179
Referencias bibliográficas del capítulo VI — 181

Este libro se terminó de imprimir
en el mes de mayo de 2005
en los talleres gráficos de
Artes Gráficas Buschi,
Ferré 2250, Buenos Aires, Argentina.